Dirk Wilking, Michael Kohlstruck (Hg.)

**Demos – Brandenburgisches
Institut für Gemeinwesenberatung**

Einblicke III

Ein Werkstattbuch

Gefördert durch:

Bildnachweis und Bildrechtsinhaber:
Cover: Maxie Heiner, Email: maxieheiner@gmx.de
S. 21: Amt Odervorland, http://www.amt-odervorland.de/index.php?id=89;
    http://www.amt-odervorland.de/index.php?id=131
S. 43: Rainer Reinecke
S. 45: Andrea Nienhuisen
S. 48: Jörg Wanke (oben), Andrea Nienhuisen (unten)
S. 55: Andrea Nienhuisen
S: 56: Sabine Liebau (oben), Andrea Nienhuisen (unten)
S. 58: Jörg Wanke
S. 85, 87, 88, 92: MBT Frankfurt (Oder)
S. 98, 105, 107: Jürgen Lorenz
S. 120: Screenshots Archiv Mario Feist
S. 126: Gemeinde Plattenburg,
    http://plattenburg.verwaltung-brandenburg.de/texte/gemeindekarte.php
S. 127, 128, 133: Gabriele Schlamann

© Januar 2010, Potsdam
Demos – Brandenburgisches Institut für Gemeinwesenberatung
in Trägerschaft von „Demokratie und Integration Brandenburg e.V."
Geschäftsstelle:
Benzstraße 11-12
14482 Potsdam
Tel: 03 31 / 7 40 62 46, 01 73 / 6 48 95 81
Fax: 03 31 / 7 40 62 47
Email: geschaeftsstelle@big-demos.de
www.gemeinwesenberatung-demos.de

Redaktion: Daniel Krüger, Berlin
Satz: Ralph Gabriel, Wien
Druck: Brandenburgische Universitätsdruckerei
und Verlagsgesellschaft Potsdam mbH

ISBN: 978-3-00-029433-4

Einblicke III

Inhalt

Vorwort

Das Erscheinen von „Einblicke III" verdeutlicht, dass Kontinuität für unsere Arbeit ein wesentliches Element darstellt. Durch das Handlungskonzept „Tolerantes Brandenburg" werden für uns seit 1998 die Rahmenbedingungen geschaffen.

Demos – Brandenburgisches Institut für Gemeinwesenberatung wurde 2006 vom damaligen Leiter des Mobilen Beratungsteams Wolfram Hülsemann gegründet. Nach zehnjähriger Leitungstätigkeit hat Wolfram Hülsemann im April 2008 altersbedingt das reguläre Erwerbsleben mit einem engagierten Ruhestand vertauscht. Er ist weiter freundschaftlich mit uns verbunden. Geblieben ist das Konzept der Arbeit, die Demokratisierung der Demokratie.

Kontinuität ohne Wandel erstarrt, Wandel ohne Kontinuität verfliegt: Zeitgleich zu den Veränderungen in der Leitung ist Miriam Schilling ausgeschieden und zwei neue Kolleginnen, Anett Müller und Susanne Kschenka, haben ihre Arbeit im Regionalbüro Cottbus aufgenommen. Mario Feist hat im Team Neuruppin für ein Jahr Nicola Scuteri vertreten.

„Demokratisierung der Demokratie" bedeutet zunächst überall dort Unterstützung anzubieten, wo sich – mit einem schönen Wort von Max Frisch gesprochen – Bürgerinnen und Bürger in ihre eigenen Angelegenheiten einmischen. Das kann im besten Sinne Opposition sein, das ist meistens aber Erstaunen über die Möglichkeiten, etwas verändern zu können. Eine Belebung von Demokratie ist besonders dort geboten, wo Apathie, Indifferenz oder aktive Gegnerschaft zu den Werten und den Verfahren von Demokratie zu beobachten sind. Unterstützung erhalten Initiativen und Aktivitäten ganz unterschiedlichen Zuschnitts. Einen Einblick in aktuelle Fälle und die Art ihrer Bearbeitung gibt der vorliegende Band.

Im Namen des ganzen Teams danke ich dem Bundesprogramm „kompetent. Für Demokratie", aus dem die für das Erscheinen dieses Bändchens erforderlichen Mittel bereitgestellt wurden.

Ohne die energische Stimulanz unseres langjährigen wissenschaftlichen Beraters Dr. Michael Kohlstruck wäre dieser Band nicht entstanden. Dank geht auch an Daniel Krüger, der die redaktionelle Arbeit übernommen hat und wiederum an Ralph Gabriel für die Erstellung des Layouts.

Dirk Wilking
Leiter von „Demos – Brandenburgisches Institut für Gemeinwesenberatung"

Frauke Postel

Gedanken zum Arbeitskonzept des Mobilen Beratungsteams

Ein Journalist beschrieb einmal das Mobile Beratungsteam Tolerantes Brandenburg (MBT) als McKinsey der Gemeinwesenentwicklung. Welche Vorstellungen von Beratungsarbeit diesem Bild zugrundeliegen, können wir nur vermuten. Als einem strengen Kehraus etwa, der den Nazis im Lande Kündigungen überreicht? Wir werden es nicht aufklären. Wir verweisen auf unseren von der Landesregierung ausgesprochenen Beratungsauftrag: Das MBT soll auf der kommunalen Ebene die kritische Auseinandersetzung mit dem Rechtsextremismus durch Förderung der Zivilgesellschaft stärken. Unter dem Dach dieses Auftrags könnten sicherlich unterschiedliche Konzepte von Beratung Platz finden.

Bleibt man bei dem Bild des zitierten Journalisten, drängt sich allerdings die Frage auf: Warum gibt es eigentlich keine smarten BeraterInnen in diesem Feld, die auf Grundlage von klaren und prägnanten Vorgaben mit dem Rechtsextremismus ruck, zuck aufräumen?

Wie wenig solche rigorosen Vorstellungen mit der Realität zu tun haben, wird deutlich, wenn man sich vergegenwärtigt, dass das Ausgangsproblem „Rechtsextremismus" selbst sehr unterschiedlich verstanden wird.

Was mit „Rechtsextremismus" in der Politik, in der Verwaltung und im Gemeinwesen – und auch unter BeraterInnen – verstanden wird, ist vor allem Ausdruck eines gesellschaftlich geführten Diskurses. Anfang der 1990er-Jahre wurde „Rechtsextremismus" vielfach mit „ausländerfeindlicher Jugendgewalt" gleichgesetzt. Entsprechend wurde damals von MBT-BeraterInnen erwartet, Jugendarbeiter und Mitarbeiter in Asylbewerberheimen zu stärken. Heute stellt sich das Phänomen „Rechtsextremismus" anders dar, weil sich auch der Blick darauf geändert hat. Man hat gelernt. Man hat gelernt, dass das Phänomen Rechtsextremismus ein politisches Element der Gesellschaft ist, das viele Gesichter hat, die sich außerdem ständig verändern.

Innerhalb des MBT ist die Frage nach dem angemessenen beraterischen Verhalten ein Dauerthema. Vor diesem Hintergrund werden im Folgenden die über viele Jahre entwickelten Grundstränge unseres Arbeitskonzeptes beschrieben.

Klientenbezogene Beratung

Beratung kann nicht neutral sein. Ganz grob könnte man sagen, dass Beratung entweder als ein Beitrag zur Entwicklung oder als ein Beitrag zur Anpassung an vorgegebene Standards oder Normen verstanden werden kann. Eine derzeit angesagte Norm in der Beraterbranche, aber nicht nur dort, ist die Maxime der Förderung von „Selbstverantwortung" und „Hilfe zur Selbsthilfe". Mit diesem Postulat geht oft unterschwellig einher, gesellschaftliche Probleme und Risiken Personen zuzuweisen und die Frage nach strukturellen Lösungen auszublenden. Ein gewisser Trend, gesellschaftliche und politische Probleme individualisierend zu bearbeiten, ist gegenwärtig in der Beratungsbranche generell feststellbar. Der Ruf nach Zivilcourage, der mit dem Gedanken der „Hilfe zur Selbsthilfe" und der Verantwortungsübernahme durch Bürger gekoppelt ist, braucht nach unserer Überzeugung den Bezug zu den konkreten Lebensbedingungen der Menschen und zu ihren Themen. Ohne diesen Bezug läuft er Gefahr, zur rhetorischen Floskel zu verkommen.

Eine Reihe von Dörfern, Städten und Einrichtungen in Brandenburg hat es inzwischen erfahren: Wenn dort rechtsextreme Aktivitäten wirksam werden, dann kann schnell pauschal fehlende Zivilcourage unterstellt werden. Zum Druck der Verhältnisse und der Probleme gesellt sich der Druck der Schuldzuweisung. Viele Gemeinwesen neigen dann dazu, sich nach außen zu verschließen, oder es werden sinnlose Aktivitäten und Projekte pflichtgemäß absolviert, die im Ort nur eins bewirken sollen, nämlich die empfundenen Beschämungen abzuwehren. Zu einer zivilgesellschaftlichen Stärkung tragen pauschale Zuweisungen nicht bei.

Andererseits passen unflexible Projekte und Konzepte, die gleichmäßig über das ganze Land gestreut werden, offensichtlich nicht immer zu den konkreten Problemen vor Ort, sondern eher zu Erklärungen und Sichtweisen in fernen Zusammenhängen.

Die Rahmenbedingungen für die Stärkung von Humanität und Zivilität können stark unterschiedlich sein: Eine Kirchengemeinde verfügt in der Regel über andere Ressourcen, Potenziale und Orientierungen bei der Bearbeitung gesellschaftlicher Themen und Probleme als sogenannte bildungsferne Langzeitarbeitslose in ihren jeweiligen Milieus. Im abgelegenen brandenburgischen Dorf braucht es andere Formen der Verständigung als zum Beispiel in Städten und Gemeinden mit geringer Arbeitslosigkeit und hoher Attraktivität für Angehörige höherer Einkommensschichten.

Dennoch können BürgerInnen in der Auseinandersetzung mit rechtsextremen Entwicklungen Verantwortung übernehmen – ohne nur auf Politiker zu verweisen, die schließlich für die Lösungen zuständig seien, und ohne sich selbst mit überhöhten Ansprüchen zu überfordern.

Demokratisierung der Demokratie

Das MBT berät mit der Absicht aufzuklären, Wirkungszusammenhänge erkennbar zu machen und passgenaue Handlungsstrategien – vor allem im kommunalen Kontext – zu entwickeln. Das ist das Wirkungsfeld, das Bürger wirksam beeinflussen können. Dabei lassen wir uns von dem Gedanken leiten, dass es die Qualität eines demokratisch und humanitär ausgerichteten sozialen Klimas im Ort ist, die die Einflüsse des Rechtsextremismus am wirksamsten beantworten kann, nicht bestimmte Techniken oder ein Spezialwissen und auch nicht das artige Erfüllen gewisser Erwartungen, die an das Gemeinwesen von außen herangetragen werden.

Welches Verständnis von „Selbstverantwortung" dabei gelten soll, muss unseres Erachtens in einem offenen, dialogischen Prozess geklärt werden, der nur in der Lebenswirklichkeit vor Ort stattfinden kann.

Damit wird deutlich, dass wir „Beratung" als Kommunikation mit den Bürgern verstehen, als einen auf Entwicklung hin orientierten Prozess, der die jeweilige Lebenswirklichkeit und die Themen der Bevölkerung zum Ausgangspunkt nimmt. Wir beraten deshalb aufsuchend.

Kommunaler Ansatz

Als BeraterInnen staunen wir immer wieder darüber, wie unterschiedlich in Kommunen Umgangsformen sein können. Während in einem Ort sehr eindeutig und schnell auf rechtsextreme Aktivitäten reagiert wird, verwendet der Nachbarort vielleicht viel Energie darauf, diese Aktivitäten gar nicht wahrzunehmen. Wie rechtsextreme Politik und Ausdrucksformen rechtsextrem geprägter Kulturen im Gemeinwesen wahrgenommen werden, hängt eben von vielen Faktoren ab, die auf den ersten Blick auch für BeraterInnen nicht in Gänze erkennbar sind. Diese Wirkungszusammenhänge sind auf vielfältige Weise verschichtet und verknüpft. Außerdem reagieren Gemeinwesen auf gleiche oder ähnliche Phänomene äußerst unterschiedlich, nämlich auf ihre je eigene Weise – nicht nur, was zum Beispiel das Auftreten rechtsextremer Cliquen im Gemeinwesen betrifft, auch auf das Auftreten von Beratern wird äußerst unterschiedlich reagiert. Diese Tatsache muss Konsequenzen für Beratungsarbeit haben. Die wichtigste Konsequenz ist auch die interessanteste für uns, nämlich zu wissen, dass man vor Überraschungen nie sicher sein kann.

Wir MBT-BeraterInnen verstehen uns deshalb selbst eher als sachverständige PartnerInnen in einem Prozess, der für alle Beteiligten voller Lernmöglichkeiten steckt. Jeder Beratungsprozess hat seine Besonderheiten, die auch von uns immer wieder neu analysiert und verstanden werden müssen. Jede Kommune, jede Einrichtung stellt eine eigene Einheit dar, die sie von anderen unterscheidet. Um ihre Eigenarten zu erkennen und in angemessener Weise zu achten, brauchen wir als Beratende auch eine theoretische Verständigung über unser Beratungsverständnis und entsprechend über angemessene methodische Herangehensweisen.

Systemisches Beratungsmodell

Wollte man eine genaue theoretische Zuordnung für die Beratungspraxis des MBT benennen, müsste man sie vermutlich erst noch erfinden. Dennoch orientieren wir uns bewusst an einem Modell, nämlich an dem der systemischen Beratung, das sich auf die Erkenntnisse der Systemtheorien stützt.

Beratung als prinzipiell offener Prozess

Eine wichtige und hilfreiche Erkenntnis der Systemtheorien liegt in der Feststellung, dass die Eigendynamiken sozialer Systeme – also zum Beispiel von Kommunen oder Gruppen – von außen nur bedingt steuerbar bzw. kontrollierbar sind. Lineare Ursache-Wirkungs-Zusammenhänge lassen sich in der Beratungsarbeit tatsächlich selten nachweisen. Welche Impulse der Beraterperson Gemeinwesen bzw. die PartnerInnen aufnehmen und verarbeiten, ist nicht sicher vorhersagbar.

Für uns BeraterInnen ist diese wichtige Erkenntnis insofern hilfreich, als sie von der Beraterversuchung Nummer eins entlastet: Wir müssen nicht immer vorher wissen, was die „richtigen" und was die „falschen" Verhaltensweisen sind; wir können uns partnerschaftlich auf einen relativ offenen Prozess des gemeinsamen Herausfindens einlassen und unser Fachwissen und unsere Erfahrungen dafür zur Verfügung stellen. Damit erlauben wir uns eine beraterische Haltung, die sich an demokratischen Prinzipien orientiert.

Komplexität der Verhältnisse

Unter systemischer Arbeitsweise verstehen wir den Blick auf Geschehnisse im Zusammenhang mit der Vernetztheit dieser Geschehnisse. Kommunen sind komplexe und dynamische Systeme. Wenn wir also die spezifischen Erscheinungsformen des Rechtsextremismus im kommunalen Kontext ver-

stehen wollen und die Möglichkeiten zivilgesellschaftlicher Auseinandersetzung damit, brauchen wir sowohl den Blick auf das ganze Gemeinwesen
bzw. die ganze soziale Einheit mit ihren Themen und Besonderheiten als
auch den Blick auf die jeweiligen Rahmen- und Umweltbedingungen. Dazu
gehört natürlich auch, die Zusammenhänge sichtbarer rechtsextremer Erscheinungsformen in der Kommune mit den nicht unmittelbar sichtbaren
Entwicklungen des politischen Rechtsextremismus aufzuspüren.

Kommunale Reaktions- und Entscheidungsmuster und Autonomie

Unsere Erfahrungen bestätigen, dass wir dann einen guten Zugang zu einem
Gemeinwesen finden, wenn wir die entscheidungsleitenden „Muster" des
Systems erkennen und beachten und den dort üblichen Ton einigermaßen
treffen.

Soziale Systeme (etwa ein Gemeinwesen) entscheiden entsprechend ihrer
besonderen Strukturen prinzipiell autonom, welche (Beratungs-)Anregungen
sie verarbeiten und auch wie sie diese Anregungen verarbeiten – jedenfalls,
wenn kein illegitimer Druck im Spiel ist. Wer je mit belehrenden Absichten
versucht hat, ein soziales System, eine Gemeinschaft, eine Gruppe nach seinen Vorstellungen auszurichten, kennt die Erfahrung, elegant ausgebremst
zu werden.

Der Schriftsteller Michail Soschtschenko hat dieses Phänomen auf un-
nachahmliche Weise in seinem Text „Die Kuh im Propeller" (im Original:
„Der Agitator") beschrieben: Mit einem Auftrag versehen, versucht der Genosse Kossonossow, die Bauern seines Dorfes für die Errungenschaften des
Flugwesens zu begeistern und sie für eine finanzielle Unterstützung dessel-
ben zu gewinnen. Sein Versuch, den Bauern das rätselhafte Flugwesen in
einer anschlussfähigen Beschreibung zu präsentieren, scheitert kläglich. Das
Bild der „Kuh im Propeller" kommt einfach nicht an: „Die Bauern lächelten
finster" – und spendeten kein Geld für das Flugwesen.

Jedes soziale System stellt ein feingliedriges, einmaliges Ganzes dar, ein
filigranes Unikat also, das aufgrund seiner Besonderheiten und seiner Geschichte spezifische Regeln und Entscheidungsformen entwickelt, mit denen
es auf von außen kommende Impulse reagiert. Vorrangig folgt das jeweilige
System solchen Sicht- und Handlungsweisen sowie Modellen und Annahmen, die sich in der bisherigen Erfahrung bewährt haben. Solche entscheidenden Erfahrungen können auch längere Zeit zurückliegen. Insbesondere
für die berlinfernen ländlichen Bereiche gilt, dass nach der Wende an Re-
gulierungsmodelle aus der Zeit vor der DDR-Gründung angeknüpft wurde
und wird.

13

Das Dorf X in Westbrandenburg kann auf eine jahrhundertelange Geschichte freien Bauerntums zurückblicken. Rechtsextreme Aktivitäten haben das Dorf in die Schlagzeilen der Regionalpresse gebracht. Der Pastor, der erst vor einem Jahr sein Amt antrat, ruft das MBT. Gespräche mit dem Ortsbürgermeister, dem Wirt und einem halben Dutzend weiterer Personen hinterlassen bei uns den schalen Eindruck, dass niemand als Erster etwas sagen will. Was ist das Problem? Ein zufälliges Gespräch mit einem Kirchengemeindeglied klärt auf: „Wissen Sie, früher, in der DDR-Zeit, war die Sitzordnung beim Gottesdienst egal. Heute nicht. Heute sitzen die Repräsentanten der Großbauernfamilien wieder wie ganz früher in der ersten Reihe. Das bedeutet, hier kann nichts passieren, ohne dass die Großbauernfamilien ihre Zustimmung geben." Wir waren bis dato nicht auf die Idee gekommen, mit einem Großbauern zu sprechen.

Offensichtlich hatte dieses Dorf an ein altes Entscheidungsmuster angeknüpft, das für dieses Dorf in unsicheren Zeiten gangbar war und ist, von den Dorfbewohnern verstanden wird – und von BeraterInnen verstanden werden sollte.

Viele weitere Beispiele könnte man aufzählen, die das „Konservative" dieser Entscheidungsmuster belegen. In eher städtischen Zusammenhängen oder auch in ländlichen Räumen mit hoher Attraktivität für Zuzügler differenzieren sich solche tradierten Anknüpfungsgelegenheiten aus, weil mit dem Zuzug von Neubürgern andere, oft westlich-städtisch geprägte Muster, eingebracht werden. Gründungen von Runden Tischen oder von Aktionsbündnissen, Initiativen und Netzwerken sprechen zum Beispiel generell eher bürgerlich geprägte Milieus an. In Orten mit hohem Anteil an Zugezogenen kommt es durchaus vor, dass in diesen Initiativen Altbürger kaum vertreten sind. Ausnahmen belegen, dass es sehr großer Aufmerksamkeit der Akteure bedarf, damit dieser Fall nicht eintritt.

Wer gehört zum Initiativkreis, wer zur Gemeinschaft? Was ist unsere Verständigungsbasis? BeraterInnen können als „Beobachter der Systeme" dazu beitragen, diese Frage zu stellen, sich zu öffnen und neue Entscheidungen herbeizuführen. Wollen wir unter uns bleiben? Gehört die Antifa in das Aktionsbündnis? Bleiben Zugewanderte aus anderen Ländern außen vor? In Brandenburg ließen sich viele Geschichten dieser Verständigung und damit der Öffnung von Verhaltens- und Reaktionsmustern in der Auseinandersetzung mit dem Rechtsextremismus erzählen.

Verfahren

In der kritischen Auseinandersetzung mit dem Rechtsextremismus gibt es kein Rezeptwissen, das anwendbar wäre. Menschen entscheiden nur das, was prinzipiell unentscheidbar ist, hat Heinz von Foerster angemerkt – sonst könnten wir unsere Entscheidungen ja den Maschinen überlassen. Für uns BeraterInnen bedeutet diese Erkenntnis, dass spezifische Beratungsziele in jeder Beratungssituation neu entwickelt werden. Wir können deshalb lediglich generelle Leitlinien unserer Beratungsarbeit beschreiben, allgemeine Ziele, eher einen Weg, der individuelle und kollektive Lernprozesse ermöglichen soll und Bildungselemente enthält. Vorträge und Seminare zu Fragen rechtsextremer Programmatik, zu Politikverständnis, Theorien, Strategien können, so verstanden, Anreger für Lernprozesse vor Ort sein, die als Bildungselemente in passenden Situationen eingesetzt werden. Aber auch für solche Bildungselemente gilt, dass sie Anschlussfähigkeit aufweisen sollten. Wir sprechen vom „maßgeschneiderten Bildungsangebot" und von „aufsuchender Bildungsarbeit", weil sie an die jeweiligen Themen und Interessen der Teilnehmer anknüpfen sollen. Dann kann es sein, dass wir vor einer Gemeindevertretung referieren oder in einer Küche auftreten, wo eine kleine Elterngruppe gemeinsam lernen will.

Wahrscheinlich wird niemals eine Methode für sich in Anspruch nehmen können, demokratiefördernd gewirkt zu haben; entscheidend sind vielmehr die Entwicklungen und die Lern- und Entscheidungsprozesse sozialer Systeme, die durch Methoden gestützt werden können.

In den Beratungszusammenhängen des MBT soll sich der Einsatz von Methoden an diesem Prinzip und am jeweiligen Klientensystem orientieren – abgesehen davon, dass sie zum Anlass und zur Beraterperson ebenfalls passen sollten. Die Aufgabe von Methoden in MBT-Beratungszusammenhängen besteht darin, Impulse für eine Weiterentwicklung des Systems zu setzen, indem Sicht-, Handlungs- und Entscheidungsalternativen erkennbar werden. Und welche Methoden für die Unterstützung dieses – immer besonderen – Prozesses jeweils geeignet sind, kann selten vorausgesagt werden.

Eine Kreativwerkstatt passt zum Beispiel wohl eher zu einer Gruppe mit optimistischer Grundstimmung. Vielleicht ist es sinnvoll, eine umfängliche Sozialraumanalyse zu erarbeiten, vielleicht gerade nicht, sondern eher ein unterstützendes Coaching für einen Bürgermeister anzubieten. Manchmal brauchen selbstbewusste Akteure gezielte Unterstützung durch Schulung oder durch die Moderation einer Veranstaltung. Es kann sein, dass sich eine Unterorganisation einer Partei mit einem zweitägigen Argumentationstraining für den Wahlkampf fit machen will. Es kann sein, dass eine kleine Gruppe von Müttern ein Seminar zum Thema „Rechtsextreme Musik" erhält, weil sie ergründen und verstehen wollen, womit sich ihre Kinder beschäftigen.

Es versteht sich von selbst, dass Workshops und Trainings in einem ähnlichen Sinne eingesetzt werden.Sie ergänzen einen Beratungsprozess dann, wenn der richtige Moment gekommen ist, und werden in der Regel für die jeweiligen Teilnehmer passend konzipiert.

Viele beraterische Aktivitäten des MBT betreffen die Moderation von Kommunikation, von Verständigung, von Erprobung gemeinsamer Schritte, die dazu beitragen können, dass demokratische Kultur gestärkt wird bzw. antidemokratische Einflüsse zurückgedrängt werden. Und in der Welt der Moderationsmethoden kennen wir uns besonders mit solchen aus, die der Vitalisierung ganzer Systeme dienen und wirkliche demokratische Teilhabe fördern wollen.

Keine Reparatur, sondern Veränderung

Auch Beratungssysteme wie das MBT haben gewisse Tendenzen, auf lieb gewordene Muster zurückzugreifen, denn auch für uns BeraterInnen ist es anstrengend und oft verunsichernd, einen offenen Blick zu behalten.

Die Ansprüche des systemischen Beratungsverständnisses helfen uns, den Verlockungen stereotyper Beratungsmuster und der Anpassung an trendige Erwartungen nicht zu verfallen. In unserem Team messen wir deshalb der Supervision und der kollegialen Beratung einen hohen Stellenwert bei, denn uns helfen kollegiale und supervisorische Rückmeldungen, eigene blinde Flecken zu erkennnen – so wie unsere beraterischen Impulse vor Ort hoffentlich dazu beitragen, dass blinde Flecken in der Wahrnehmung rechtsextremer Wirkungszusammenhänge erkannt werden können.

Beratungsarbeit mit dem Anspruch, eine Stärkung demokratischer Kultur zu bewirken, braucht Zeit. Es dauert, bis sich tragfähige Beziehungen zwischen BeraterInnen und PartnerInnen vor Ort entwickeln, die Vertrauen begründen und Stabilität in den Beratungsprozess bringen. Diese können nicht vorausgesetzt werden; sie müssen sich entwickeln können. Im Idealfall entstehen partnerschaftliche Beziehungen, die ein dialogisches Verhältnis auf gleicher Augenhöhe ermöglichen.

Und schließlich braucht es auf der Seite der BeraterInnen die beobachtende Geduld, um im passenden Moment zu intervenieren und damit im jeweiligen sozialen System die Fähigkeit zu unterstützen, demokratiegefährdende Entwicklungen zu erkennen und mit eigenen Operationen wirksam zu beantworten.

Im Unterschied zu einem Beratungsverständnis, das meint, „Falsches" korrigieren zu können, richtet sich die Beratung des MBT auf die Fähigkeit sozialer Systeme, sich nicht nur zu verändern, sondern über die bloße Veränderung hinaus auch die Veränderung selbst zu verändern. Das meint die „Veränderung von Veränderungsmustern". Ausgangspunkt dabei ist die Überlegung, dass das für die Veränderung notwendige Wissen nicht allein von Experten kommen kann, sondern dass das jeweilige System sein Wissen über sich selbst erweitern kann. Indem es sich, von außen gestützt, selbst erforscht, entwickelt es die Fähigkeit, seine jeweiligen Problemlösemuster und -fähigkeiten zu erweitern und zu verändern. Konkrete Problemstellungen und Herausforderungen können so zum Anlass genommen werden, gemeinsam mehr über sich zu lernen, sich zu entwickeln.

Für uns bekundet die systemische Orientierung Respekt vor den Menschen, die gesellschaftliche Entwicklungen vor Ort bewirken.

Grigori Kossonossows Kollegen waren offensichtlich Anhänger der Idee, dass die wirklich wichtigen Entwicklungen zentral getroffen werden; Aufgabe der Menschen in ihren Gemeinwesen sei es, den Entscheidern zu vertrauen und deren Konzepte zu unterstützen, sich also an Vorgaben anzupassen. Die Bauern erkennen darin aber keinen Sinn und wenden sich ab.

Dieses Abwenden kann sich in verschiedene Richtungen entwickeln. Beratung kann daran mitwirken, dass eine demokratische und humanitäre Orientierung verfolgt wird, wenn sie die Beratungsnehmer als selbstständig und verantwortlich Handelnde unterstützt.

Michail Soschtschenko

Die Kuh im Propeller

Grigori Kossonossow, der Wächter der Fliegerschule, fuhr auf Urlaub in sein Heimatdorf.

„Nun, was ist, Genosse Kossonossow," sagten die Kollegen beim Abschied, „da Ihr schon hinfahrt, könnt Ihr vielleicht ein bißchen agitieren dort im Dorf, wie? Sagt den Bäuerlein so und so, das Flugwesen entwickelt sich bei uns, vielleicht tragen sie etwas Geld zusammen für ein neues Flugzeug!"

„Da könnt Ihr versichert sein," antwortete Kossonossow, „ich werd' schon tüchtig Propaganda machen, wär' was anderes, wenn es nicht ums Flug- wesen ginge, aber darüber, seid unbesorgt, werd' ich schon was richtiges sagen!"

Kossonossow kam nach Haus und begab sich gleich am Tag seiner Ankunft zum Dorfsowjet.

„Also," sagte er, „ich will hier ein bißchen agitieren! Kann man nicht eine Versammlung einberufen?"

„Nun, warum nicht," sagte der Vorsitzende, „agitiert nur, agitiert nur!"

Am anderen Tag rief der Sowjet die Bauern beim Feuerwehrschuppen zusam- men. Grigori Kossonossow trat vor sie hin, verbeugte sich und begann:

„Also, so ist das, das Flugwesen, Genossen Bauern! Da Ihr ein, naja, na Gott naja, ungebildetes Volk seid, werde ich Euch etwas von der Politik erzählen. Hier, sagen wir mal, ist Deutschland und dort vielleicht Frankreich. Hier Rußland und da – naja, überhaupt..."

„Worüber redest Du eigentlich, Väterchen?" fragten die Bauern.

„Worüber?" erwiderte Kossonossow empört, „über das Flugwesen natürlich! Blüht halt sehr auf, das Flugwesen! Hier ist also Rußland und hier ist China."

Die Bauern hörten finster zu. „Halt' Dich nicht auf!" rief jemand von hinten. „Red' weiter!"

„Ich halt' mich ja gar nicht auf", sagte Kossonossow eingeschüchtert. „Ich red' ja über das Flugwesen. Es entwickelt sich bei uns, Genossen Bauern, nichts dagegen zu sagen, was wahr ist, ist wahr!"

„Hm, etwas unverständlich," rief der Vorsitzende. „Sie, Genosse, müssen etwas volkstümlicher sprechen, bitte, daß Sie die Masse auch versteht!"

Kossonossow trat näher an den Haufen der Bauern heran, setzte verlegen das eine Bein etwas vor und begann von neuem: „Also, Genossen Bauern man baut Flugzeuge bei uns. Und nachher – ssst – fliegt man! In der Luft sozusagen!

Nun, mancher natürlich hält sich oben nicht gut, bums, saust er runter wie der Fliegergenosse Jeremilkin, rauffliegen tat er ganz gut und dann bums, krach, ein nasser Fleck blieb übrig!"

„Ist doch kein Vogel schließlich," sagten weise die Bauern.

„Eben, das sag' ich auch!" sagt Kossonossow, erfreut über die Anteilnahme. „Natürlich kein Vogel! Ein Vogel, wenn der herunterfällt, nun ja, er schüttelt sich und los weiter.

Anders beim Menschen. War da noch so ein anderer Flieger. Der fiel auf einen Baum und hing da wie ein Äpfelchen. Hat sich natürlich erschreckt, der Arme, es war zum kranklachen!

Ja, ja, ja, verschiedenes passiert so! Da ist einmal eine Kuh bei uns in den Propeller gekommen! Ritsch, ratsch, weg war sie! Auch Hunde!"

„Und Pferde?" fragten ängstlich die Bauern. „Auch Pferde, Väterchen?"

„Auch Pferde!" sagte stolz im Brustton der Überzeugung der Redner. „Das kommt oft vor!"

„Ach, diese Kanaillen, hol' sie der Teufel!" sagte jemand. „Was sie sich jetzt alles ausdenken: Pferde zu Tode quälen – nun Väterchen – und das entwickelt sich jetzt, ja?"

„Eben, das sag' ich ja! Es entwickelt sich, Genossen Bauern! Und darum meine ich, sammelt vielleicht die ganze Bauernschaft etwas Geld."

„Wofür denn bloß, Väterchen?" fragten neugierig die Bauern.

„Für ein Flugzeug natürlich!" sagte der Redner. Die Bauern lächelten sehr finster und gingen langsam auseinander.

Geld für ein neues Flugzeug brachte Kossonossow, als er von seinem Urlaub zurückkam, nicht mit. Die Bauern seines Heimatdorfes waren eben noch ein zu ungebildetes Volk.

Vorgetragen von Manfred Krug bei „Lyrik, Jazz, Prosa" am 31.10.1965 in der Kongreßhalle am Alexanderplatz, Berlin (DDR) – Abschrift von „Jazz, Lyrik, Prosa", Amiga 74321326192, zitiert nach http://www.bruhaha.de/kuh_im_propeller.html (zuletzt eingesehen am 19.12.2009)

Ray Kokoschko, Katja Hoffmann

Einheimische und Fremde auf dem Lande.
Das Amt Odervorland als Beispiel

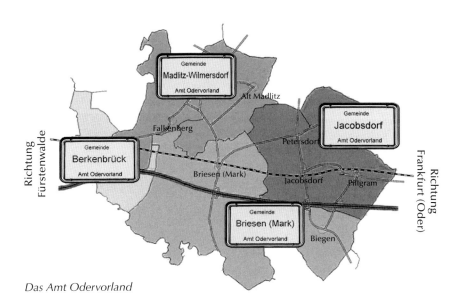

Das Amt Odervorland

Mit dem Programm „Vielfalt tut gut – Jugend für Vielfalt, Toleranz und Demokratie" fördert die Bundesregierung die Entwicklung und Umsetzung
von „Lokalen Aktionsplänen" (LAP). Die LAP sind regionale Konzepte, die
Vielfalt, Toleranz und Demokratie vor allem bei Kindern und Jugendlichen
stärken sollen. Mit der Einbindung von Verwaltung, Politik, Zivilgesellschaft
und anderen gesellschaftlichen Akteuren vor Ort wird ein gemeinsames stra-
tegisches Handeln für eine starke Demokratie und gegen Rechtsextremismus, Fremdenfeindlichkeit und Antisemitismus in einer Region verankert.[1]
Im Zusammenhang mit der Beratung zur Fortschreibung des LAP für das
Jahr 2009 wurde das Brandenburgische Institut für Gemeinwesenberatung
(Demos) durch den Begleitausschuss des LAP beauftragt, eine Sozialraumbeschreibung für die Stadt Fürstenwalde, die angrenzende Gemeinde Steinhö-

---

[1] Vgl. für nähere Einzelheiten die Website des Bundesprogramms: http://www.vielfalt-
tut-gut.de/ [zuletzt aufgerufen am 1.12.2009].

21

fel und das Amt Odervorland durchzuführen. Die Problemfeldanalyse hatte die folgenden Schwerpunkten:

- Darstellung von Rechtsextremismus und dessen Verankerungen in verschiedenen sozio-ökonomischen und politisch-kulturellen Kontexten,
- Beschreibung von lokalen Gefährdungen demokratischer Verfahren durch rechtsextreme Aktivitäten,
- Problem- und Zielgruppenanalyse, einschließlich qualitativer Beschreibungen der verschiedenen Lebenswelten,
- Erfassung der Problemwahrnehmung und Beschreibungskompetenzen der verschiedenen Akteure,
- Beschreibung demokratischer und zivilgesellschaftlicher Ressourcen, deren Aktivierungsgrades und Verfügbarkeit bzw. Hindernisse,
- Eruierung von neuen Handlungsfeldern und Akteuren,
- Zusammentragen von Ideen, mit denen Demokratie weiter gefördert werden kann.

Die Durchführung der Problemfeldanalyse war kein wissenschaftlicher Selbstzweck, sondern diente als Handlungsinstrument für die Entwicklung und Fortschreibung des demokratischen Selbstverständnisses der untersuchten Kommunen. Diese praktisch ausgerichtete Untersuchung sorgte darüber hinaus dafür, dass die bekannt gewordenen Probleme innerhalb der Gemeinwesen zum öffentlichen Thema gemacht wurden.

Sie sollte sowohl Akteure als auch besonders den Begleitausschuss des LAP in die Lage versetzen, Projekte zielführend anzuregen, hinsichtlich ihrer Wirksamkeit und Zielgruppenbezogenheit zu bewerten sowie den LAP zu spezifizieren und schrittweise fortzuschreiben. Daneben konnte durch weitere Vernetzungen und die Einbeziehung neuer Akteure ein zusätzliches Handlungspotenzial für eine demokratische Kultur in der Region Fürstenwalde geschaffen werden (sogenannte Synergieeffekte).

Methodisch wurde die Analyse in Form von Berichten der Befragten erstellt, nicht als eine statistische Datensammlung. Instrumente der Erhebung waren unter anderem narrative Interviews und Gruppendiskussionen.

Aus dem Begleitausschuss zum Lokalen Aktionsplan heraus wurde ein Beirat für die Analyse gebildet, der in einem Workshop die Ziele der Sozialraumbeschreibung präzisierte und den Auftrag erteilte, vor allem die Handlungsfelder Familie, Schule/ Kita, Vereine, Wirtschaft, Politik sowie das Themenfeld Migration/ Rassismus zu betrachten.

Mit der Analyse wurde ein Team externer Fachleute beauftragt, die bereits einerseits über Erfahrungen mit der Realisierung derartiger Sozialraumbeschreibungen verfügten und die andererseits mit der Praxis sozialer Arbeit und den Bedingungen in der untersuchten Region vertraut waren. Die Projektkoordination lag beim Mobilen Beratungsteam des Brandenburgischen Instituts für Gemeinwesenberatung (Demos).

Im Folgenden werden auszugsweise empirische Ergebnisse der Sozialraumbeschreibung für die ländliche Region des Amtes Odervorland dargestellt.[2]

Wir messen den hier zur Sprache kommenden Erfahrungen der Befragten eine Bedeutung bei, die nach unseren Eindrücken weit über das Amt Odervorland hinausgeht. Die im Folgenden dargestellten Wahrnehmungen und Problemsichten sind in ähnlicher Form auch in anderen ländlichen Räumen Brandenburgs anzutreffen, die sowohl vom Austausch mit der Metropolenregion Berlin wie vom Bewusstsein ihrer lokalen Eigenart gekennzeichnet sind.

Die im Rahmen der Problemfeldanalyse durchgeführten qualitativen Explorationen erheben nicht den Anspruch, im statistischen Sinne repräsentative Ergebnisse zu liefern. Angestrebt wurde nicht eine vollständige Berücksichtigung aller relevanten Handlungsfelder; gesucht wurde stattdessen nach typischen Beschreibungen der Problemfelder, Handlungsbedarfe und Entwicklungschancen der ländlichen Regionen, die für die Entwicklung einer dörflichen demokratischen Kultur wichtig sind. Im Vordergrund stand die Beschreibung der Besonderheiten der ländlichen Gegebenheiten, ohne dass dabei städtische Maßstäbe angelegt waren. Die Darstellungen von Handlungsfeldern, Themen, Strukturen und Zusammenhängen erfolgen aus den jeweiligen Sichtweisen der interviewten Personen. Aufgabe der Problemfeldanalyse ist es, diese Erfahrungen zu dokumentieren, um die Ergebnisse für einen weiterführenden aktivierenden Diskurs verwenden zu können.

Wir bedanken uns in diesem Zusammenhang bei unseren engagierten InterviewpartnerInnen dafür, dass sie uns als Außenstehende an ihren Gedanken und Gefühlen, ihren Wahrnehmungen, Beschreibungen und Visionen teilhaben ließen.

Vier Frauen und fünf Männer wurden in Einzelgesprächen befragt; mit einer Gruppe von Jugendlichen wurde eine Gruppendiskussion geführt.[3] Bis auf zwei Ausnahmen stammen alle Interviewten aus der Region. Die anderen beiden lebten früher in Frankfurt (Oder).

Die Befragten beschrieben eine hohe Verbundenheit mit der Heimat. Sie machten die ihnen wichtigen Bezüge zur Familie, zu den Freunden, zur Natur und vieles andere mehr deutlich. Die Dörfer sind für die meisten Men-

---

[2]   Die gesamte Analyse „Weltoffene und tolerante Region Fürstenwalde" kann man unter http://www.stadt-fuerstenwalde.de/web4archiv/objects/downloads/stadt/projekte/vielfalt/fw_text_end.pdf nachlesen [zuletzt aufgerufen am 1.12.2009].

[3]   Die InterviewpartnerInnen werden anonymisiert durch Ziffern gekennzeichnet.

schen gefühlte Heimat und stellen somit einen hohen identitätsstiftenden Wert dar. Bis auf die Jugendlichen sind die Interviewten alle erwerbstätig und leben mit ihren Familien in Orten des Amtes Odervorland. Sie sind tätig als Bürgermeister eines Ortsteils, als Verwaltungsangestellte, als Mitglied eines Vereins, als Lehrer oder als tatkräftige Eltern – alle fühlen sich lokal verwurzelt und identifizieren sich mit der Region. Viele der erwachsenen InterviewpartnerInnen engagieren sich nicht nur innerhalb ihres Berufsfeldes, sondern auch in verschiedenen ehrenamtlichen Zusammenhängen, mitunter in mehreren gleichzeitig (Bürgermeister, Dorfverein, Sportverein, Gemeindevertreter, Feuerwehr, Jugendarbeit, etc.).

„Als Elternteil meiner Tochter bin ich in die Schulkonferenz gegangen, als Elternvertreter bin ich von der Schulkonferenz in den Kreiselternrat gegangen, vom Kreiselternrat in den Landeselternrat und vom Landeselternrat in das Aktionsbündnis… man muss ja immer in dem einen sein, um in den anderen rein zu kommen" (07).

Das Leben auf den Dörfern

Als wesentliche Merkmale für das Leben auf den Dörfern wurden von allen Befragten die lokalen Identitäten und der Zusammenhalt der jeweiligen Dorfgemeinschaft beschrieben. Die Jugendlichen schätzten ein: „Die Erwachsenenwelt und nicht nur erziehungsberechtigte Personen wirken und engagieren sich, weil sie sich für das, was im Dorf passiert, mitverantwortlich fühlen." (05)
Immer wieder verwiesen die InterviewparterInnen auf die vielfältigen ehrenamtlichen Aktivitäten innerhalb der Dorfgemeinschaften. Eine tragende Rolle spielen dabei die unterschiedlichen Vereine und informellen Netzwerke in den Dörfern und Gemeinden.[4] Aber auch die Bedeutung einzelner Persönlichkeiten, die als Akteure das öffentliche Leben auf dem Land mitgestalten, wurde immer wieder beschrieben. „Was wollen Sie den Menschen durch ihr Engagement vermitteln", lautete dabei eine Frage:

„Gemeinsamkeit, die Gemeinsamkeit, die Zusammengehörigkeit, all so etwas! Achtung den anderen gegenüber. Und Verantwortung für jemanden überneh-

---

[4] Eine Übersicht über die vielfältigen Vereinsstrukturen findet man unter folgenden Internetadressen: http://www.berkenbrueck-spree.de/, http://www.briesen-mark.de/, http://www.jacobsdorf-online.de/, http://www.amt-odervorland.de/ [zuletzt aufgerufen am 1.12.2009].

men, wenn der mal nicht so kann. Ich empfinde es als selbstverständlich, wenn man sich für bestimmte Dinge engagiert und dann die Dinge durchzieht." (04)

Nach den Motiven für das Engagement gefragt, gab es folgende Antwort: „Die Heimat darf nicht sterben. Wir dürfen nicht zum Zoo für Berliner werden, die mal am Wochenende eine grüne Wiese sehen wollen." (06)

Das zivilgesellschaftliche Engagement hat eine stützende Funktion zur Abfederung der nicht mehr durch staatliche Subventionen geförderten soziokulturellen Infrastruktur der Dörfer. „Wir haben viele Sachen hierher geholt und werden einfach von der Politik nicht mehr unterstützt." (07)

So erfolgt die Jugendarbeit ehrenamtlich in den Sportvereinen, bei der Freiwilligen Feuerwehr und durch die kostenlose Begleitung von Jugendfreizeiten durch engagierte Erwachsene. Auch die alten Menschen werden über die ehrenamtlichen Strukturen, zum Beispiel der Arbeiterwohlfahrt (AWO), begleitet.

„Für die Rentnerbetreuung, da wird in unserer Gemeinde schon einiges gemacht. Alles andere läuft über die AWO. Unsere alten Leute, die wollen lieber das gesellige Beisammensitzen, ein bisschen Musik im Hintergrund, aber wo sie schön schnacken können. Das ist wie auf dem Friedhof, da trifft man sich und da wird geschnackt, da werden die Neuigkeiten ausgetauscht. Der Konsum fehlt, der mal früher da war. Der war ja eigentlich Informationsträger Nummer eins. Da wurden ja alle Neuigkeiten verbreitet. Das fehlt jetzt eben halt, nicht dass man tratschen will, nein. Es fehlen die alten Traditionen. Man sollte die alten Traditionen vielleicht mal aufleben lassen." (04)

Die kommunikative Infrastruktur hat sich mit dem Wegfall der Treffpunkte, wie Dorfkonsum, Kneipe, Schule und Kirche etc., in den letzten Jahren verändert. Der Austausch über die Neuigkeiten in der Nachbarschaft und Region ist ein wesentlicher Bestandteil für die Reproduktion lokaler Identität. Hier kommen die Themen zur Sprache, die für die Menschen wichtig sind. Für die Entwicklung einer demokratischen Kultur sind diese Kommunikationsstrukturen eine wesentliche Voraussetzung. Neue regelmäßige Treffpunkte für den „dörflichen Schwatz" zu schaffen, ist Voraussetzung für den Erhalt der dörflichen Kommunikationskultur.

Dorfvereine treffen sich regelmäßig. Dabei werden die Aktivitäten des vergangenen Jahres ausgewertet, es wird für das nächste Jahr geplant und es werden die Verantwortlichkeiten festgelegt. Feste Bestandteile der dörflichen Soziokultur sind das Weihnachtsbaumverbrennen, Osterfeuer, das Dorffest, eine Fahrt, die Betreuung des Kindertages, eine Kartoffelparty, Rentnerbetreuung und Rentnerweihnachtsfeier mit Kaffee und Kuchen und einem Unterhaltungsprogramm. Diese gesellschaftlichen Höhepunkte werden mit viel Liebe zum Detail und großem Engagement vorbereitet. Über die erfolgreiche Organisation und das gemeinsame Feiern entsteht Zusammenhalt und eine dörfliche Identität, auf die alle Beteiligten stolz sind. Der Umgang der Dorfbewohner untereinander ist sehr verantwortungsvoll. Die Zuwendung zu alten und jungen Menschen ist hier eine Selbstverständlichkeit. Das gesellschaftliche Leben spiegelt sich auch in den freiwilligen Feuerwehren und in den Sportvereinen.

Ohne die Frauen sähe es mit dem ehrenamtlichen Engagement auf dem Lande schlecht aus. Sie sind die Aktiven, die Ideen für die Ausgestaltung des soziokulturellen Lebens im Dorf einbringen und umsetzen. Die meisten politischen Ämter (Bürgermeister, Amtsdirektor) aber sind von Männern besetzt.

„Meine Partner sind hauptsächlich Frauen aus dem Dorf. Die Männer feiern gerne mit, helfen auch, aber das Organisationsteam sind eigentlich en gros die Frauen. Ohne uns wäre ein Vereinsleben und Dorfleben gar nicht da. Seit Jahrzehnten gibt es eine Gruppe von Frauen, die es sich zum Frauentag richtig gut gehen lassen. Das ist neben dem Dorfverein unser wichtigstes Netzwerk."(04)

Die Übernahme von Verantwortung durch die Mitglieder der Dorfgemeinschaft wurde als ein wesentlicher Bestandteil einer demokratischen Weiterentwicklung auf dem Lande benannt. Dabei legen die Aktiven Wert auf weniger Bürokratie und mehr Unterstützung für diejenigen, die sich im ländlichen Raum engagieren und in ihn investieren. Manche der InterviewpartnerInnen wären auch schon für mehr Anerkennung und ein Dankeschön für die geleistete Arbeit durch den Amtsdirektor dankbar. Es wurden Beispiele von Eigeninitiative für dörfliche Belange benannt. So bemüht sich eine Elterninitiative um die Errichtung eines Spielplatzes für ihre Kinder.

Das Erschließen neuer Synergien durch mehr Beteiligung und Verantwortungsübernahme neuer Akteure, der Abbau der staatlichen Bürokratie und die Erschließung von Fördermöglichkeiten wurden als Herausforderung für das weitere dörfliche Leben beschrieben. Dies erfordert aber auch ein Umdenken der Verantwortlichen in den Kommunen. „Diese Strategie funktioniert nur, wenn man mit Leidenschaft dahinter steht." (07)

Als eine wesentliche Stärke der dörflichen Lebensweise wurde von einigen Befragten der direkte Kontakt der Menschen untereinander auf Grund der Überschaubarkeit des Sozialraums benannt. Die Verantwortungsträger aus der Region haben „kurze Wege" zu den Menschen, weil sie selbst Teil der Dorfgesellschaft sind.

„Man geht zu den Bürgern, man geht zu den Interessengruppen, man erreicht die Interessengruppen, das ist das Schöne an dieser kleinen kommunalen Variante hier, man kennt eben die 60 bis 70 Prozent, die sich am öffentlichen Leben beteiligen." (07)

Eine Perspektive für die demokratische Kultur auf dem Lande wird in einem ursächlichen Zusammenhang mit den Lebensbedingungen und Entwicklungschancen gesehen.

Der Umgang mit Fremden

Das Dorf ist für viele Menschen ein Ort mit festen Traditionen, klaren Strukturen, Werten, Normen und einer hohen Dichte an sozialer Kontrolle. Nicht selten empfinden Menschen, die von außen kommen, die Dörfer als „geschlossene Gesellschaften". Den „Einheimischen" ist es wichtig, die soziokulturellen Bestände der Dörfer zu erhalten. Daraus erwächst die Erwartung an Außenstehende, sich an die dörflichen Gepflogenheiten anzupassen und das Vorhandene zu respektieren.

Das Zusammengehörigkeitsgefühl findet nicht selten seinen Höhepunkt im gemeinsamen Feiern von Dorffesten. Engagierte Bewohner der Gemeinden sind bemüht, anspruchsvolle Dorffeste zu organisieren und durchzuführen. Es geht darum, kulturelle Höhepunkte zu gestalten, für Kinder, für Jung und Alt.

„Und ja sicherlich für die, die dann am Abend schon ein bisschen angegagscht sind, ist ja irgendwo logisch, um das Publikum hier anzuziehen. Aber bei denen, die hier neu gebaut haben, die wollen das nicht, die nehmen das nicht an. Die wollen mit der Gemeinschaft nichts zu tun haben. Die wollen zwar dort wohnen, wollen alle Vorzüge vom Dorf genießen, aber mehr wollen sie nicht." (04)

Auf die Frage nach Rechtsextremismus im Dorf wurde öfter auf fremdenfeindliche[5] Einstellungen und Mentalitäten bei Teilen insbesondere der alt-

---

[5]   Der Sprachgebrauch bei der Beschreibung gesellschaftlicher Phänomene kann nicht in der Weise einheitlich geregelt werden wie dies im technischen Bereich mit der „Deutschen Industrie-Norm" (DIN) geschieht. Ein sinnvoller Vorschlag zur Bezeichnung der verschiedenen Phänomene stammt von Wilhelm Heitmeyer. Er unterscheidet zwischen Fremdheitsgefühlen, Fremdenangst und Fremdenhass. Wichtig ist der Hinweis, dass Fremdheitsgefühle nicht notwendigerweise zu Fremdenangst oder gar Fremdenhass

eingesessenen Bevölkerung verwiesen: „Das große Thema hier ist Fremden-feindlichkeit." (03)

Die Zugehörigkeit zum Dorf ist mit bestimmten Mustern im Denken und Handeln verbunden. Ansatzweise wurden in diesem Zusammenhang kollektive Distanzen und Ablehnungen gegenüber Neubürgern als Grund-stimmung beschrieben. Diese Grundstimmungen und Mentalitäten kann man auch als dorfzentrierte Weltbilder und Orientierungen bezeichnen; sie sollten nicht pauschal als „Fremdenfeindlichkeit" verurteilt werden. Der langsame soziale Wandel in den dörflichen Gemeinden begünstigt erfah-rungsgemäß Vorbehalte gegen „Fremde".

> „Es ist schon da, ganz einfach aus dem Grund, weil man sieht, wie viele eben anders aussehen, anders denkende Leute hierherkommen. Die Jugendlichen finden keine Arbeit, der hat dann vielleicht Arbeit oder diejenige. Auch der Wohlstand, die haben dann eben doch ein bisschen mehr als diejenigen, die hier groß geworden sind. Diejenigen, die hierherziehen, sind schon wohlha-bender, denn wer baut sich denn heute schon Häuser ohne Kapital." (04)

Die InterviewpartnerInnen beobachten ein soziales Gefälle, das an den Neubauten sichtbar werde. Es könnten sich nur Zugezogene den Kauf von Grundstücken in bestimmten Regionen der Gemeinde leisten. Betont wurde, dass nicht nur Migranten als fremd gelten:

> „... ihr kommt aus Berlin, Bayern oder sonstdawo; das ist eigentlich schon fremd. Unsere kleinen Dörfer sind doch ganz einfach überschaubar, die haben zum Teil nur 300 Einwohner und kennt auch jeder jeden und auch jeden Hund, wenn man so will. Und wenn da Leute reinkommen, die haben es dann auch irgendwo ein bisschen schwer, sich dann da rein zu finden in den Charakter. Erstens schon durch die anderen Lebensvorstellungen. Wenn man aus Berlin aufs Dorf herzieht, dann ist man eben ein anderer Mensch, das ist nun einmal so." (04)

> „Man steht den neu Zugereisten nicht feindselig gegenüber, sondern erst ein-mal ablehnend. Es ist jetzt nicht so extrem, aber es ist zu merken und zu spü-ren, natürlich." (07)

führen, und dass auch die Fremdenangst nicht zwingend in Fremdenhass einmündet (vgl. Wilhelm Heitmeyer: Rechtsextremismus, Fremdenfeindlichkeit und die Entpoli-tisierung von Gewalt. In: Peter-Alexis Albrecht/ Otto Backes (Hg.): Verdeckte Gewalt. Plädoyers für eine ‚Innere Abrüstung'. Frankfurt am Main 1990, S. 151-173).

Konflikte entstehen zumeist dann, wenn die neu zugezogenen Großstädter zu den Dorfangelegenheiten Stellung nehmen und dabei an ihren fremden Wertmaßstäben festhalten. Dies wurde wie folgt veranschaulicht.

> „Oder das einfache Beispiel Kuhstall. Wir sind alle auf dem Dorf groß geworden, da stinkt es nun mal ab und zu mal nach Mist, nach Gülle, nach Kuh, nach Schaf, nach Pferd. Ist nicht gut. Da werden Eingaben gemacht, da wird geschimpft über den Menschen, der da Kühle hält. Und das regt uns dann immer so auf, weil man das dann so ein kleines bisschen persönlich nimmt, weil man sich mit dem Dorf identifiziert. Man ist hier groß geworden, man ist hier anders. Sind wir denn weniger wert, nur weil wir auf dem Dorf leben? In diesem Sinne gibt es dann schon fremdenfeindliche Äußerungen. Und die Leute bestärken sich darin gegenseitig. Man hört ja ab und zu so etwas von anderen." (04)

Konflikte wurden auch im Zusammenhang mit dem Zuzug einer armen Familie beschrieben, in der die Eltern ein Alkoholproblem hatten. Die Kontroversen zwischen den Kindern dieser Familie und den Jugendlichen des Dorfes wurden zum Teil mit Gewalt ausgetragen und bedurften einer Schlichtung durch Externe.

Im Austausch zwischen den Dörfern hat die Distanz auf Grund der Gemeindegebietsreform zugenommen.

> „Vor ein paar Jahren war es so, da ist man noch gerne in andere Dörfer gegangen und hat da auch gefeiert mit den Leuten. Und als es dann hieß, wir müssen uns zusammenschließen in einer Großgemeinde, da war auf einmal irgendwo auch Hass gekommen. Hass untereinander. Orte die sich eigentlich immer so gut verstanden haben, haben auf einmal gesagt: Wir mit euch, nee, niemals! Das war zum Anfang ganz doll schlimm. Die kleinen Orte zumindest, die haben sich unwahrscheinlich beharkt. Jetzt hat man das Gefühl, das immer irgendjemand denkt, er kommt zu kurz. Die Bürgermeister schon untereinander, jeder denkt, ihr Ort bekommt zu wenig. Der eine Ort hat das, der nächste hat das, warum haben wir das nicht. Der Neid kommt da wieder so durch." (04)

Eine Interviewpartnerin meinte, kaum ein Bürger aus dem Ort sei ohne Vorurteile. „Denn irgendwo lassen sich alle mal dazu hinreißen und machen mal eine Äußerung, die fremdenfeindlich ist. Das ist so. Es könnte jeder sein." (04)

Vorurteile und dorfzentrierte Sichtweisen

Aggressive Ausländerfeindlichkeit und rassistische Übergriffe sind für das Amt Odervorland nicht benannt worden. Es gibt nach Einschätzung der Experten keine Personengruppe, auch unter den Jugendlichen nicht, denen man so etwas zutraut. Durch die Experten wurde keine rechtsextreme aktive Jugendszene für das Amt Odervorland beschrieben. Rechtsextreme Strukturen seien eher ein Problem der Städte. An den städtischen Schulstandorten kämen die Dorfjugendlichen damit in Berührung. Darüber hinaus bleiben Konflikte aufgrund der fehlenden Kontakte zu Menschen mit Migrationshintergrund aus.

> „Weil die Konzentration der Ausländer in den Städten höher ist als in den ländlichen Regionen, gibt es hier weniger Gewalt gegen Ausländer." (08) „Es gibt im ländlichen Raum keine Ausländer, das ist der Grund, warum es keine Gewalt und keine Schmierereien gibt." (09)

Beschrieben wurden verschiedene subtile Formen von Vorurteilen gegenüber Ausländern, die teilweise in alltagskulturellen Zusammenhängen des Dorfes in Erscheinung treten. Es wurden verschiedene Fälle von Ausgrenzung in diesem Themenzusammenhang durch die InterviewpartnerInnen angesprochen.

> „In unserm Ort bezieht sich die Fremdenfeindlichkeit nur auf die Zugezogenen. In anderen Orten ist da bestimmt mehr dahinter. Ich weiß in dem Ort X da wohnt ein Farbiger und der hat es manchmal ganz schön schwer. Der wird dann ganz schön massiv beschimpft von den Jugendlichen. Die Erwachsenen halten sich da eher zurück und schieben ihre Kinder vor. Die Erwachsenen denken dabei das Gleiche." (04)

> „Ganz schlimm war es hier, das muss ich sagen, mit dem Kleinen, der aus Mosambik kam. Tja, der wohnt auch nicht mehr hier, der ist nach Berlin gezogen. Da ist der Vater dann gestorben und sie hat sich dann nach Berlin wieder zurückgezogen. Der hat's auch wirklich schwer gehabt, der kleine Mann." (03)

Ausländerfeindliche Vorurteile wurden nicht nur den jungen Menschen zugeschrieben.

> „Ich denke, dass vieles schon in den Haushalten passiert. Dass da schon viel drüber debattiert wird: das Wie und Was, dass die Kinder eigentlich nur das austragen, was zu Hause passiert oder gesagt wird." (05)

Als Problem wird Rassismus und Ausländerfeindlichkeit zumeist nur im Kontext von Gewalt und offenkundiger Aggression beschrieben. Andererseits wurden immer wieder alltägliche Situationen benannt, in denen fremden- und ausländerfeindliche Äußerungen eine Rolle spielten.

> „Ich kenne einige im Dorf sowohl Jüngere als auch Ältere, sogar einen ehemaligen Lehrkörper, der mit bestimmten Äußerungen sehr freizügig ist, auch auf Dorfveranstaltungen. Da gibt es auch so typische Mitläufer, der zeigt es auch, ist oft betrunken, hat eine Glatze, der zeigt es durch seine ganze Kleidung." (02)

Alternativ wurde die Ablehnung von „Fremden" mit Migrationshintergrund auch als ein durch Medien inszeniertes Thema beschrieben.

> „Fremdenfeindlichkeit ist immer vorhanden, schon weil es durch die Medien so hochgespielt wird. Ich meine wenn sie jemanden so verletzen, dass jemand krankenhausreif geschlagen wird, oder den sie, wie in Guben, durch die Straßen gehetzt haben, so was muss nicht sein, das finde ich unmöglich. Aber wenn eben so ganz normale Rangkämpfe, sag ich mal, stattfinden, die ja auch unter den Kinder, die hier groß geworden sind, passieren, finde ich das eigentlich normal. Weil es immer schon so war. Den Kleineren und Schwächeren hat man schon immer mal irgendwo ein bisschen in seine Schranken gewiesen, das ist so und das wird sich nie in der Gesellschaft ändern. Der Schwächere wird immer irgendwo unterdrückt werden. Und die Stärkeren, die eben eine größere Klappe und mehr Power haben, dass die immer eben oben drauf sind." (04)

Bei den InterviewpartnerInnen ließen sich unterschiedliche Sensibilisierungsgrade bezüglich fremden- und ausländerfeindlicher Erscheinungen feststellen. Die Bandbreite reichte dabei von denjenigen, die öffentlich geäußerte Vorurteilen so lange für unproblematisch halten, wie sie nicht zu direkter Gewalt und Aggression führen, bis zu denjenigen, die jede Form von vorurteilsvollem Denken ablehnen.

> „Die Leute fahren nach Polen, sind dort auf ihren Vorteil bedacht und tanken dort billig, aber sobald sie wieder zu Hause sind, wird auf die Polen geschimpft. Die sind dann plötzlich an allem schuld. Das sitzt ganz tief drinnen. Diese Vorurteile, erst gar nicht genau hinzukucken, sondern nur nachzuplappern, was man irgendwo gehört hat, ohne dabei den eigenen Kopf einzuschalten. Einfach seinen Frust an vermeintlich Schwächeren auszulassen. Gott sei Dank haben wir hier einen Freundeskreis, der nicht so ist. Das ist für mich ein Grund, jemanden nicht mehr achten zu können." (02)

Ausgangspunkt von Ablehnungen waren immer konkrete Vorurteile. Als gängige Überzeugungen und Klischees wurden benannt:

- Ausländer nehmen uns die Arbeitsplätze weg.
- Ausländer empfangen unberechtigt irgendwelche finanziellen oder materiellen Mittel vom Land oder vom Bund.
- Die Förderungen kommen einem Deutschen nicht zugute.
- Die Ausländer sind an der schwierigen sozialen Lage der Deutschen schuld, weil das Geld, was sie erhalten, den Deutschen nicht zur Verfügung steht.
- Die Ausländer wollen sich nicht integrieren.
- Wir werden gegenüber den Ausländern benachteiligt.
- Besonders schlimm sind die südländischen und arabischen Ausländer, zudem noch die Türken und die Polen.

Deutlich wurde, dass einige Personen Einheimische und Migranten nach zweierlei Maß messen. Vorurteile und dörflich zentrierte Perspektiven führen dazu, dass man die Verteilung von Ressourcen nicht nach der Leistung der Betreffenden, sondern nach ihrer Zugehörigkeit zu einer bestimmten Volksgruppe, einer Gemeinschaft oder einem Dorf geregelt sehen will.

Die Übernahme von „lokalen Tugenden" wird zur Integrationsbedingung gemacht.

„Wenn die nach Deutschland kommen, muss man denen erstmal beibringen, dass Ehrlichkeit ist erstmal ganz wichtig und Zuverlässigkeit und Pünktlichkeit sind so die grundlegenden Dinge, die deutschen Tugenden, sag ich erstmal. Ich bin zum Beispiel der Meinung, ob es Türken sind oder ob die aus Israel kommen … egal welche, ich fahre auch in andere Länder. Und ich muss mich in anderen Ländern der Gesetzgebung, der kulturell politischen Strömung, ich sag mal, anpassen. Ich kann nicht nach Israel fahren, stellen sie sich nur mal das Szenario vor: Ich fahre nach Israel und mache als Deutscher dort Welle. Na was passiert denn da?" (07)

Durch die InterviewpartnerInnen wurden verschiedene Entstehungszusammenhänge von Vorurteilen mit ausländerfeindlichen, revanchistischen, nationalistischen und antisemitischen Inhalten beschrieben und benannt.

Es war nicht immer ersichtlich, ob die Gesprächspartner die Meinung anderer wiedergaben oder ihre eigene Meinung darstellten. Vorurteilshaltige Auffassungen wurden nicht nur häufig entschuldigt, sondern mitunter auch geteilt. Die Äußerungen waren teilweise undifferenziert und unreflektiert. Das Problem liegt dabei deutlich in der Erwachsenenwelt. Häufig scheint man nicht zu bemerken, dass man selbst zum Teil des Problems werden kann, wenn Aktivitäten und Vorfälle übergangen oder als „nicht so schlimm" bewertet werden. Vielleicht will man auch einfach nur dem Streit mit dem Nachbarn aus dem Wege gehen. Interessant sind an dieser Stelle folgende Einschätzungen:

„Ich leide ein Stück weit immer noch an dieser Geißel, dass Deutschland mal eben Juden verbrannt hat und vergast hat und weiß ich was gemacht hat. Das ist das erste Problem. Das zweite Problem ist, dass viele Bürger unseres Landes in meinem Alter daraus schlussfolgern, dass sie benachteiligt sind. Sie sind benachteiligt gegenüber Ausländern, wobei sie dabei nicht die westliche Allianz so sehen, sondern sie sagen, eher benachteiligt gegenüber anderen Ländern wie der Türkei, Polen, Russland, Israel und so weiter. Viele ältere Mitbürger, wenn ich mit ihnen rede, können es nicht einordnen, warum fühlen sie sich so, sondern sie sehen: Jetzt gibt es ausländische Mitbürger, die kommen hierher und nehmen uns den Arbeitsplatz weg."

„Dass wir als Deutsche uns nicht als Deutsche verstehen können, dass wir einfach unseren Nationalstolz nicht ausleben können. Und dass man dann immer in die Schiene gedrückt wird: ‚das ist ja nationalsozialistisch und ihr Deutschen, ihr müsst ja schön den Mund halten, ihr Deutschen, ihr habt ja so viel verbrochen.' Wir leiden immer noch darunter." (07)

Es wurden verschiede Gründe für das Entstehen von antihumanen und demokratiefeindlichen Orientierungen aufgezählt. Die Perspektivlosigkeit der Menschen wurde als häufigste Ursache für fremdenfeindliche Einstellungen genannt. Die Arbeitslosigkeit in der Region ist hoch und als besonders schwierig wird es empfunden, dass die jungen Menschen die Region verlassen und woanders arbeiten und leben.

Die Unzufriedenheit mit dem Staat und dem politischen System wurde als Ursache immer wieder angeführt. Hier wurden insbesondere die Ängste vor sozialem Abstieg und Armut und dem damit verbundenen Verlust des sozialen Status benannt. Die Menschen fühlen sich ungerecht behandelt und können die Verteilung der Steuergelder nicht nachvollziehen. Hierbei werden immer wieder „die Ausländer" angeführt, die unverhältnismäßig gefördert würden. Es scheint schwer vorstellbar und erträglich zu sein, dass Menschen nicht-deutscher Herkunft mehr Geld verdienen als Deutsche.

Der Umgang mit der deutschen Geschichte wurde als weitere Ursache benannt. Zum einen wurden hier eklatante Bildungslücken beschrieben, und zum anderen die „verklemmte" öffentliche Auseinandersetzung mit der nationalen Identität im Kontext zweier Weltkriege und der Zeit von 1945-1989 in der DDR.

„Aus der Geschichte lernen. Viele junge Menschen wissen das doch gar nicht mehr. Wir haben keinen ausgebildeten Geschichtslehrer. Und so macht es jeder, der mal eine Stunde frei hat, so gut wie er denkt. Gerade neuere Geschichte. Die Wende, vorher, nachher, warum hatte die BRD so viele Gastarbeiter und die DDR so viele Vietnamesen? Aber das würde ja Geld kosten, was keiner bezahlen will." (02)

Ebenfalls Handlungsbedarf sehen einige in der Aufarbeitung des Holocaust und seiner Bedeutung für die Gegenwart.

Die schlechte schulische Bildung wurde von der überwiegenden Mehrheit der Befragten als die zentrale Ursache beschrieben. Das Fehlen einer guten Bildung verhindere eine Berufsausbildung, das wiederum habe Arbeitslosigkeit zur Folge. Der Bezug von Leistungen nach Hartz IV führe dann wieder zum Fehlen von Motivationen. Dies gilt für die Erwachsenen, aber auch für die Jugendlichen.

„Die Dummheit der Menschen. Und darin liegt auch die Ursache für Rechtsextremismus: Das Nicht-Vorhandensein von Bildung. Hier kommen nur die schlechten Lehrer hin. Die Schulen werden geschlossen. Die Fahrtwege sind zu lang und müssen von den Eltern finanziert werden. Wenn sich wirklich etwas ändern soll, muss das Bildungssystem grundlegend verändert werden. Wenn mehr und bessere Bildung da wäre, gäbe es auch weniger Rechte." (10)

Gefahren des Rechtsextremismus

Ausgehend von den Einschätzungen und Bewertungen der Experten lassen sich dorfzentrierte Weltbilder beobachten, die als Anknüpfungspunkte für ausländerfeindliche, nationalistische und demokratiefeindliche Vorurteile dienen können. Rechtsextreme Akteure argumentieren mit Hilfe völkischer Ideologie, aus denen sie Erklärungsmuster für die gesellschaftliche Wirklichkeit entwickeln. So beschwören sie den Untergang der deutschen Kultur mit ihren Werten, den sozialen und ökonomischen Konkurs Deutschlands und eine genetische Ausrottung des deutschen Volkes infolge einer vermeintlichen Überfremdung durch Einwanderer.

Die DVU wurden im Zusammenhang mit der Frage nach rechtsextremen Strukturen und Erscheinungsformen eher zögerlich oder gar nicht thematisiert. Nach Einschätzung einiger der InterviewpartnerInnen ist der ehemalige aus Falkenberg stammende Kreistagsabgeordnete Kuhn in der Region eher wenig politisch tätig. Seine Frau sei im Dorfverein als Kassiererin aktiv und im dörflichen Jagdverein im Vorstand integriert. Der hohe Stimmenanteil der

DVU in der Region bei den Kommunalwahlen 2003 wurde von vielen Gesprächspartnerinnen nicht thematisiert. Es gab unter anderem relativierende Erklärungsversuche für das Engagement von Kuhn „Ich weiss nicht, ob er auf Grund persönlicher Schicksalsschläge in diese Richtung hineingeschoben worden ist." (03)

Nach Einschätzung der Befragten gibt es sowohl Protestwähler als auch eine Anzahl von überzeugten Wählern im Amtsgebiet. Durch die Interviewpartnerinnen gab es keine Verweise auf den demokratischen Umgang mit der rechtsextremen DVU im Amt Odervorland.

> „Da denk ich mal, das ist nur Protest. Identifizieren direkt mit der DVU, das glaube ich nicht. Einige sicher. Ja wenn er da richtig dahinter steht, dann ist das in Ordnung, dann ist das seine Sache. Die DVU ist ja auch eine anerkannte Partei, … eine zugelassene ist sie." (03)

Die DVU wird von einigen Befragten nicht als rechtsextrem und demokratiegefährdend eingestuft. Sie wird sehr stark am Verhalten der Funktionäre, Sympathisanten und Anhänger im Dorf gemessen und weniger an den Parteigrundsätzen und den Aussagen ihrer Publikationen.

> „Da gibt es dann auch sicher die Anhänger, die mit Herrn Kuhn sympathisieren. Die sind im Ort, die gibt es schon. Aber die lassen, wenn man es so will, alle anderen in Ruhe. Man sieht die ja nicht in Stiefeln oder was weiß ich rumrennen. Wirklich nicht." (03)

Soziale Ängste, Frustrationen, Egoismen, fehlende Bildung, fehlende Erfahrungen, Fehleinschätzungen, die eigenen sozialen Ausgrenzungs- und Abwertungserfahrungen und die Perspektivlosigkeit wurden von den Interviewpartnerinnen als Ursachen extremistischen Denkens benannt.

Als Hauptgründe für eine Indifferenz gegenüber dem demokratischen System wurden Probleme der ländlichen Region genannt. Als Problemfelder wurden der demografische Wandel mit Abwanderungs- und Überalterungstendenzen, die Zunahme bildungsferner und sozial schwacher Milieus, der Bildungsnotstand im Allgemeinen, die Schließung der Schulen, die schlechten wirtschaftlichen Perspektiven, die hohe Arbeitslosigkeit, die leeren Kassen, die Reduzierung der Infrastruktur, Hindernisse durch die Verwaltung, die mentale Resignation breiter Bevölkerungsschichten und die Zunahme von entfremdeten, politik- und parteifeindlichen Einstellungen beschrieben.

Alle Interviewpartnerinnen thematisierten politische Entfremdungen der Menschen. „Die Menschen wurden hier so oft enttäuscht und entmutigt, da muss man dann nicht mit Demokratiestärkung kommen." (06) Politische

Entfremdung macht sich breit gekoppelt an eine allgemeine gesellschaftliche Apathie.

> „Das ist die Gleichgültigkeit, die fängt bei den Kindern schon an. Na und, dann habe ich eben eine Sechs. Dieses Nicht-Weiterdenken, was soll ich denn da machen, da passiert ja sowieso nichts. Dieses Mal-nicht-aus-sich-rauskommen, ich muss was ändern, ich muss für mich selber was ändern! Das ist eigentlich schlimm. Abwarten und ‚mal sehen was nächste Woche kommt'. Das In-den-Tag-hinein-Leben. Das stört mich an vielen". (01)

Insbesondere Jugendliche sind durch rechtsextreme Offerten über Musik, Publikationen, Internet oder durch direkte persönliche Ansprache gefährdet.

> „Der Herr Platzeck hat uns erklärt, warum so viele rechts gewählt haben, und dann bin ich aufgestanden und habe ihm gesagt, warum so viele rechts gewählt haben: Weil die Rechten erkannt haben, wo die Jugendlichen Beschäftigung brauchen. Die Rechten haben erkannt, wir haben den Bereich Schule und den Bereich Freizeit und in der Freizeit sind die Kinder alleine gelassen. Die haben überlegt: Wie kriegen wir die Jugendlichen, in der Schule kriegen wir die Jugendlichen nicht, obwohl es da nur noch ein Lehrauftrag gibt, einen Erziehungsauftrag gibt es da nicht mehr." (07)

Fehlende Beteiligung auf Grund der eigenen Verweigerung oder fehlender demokratischer Mitbestimmungs- und Gestaltungsfelder, verstärkten die Ablehnung des politischen Systems. An den Wahlen nehme man nicht teil, weil sie ja sowieso nichts verändern könnten. Politiker werden nur noch als korrupt, eigennützig und nicht an den Problemen der kleinen Leute interessiert gesehen. Andererseits wollen die Menschen nicht mitgestalten und legen die Hände in den Schoß, warten ab, meckern nur und überlassen die Verantwortung den Anderen. Diese Verhaltensmuster übertragen sich auch auf die junge Generation.

> „Die Mehrzahl der Jugendlichen zeigt ein großes Desinteresse. Sie sitzen nur noch vor dem Fernseher oder spielen am Computer. Sie wollen sich nicht mehr bewegen und zeigen keine Eigeninitiative, um gemeinsam tätig zu werden." (03)

Die großen demokratischen Parteien wurden für die Region als bedeutungslos beschrieben. Man vertraue bei den Kommunalwahlen lieber den eigenen Wählergemeinschaften der Dörfer. Aber auch hier gibt es Probleme. „Die

Kommunalwahlen werden spannend, weil wir nicht wissen, ob wir genug Leute finden, die sich als Kandidaten aufstellen lassen." (06)

Demokratie sei im Zusammenhang mit der Gemeindegebietsreform nicht mehr möglich, da es zwischen den Orten innerhalb einer Großgemeinde zu Machtgefällen komme. „Meine Politik ist hier in der Gemeinde nicht demokratisch als Ergebnis der Gemeindegebietsreform." (07)

Einige beklagen als Ergebnis der Gemeindegebietsreform den Verlust der dörflichen Identität. „Die eigentliche Identität, die wir uns bewahren wollten, ist dahin." (04) Nach Einschätzung der Experten hat die Gemeindegebietsreform die demokratische Entwicklung in den Dörfern zurückgeworfen. Viele hielten eine Reform für notwendig, kritisierten aber die Art und Weise ihrer Einführung.

Demotivierend wirkte auf politisch engagierte Menschen der Rückzug der Landesregierung aus der infrastrukturellen Förderung des äußeren Entwicklungsraumes. „Herr Platzeck zerstört alles mit seiner Politik. Alles geht nur noch in den Speckgürtel und in die größeren Städte." (06) Es gebe fertige Pläne für Straßenbau und Dorferneuerungsstrukturen. Die Gemeinde ist in Vorleistung gegangen mit den Kosten für die Planung. „Und dann sind Programme einfach gestrichen worden, als alles schon fertig eingereicht war." (06)

Einige InterviewpartnerInnen übten Kritik an den oberen Verwaltungsebenen und der Politik.

> „Es gibt einen Investor, der sich in die Region verliebt hat und dort ein Wellness-Hotel baut. Es gibt nur unnötigen Ärger mit dem Bauamt in Beeskow. Kann man denn nicht diejenigen, die hier noch investieren wollen, nicht in Ruhe machen lassen? Muss man sie denn noch schikanieren?" (06)

Die Schulpolitik wurde als katastrophal für die Entwicklung des ländlichen Raumes beschrieben. Das große Problem seien die Schulschließungen; sie seien der Grund, dass weniger Menschen in die Region ziehen wollen: „Es fährt nur einmal am Tag ein Bus. Wenn Familien hier Kinder haben, müssen meist die Frauen zu Hause bleiben, um die Kinder zu fahren und zu betreuen."

Als Gefährdungen der demokratischen Kultur auf dem Lande wurden die Zunahme der sozialen Kälte und die Endsolidarisierung beschrieben. Die sozial schwachen und bildungsfernen Milieus müssen sich geachtet und gewollt fühlen. „Die dürfen nicht zur großen grauen Masse werden. Weil die der Demokratie mit ihrem Wahlverhalten durchaus gefährlich werden können." (02)

Bei vielen Menschen macht sich Gleichgültigkeit und Pessimismus breit. Menschen geben sich auf oder warten, dass etwas für sie getan wird und leben in den Tag hinein. Auch das allgemeine Desinteresse von jungen Menschen wurde als Problem benannt. „Die Gleichgültigkeit gefährdet unsere Demokratie. Es ist egal, ob die Noten schlecht sind. Dass die in den Tag hinein leben. Man muss sich doch um sich selbst kümmern!" (03)

Perspektiven

Ein Interviewpartner ist der Meinung, dass man allen Zugezogenen ein Begrüßungsgeld zahlen solle, er hat gar kein Problem mit den Neuen. Er findet es prima, wenn mehr Menschen aufs Land ziehen. Im Dorf gibt es zwar keine leerstehenden Häuser, aber viele nutzen die Häuser als Wochenendgrundstück und haben somit nicht ihren Wohnsitz hier angemeldet, die zahlen ihre Steuern in der Stadt, wohnen aber oft den ganzen Sommer hier draußen.

Demokratische Anknüpfungspunkte gibt es in vielen Dörfern bei den Menschen und Initiativen, die auf der Suche nach Strategien und Lösungen sind und an deren Umsetzungen arbeiten. Akteure vor Ort begreifen die gegenwärtige Situation nicht als Endstation, sondern als Herausforderung. Sie wollen ihre eigene Lebensperspektive im Dorf mitgestalten. Sie übernehmen persönliche Verantwortung, befördern bürgerschaftliches Engagement und nutzen die Möglichkeiten der direkten Demokratie. Die Ergebnisse verändern die Wirklichkeit zu Gunsten der demokratischen Kultur auf dem Lande.

Ein Befragter äußerte den Wunsch,

> „dass nicht alles so stehen bleibt, wie es jetzt ist. Ist zwar schön, aber es muss nicht stehen bleiben. Dass sich alles mehr oder wenig friedlich weiterentwickelt. Wenn man so mitkriegt, was rings um einen so alles passiert, dann kann man schon mal ein kleines bisschen Angst bekommen. Angst vor dem Neid der Menschen untereinander, die Unzufriedenheit, immer wieder die Arbeitslosigkeit." (04)

Für die Umsetzung des LAP in den ländlichen Regionen müssen weitere lokale Akteure gewonnen werden. Die Problemfeldanalyse konnte hier Empfehlungen aussprechen. Der Begleitausschuss und der Koordinator sollten ihre „Marketing-Strategien" des LAP für den ländlichen Bereich neu konzipieren, um einen höheren Wirkungsgrad in der Umsetzung zu erzielen. Es gilt dabei die Problemwahrnehmungen der dörflichen Gemeinschaft aufzugreifen und sie soweit zu fördern, wie dies im Rahmen der Richtlinien des LAP möglich ist.

Für die Umsetzung des LAP in den ländlichen Regionen bedarf die Frage der Mobilität der konkreten Planung. Wo und wie können Veranstaltungen im ländlichen Bereich durchgeführt werden, die eine Vielzahl von Menschen erreichen? Die Beschreibung der Bedarfe durch die Experten aus den kleineren Gemeinden korrespondiert auf den ersten Blick nicht mit den gewünschten Effekten des Bundesprogrammes: Handlungsfelder, die in Städten erschließbar sind, spielen in ländlichen Regionen keine Rolle. Das hängt unter anderem mit der Schließung der Schulen zusammen, mit dem Fehlen von Wirtschaftsstrukturen und der Bedeutungslosigkeit demokratischer Parteien im ländlichen Raum.

Die jeweiligen ländlichen Regionen sollten durch die Diskussion der Ergebnisse der Problemfeldanalyse aktiviert werden. Die Spiegelung der dörflichen Situation mit Hilfe der „Empathen" von außen soll dabei die Menschen vor Ort sensibilisieren und anregen.

Neue Kräfte können durch die Vermittlung zukunftsorientierter Fragestellungen entstehen. Neue Handlungsträger sollten ebenso gefunden werden wie neue Handlungsfelder. Bestehende lokale Interaktionsnetze könnten „neu verdrahtet" werden. Zentrales Thema ist die Zukunftsperspektive des Dorfes, die konkrete Frage lautet: Wie wollen wir in zehn Jahren hier leben? Hier kann man durchaus an das stark ausgeprägte Wir-Gefühl, also an das lokale Identitätsgefühl anknüpfen.

Katja Hoffmann, Beraterin und konfrontative Konfliktmanagerin, arbeitet derzeit in einem landesweiten Beratungsprojekt für Jugend-/sozialarbeit zum Umgang mit Gewalt und rechtsextremen Einstellungspotentialen junger Menschen.

Andrea Nienhuisen, Jan Kasiske

Zossener Zustände 2009 – Chancen und Grenzen bürgerschaftlichen Engagements am Beispiel einer Kleinstadt

„Jetzt halten Sie endlich Ihre verdammte Klappe. Am Besten Sie verlassen sofort den Saal. Mit Ihnen will hier keiner mehr reden." – „Ja, genau, immer dieses Dazwischengequatsche und keiner ist Ihnen Recht." – „Halten Sie mal die Luft an. Sie sind doch alle nicht ganz sauber da drüben."

Wo befinden wir uns? In der Stadtverordnetenversammlung (SVV) Zossen am 4.11.2009. 26 der 28 im September 2008 neu gewählten Kommunalpolitiker haben begonnen, miteinander zu diskutieren. Der aufgerufene Tagesordnungspunkt lautet „Einwohnerfragestunde". Es geht um den Standort der bis Ende 2010 fertig zu stellenden Kita. Es hätte auch jedes andere Thema sein können. Die Situation ist verfahren – darin sind sich alle einig. Die nach dem Betriebsklima in der SVV befragten Personen verwenden Begriffe wie: „Katastrophal", „Teile und Herrsche", „Da wird nur über den politischen Gegner hergezogen", „Im Ausschuss Hü und in der SVV Hott", „Die nötige Auflösung steht bevor", „Unerträglich", „Traumatisierend", „Peinlich", „Explosiv", „Man wird als Ketzer verschrien", „Gewalttätig", „Rechtsextrem". Diese Liste ließe sich fortsetzen. In der Tageszeitung „Märkische Allgemeine" (MAZ) werden die problematischen Zustände nicht beschrieben, eher ergreift man zaghaft Partei bei der Suche nach Schuldigen.[1]

Drei Monate früher – August 2009

In der Nacht haben bisher noch Unbekannte an eine Hauswand die Botschaft „Zossen bleibt braun" geschrieben und überdies den Sprecher einer Bürgerinitiative (BI) für Demokratie namentlich mit dem Tode bedroht. Die Reaktionen sind geteilt. Glauben doch einige, das hätten Mitglieder der besagten BI für Demokratie „Zossen zeigt Gesicht" selber initiiert, um Auf-

---

[1] An dieser Stelle möchten wir uns bei allen Personen aus Kommunalpolitik, Verwaltung und Zivilgesellschaft bedanken, die uns für diesen Artikel in zahlreichen persönlichen Gesprächen und Interviews zu Verfügung standen. Ihre Sichtweisen und Meinungen waren uns beim Schreiben des Textes sehr hilfreich.

merksamkeit zu erlangen. Andere sehen sich in ihrem Engagement gegen Extremismus vor Ort bestärkt und sind bestürzt.

Acht Monate früher – März 2009

Eine der zahlreichen Bürgerinitiativen trifft sich zur Besprechung des weiteren Vorgehens. Die Bürger nehmen ihre Verantwortung wahr und artikulieren ihre Bedürfnisse auf diesem Wege. Zu dieser Zeit treffen sich vier Bürgerinitiativen in der Großgemeinde bzw. Stadt Zossen: eine gegen die geplante Ortsumfahrung Dabendorf, eine zum neuen Kitastandort, „Zossen zeigt Gesicht" für Demokratieentwicklung/ (Rechts)Extremismusbekämpfung und eine zur Umgestaltung des Marktplatzes/ Innenstadt. Ferner läuft eine Unterschriftensammlung für den Erhalt der Polizeiwache Zossen, die bis zum 31.12.2009 laut Plänen des Innenministeriums Brandenburg geschlossen werden soll.

Die Ansichten der Stadtverordneten zum Bestehen solcher Bürgerinitiativen sind sehr unterschiedlich: manche sind der Auffassung, solche Initiativen seien unnötig, schließlich habe man doch die Abgeordneten zur Regelung der kommunalen Aufgaben gewählt, und die Initiativen sollten sich nicht dauernd einmischen. Manche begrüßen das Engagement vieler BürgerInnen, biete es doch Raum für Beteiligung, Rat und Hilfe für die Abgeordneten, die ja nicht alles allein bedenken könnten. Manche wünschen sich noch größere Bürgerbeteiligung. Manche finden derlei Willensbekundungen lästig und hinderlich für die Gespräche in der SVV. Manche unterstellen Einzelnen persönliche Interessen, Ressentiments und Intrigen.

Ein Jahr früher – November 2008

Die in der Berliner Straße auf Initiative des Vereins für Bildung und Aufklärung Zossen (BAZ e.V.)[2] zur Erinnerung an die jüdischen Opfer des Nationalsozialismus vor dem Haus Nummer 4 verlegten Stolpersteine werden durch den neuen Besitzer des Hauses am 20.11. mit Bierkästen verstellt. Dieser plakative Protest gegen die Erinnerung an den Holocaust sorgt für Empörung. Ebenso das Angebot des Besitzers, das in seinem Haus liegende Internetcafe der rechtsextremen Szene in der Region als Vernetzungspunkt zur Verfügung zu stellen. Ein medialer Eklat, der auch auf der Straße durch nun

---

[2]   Der BAZ befasst sich seit 1997 mit jüdischem Leben in Zossen.

folgende Demonstrationen und Gegendemonstrationen ausgetragen wird. Eine Bürgerinitiative gründet sich: „Zossen zeigt Gesicht". Welche Vorgeschichte führte zu der aktuellen Situation?

Vom Erstarken des Rechtsextremismus in einer Kleinstadt

Im Sommer 2008 wurden wir von zwei Personen angesprochen, unser Engagement in Zossen zu verstärken.[3] Die Hilferufe waren deutlich, aber zunächst für uns nicht angemessen einzuordnen. Zum Einen war man unzufrieden mit der Öffentlichkeitsarbeit der Stadt Zossen im Umgang mit einem Fußballturnier der rechtsextremen Freien Kräfte Teltow Fläming (FKTF) im Ortsteil Dabendorf. Zum Anderen erfolgte eine Anfrage aus der Sorge um das kommunalpolitische Klima in der Stadt bzw. der möglichen Unterwanderung der SVV durch Rechtsextreme.

Neugestalteter Markplatz in Zossen

In der benachbarten Gemeinde Am Mellensee war bekannt geworden, dass zu den Bürgermeisterwahlen 2007 ein Kandidat mit verschwiegener NPD-Mitgliedschaft angetreten war, der nur knapp dem CDU-Kandidaten unterlag. Seitdem in Zossen nun zur Kommunalwahl 2008 eine neue Wählervereinigung mit dem Namen „Plan B" angetreten war, rumorte es dort. Was unter der Oberfläche zum Vorschein kam, verunsicherte zahlreiche Bürger –

---

[3] Zossen hat seit der Gebietsreform im Jahr 2003 ca. 17.500 EinwohnerInnen; davon leben in der Kernstadt mit dem Ortsteil Dabendorf ca 6.500.

am stärksten war für uns die Angst vor rechtsextremen Aktivitäten im Vorfeld der Kommunalwahl wahrnehmbar.

Die Freien Nationalisten

Von den FKTF erfuhren wir erstmals im November 2006. Eine Gruppe von rd. 30 jungen Antifaschisten aus Teltow-Fläming und Berlin versammelte sich zu einer Informationsveranstaltung in den Räumen des alten E-Werkes in Zossen. Man informierte sich über die Hintergründe der rechtsextremen Demonstrationen zum Volkstrauertag in Halbe und der geplanten Gegen-maßnahmen, dem „Tag der Demokraten". Ihre Gegner, eine Gruppe von 19 jungen Menschen, z.T. mit Reizgas und Schlagstöcken bewaffnet, wartete vor dem Treffpunkt E-Werk. Wäre die Poliei damals nicht so beherzt einge-schritten, hätte es sicherlich Verletzte gegeben. So aber waren alle Anwesen-den mit dem Schrecken davon gekommen. Nur zwei Tage später traf sich der im Frühjahr 2009 verbotene rechtsextremistische Verein „Heimattreue Deut-sche Jugend" (HDJ) in der benachbarten Gemeinde Blankenfelde-Mahlow. 200 Personen waren angereist. Eine Untergruppe, die „Sektion Preußen", hielt dort ihr regelmässiges Vereinstreffen ab. Im Hintergrund ermittelte eine freie Mitarbeiterin des NDR, die Rechtsextremismusexpertin Andrea Röpke. Diesmal war die Polizei zu spät am Ort. Andrea Röpke wurde von einigen Teilnehmern der Veranstaltung bei ihrer Arbeit entdeckt, angegriffen und nie-dergeschlagen. Das Treffen konnten die Organisatoren dennoch unbehindert fortführen. Eine kleine Gruppe von nachträglich informierten Bürger aus der Gemeinde demonstrierte einige Stunden später gegen die Vorgänge. Immer wieder kam es im folgenden Jahr zu kleineren Propagandadelikten und ge-walttätigen Aktionen der FKTF. Dann: im Sommer 2008 das Fußballturnier in Dabendorf. Spürbar entstand damals eine dichtere Bedrohung seitens der rechtsextrem orientierten Jugendszene. Kurz vor den Sommerferien, am 12. Juli, trafen sich Rechtsextreme aus verschiedenen Teilen Brandenburgs und dem Sachsen-Anhaltinischen Genthin auf dem Sportplatz in Zossen/ Daben-dorf zu einem so genannten „Nationalen Fußballturnier". Die Autonome Antifa Teltow-Fläming wurde auf diese Aktion im Internet aufmerksam und reagierte mit einer Pressemitteilung, die als kleine Zeitungsmeldung an die Öffentlichkeit drang.

Wer verbirgt sich hinter dem Kürzel FKTF? Die Bezeichnung „Freie Kräfte Teltow-Fläming" tauchte erstmals Anfang 2005 auf. Die FKTF ist eine Gruppe von ca. 30 jungen Erwachsenen aus Ludwigsfelde, Blankenfelde-Mahlow, der Gemeinde Am Mellensee, Zossen und Baruth, vorwiegend jungen Män-nern. Es handelt sich um einen eher losen Personenzusammenhang, der sich

Graffiti der Freien Kräfte auf Werbewand im Sommer 2008

wie die so genannten „Autonomen Nationalisten" vor allem durch Aktionismus auszeichnet. Die Gruppen existieren meist als Freundes-Cliquen ohne
feste Vereinsstrukturen. Das Eingreifen des polizeilichen Staatsschutzes wird
dadurch erschwert. In ihrem Auftreten und ihrem Kleidungsstil sind die Autonomen Nationalisten leicht mit linken Autonomen zu verwechseln. Tatsächlich bekämpfen sich diese beiden Gruppen jedoch entschieden, indem sie
z.B. Fotos und persönliche Daten ihrer Gegner im Internet veröffentlichen.
Zum aktiven Kern der FKTF gehören ca. zehn junge männliche Erwachsene.
Sie werden aktiv von den „Freien Kräften" aus Königs Wusterhausen und
dem NPD Kreisverband Dahmeland unterstützt und mit politischen Materialien versorgt. Auch die politischen Themen, die die FKTF in den letzten zwei
Jahren im Landkreis Teltow-Fläming platzierte, sind nahezu identisch mit
den politischen Parolen und Forderungen der Brandenburgischen NPD:
– „Für ein nationales Jugendzentrum – Jugend braucht Perspektive – Kinder
  sind Zukunft" (Ludwigsfelde April 2008)
– „Stoppt den israelischen Holocaust im Gaza-Streifen – für ein freies Paläs-
  tina" (Zossen Januar 2009)
– „Mahnwache für deutsche Kriegsopfer des Zweiten Weltkrieges" (Zossen
  Februar 2009)
– „Freiheit statt BRD" (Luckenwalde Mai 2009) Das ursprüngliche Motto
  "60 Jahre Lüge sind genug, Schluss mit diesem Volksbetrug" wurde durch
  das Verwaltungsgericht in Cottbus verboten.

Aktivitäten, die der FKTF zugerechnet werden 2008/ 2009	
2008	
15. Nov.	Behinderung der Verlegung der Stolpersteine in Zossen
17. Dez.	Störung einer Gedenkveranstaltung für die Opfer des National-sozialismus in Zossen am Marktplatz
22. Dez.	Politische Weihnachtsaktion bei der Arbeitsagentur in Zossen, Flugblätter und Weihnachtsgebäck werden verteilt
2009	
27. Jan.	Kundgebung in Zossen (Anti-Israel-Kundgebung)
10. Feb.	Versuchte Störung einer Informationsveranstaltung der BI „Zossen zeigt Gesicht "
11. Feb.	Gedenkveranstaltung für Deutsche Kriegsopfer in Zossen
14. Feb.	Musikveranstaltung mit NPD-Kader Jörg Hähnel in Zossen
23. Mai	Demonstration in Luckenwalde
04. Juli	Farbanschlag auf das Haus des BI-Sprecher in Zossen
17. Aug.	Versuchte Flashmob-Aktion zum Todestag von Rudolf Heß in Ludwigsfelde
23. Aug.	Verteilung von NPD-Wahlwerbung und FKTF- Infos in Zossen
31. Aug.	Erneuter Farbanschlag und Morddrohung gegen BI-Sprecher
12. Sept.	Demonstration gegen die Eröffnung des „Haus der Demokratie" (HdD) in Zossen
13. Sept.	Verwüstung der Räumlichkeiten des HdD in Zossen
11. Nov.	Feuerwerkskörper zerstört Briefkasten am Wohnhaus der Familie des BI-Sprechers

Wer die Wahl hat

Derzeit sind in der SVV Zossen die CDU, FDP, Grüne, SPD, Die Linke und Vereinigte Unabhängige Bürger (VUB) vertreten, sowie die Listenvereinigung Plan B, die stärkste Fraktion, der auch die Bürgermeisterin in Zossen angehört. Bisher konnten rechtsextreme Parteien in Zossen keine Kandidaten platzieren. Die Ankündigung des NPD-Kreisverbandes Dahmeland, im Frühsommer 2008 in Zossen einen Kandidaten aufzustellen, wurde nicht verwirklicht. Dies wird sich in Zukunft vermutlich ändern. Die letzten Wahlergebnisse von Kommunal-, Landtags- und Bundestagswahlen zeigen, dass keine andere Gemeinde im Landkreis Teltow-Fläming so starke Gewinne an rechtsextremen Stimmen verzeichnen konnte wie die Stadt Zossen. Bei der Bundestagswahl 2009 kamen NPD und DVU hier zusammen auf 4,7% der Zweitstimmen. Übertroffen wurde das Ergebnis nur noch in der Stadt Baruth

(4,8%) und in Ihlow (6,5 %). Schaut man sich die einzelnen Wahlbezirke in Zossen an, so liegen hier wiederum die Spitzenergebnisse von über 6% im Kindergarten Schünow, im Dorfgemeinschaftshaus Nunsdorf und Kallinchen und in der Oberschule Wünsdorf. Bei den Landtagswahlen 2009 liegt die Stadt Zossen mit 4,8% der Wählerstimmen für NPD und DVU ebenfalls deutlich über dem Landkreisdurchschnitt von 3,8% und dem Landesdurchschnitt von 3,7%. Dennoch führte die Auflösung des so genannten Deutschlandpaktes zwischen DVU und NPD insgesamt zu einem verschlechterten Gesamtergebnis der rechtsextremen Parteien, schließlich hatte die DVU bei der Landtagswahl 2004 6,5% der Wählerstimmen erhalten.

Viel Lärm um nichts oder: Störung der öffentlichen demokratischen Ordnung?

Den landkreisweiten Anspruch, den der Name suggeriert, konnten die Freien Nationalisten der FKTF bislang nicht einlösen. Aktionsschwerpunkte sind vor allem der Norden Teltow-Flämings, wobei die personenstärksten Teile in Blankenfelde-Mahlow und Ludwigsfelde anzutreffen sind. Diese Cliquen werden zusätzlich unterstützt von Freien Nationalisten und NPD-Mitgliedern aus Berlin-Neukölln und Treptow-Köpenick. Aber auch im Süden des Landkreises sind kleinere Cliquen und einzelne Mitglieder aktiv; sie agieren eher unabhängig voneinander und schließen sich mit Gleichgesinnten im Landkreis Elbe-Elster oder aus Sachsen-Anhalt zusammen.

Im Dezember 2009 wird bekannt, dass sich die FKTF zugunsten eines NPD-Ortsbereiches in Zossen auflösen wollen. Schon nach der Landtagswahl hatten die Aktivisten ihre Internetpräsenz aus dem Netz genommen. Es wird deutlich, dass die Gruppe der Freien Nationalisten ohne den Einfluss der NPD nicht überleben kann. Sie greift daher auf die bereits vorhandenen Strukturen der NPD im Landkreis Dahme-Spreewald und in der Gemeinde Am Mellensee zurück. Hier, sehr nah bei Zossen, leben seit dem Sommer 2008 der NPD-Funktionär und HDJ-Aktivist Jörg Hähnel mit seiner Frau Stella Hähnel. Sie ist eine der wenigen Aktivistinnen in der NPD: Sie war nicht nur als Pressesprecherin des Landesverbands in Berlin tätig, sondern seit 2006 im Bundesvorstand der Partei. Als Mitbegründerin der rechtsextremen Frauenorganisation Ring Nationaler Frauen (RNF) macht sie sich für die „nationalen Mütter" stark. Bei der Bundestagswahl 2009 erhält sie in der Stadt Zossen immerhin rd. 4% der Erststimmen als Direktkandidatin ihres Wahlkreises.

Insgesamt ist festzustellen, dass die NPD ihre Leitrolle im Rechtsextremismus in Teltow-Fläming ebenso versucht auszubauen wie im gesamten

FKTF auf Demotour mit der NPD

Gemeinsame Kundgebung der FKTF und der NPD in Ludwigsfelde,
April 2008

Land Brandenburg. Nicht nur in der Stadt Zossen scheinen dafür die Bedingungen günstig. Wenn auch die bisherigen Wahlerfolge für die NPD hier
deutlich niedriger sind als in den Nachbarlandkreisen, so ist doch denkbar,
dass diese mit geeigneten Kandidaten ausgebaut werden können. Ein Blick
nach Königs Wusterhausen, wo Freie Kräfte mit NPD-Mitgliedern seit nunmehr über zwei Jahren politische Strukturen prägen, zeigt, dass dieser Erfolg

möglich ist. Vielleicht gelingt es dann den demokratischen Parteien ihre derzeit gezogenen Gräben in der kommunalpolitischen Arbeit zu überwinden und sich gemeinsam auf den Umgang mit rechtsextremen Abgeordneten zu verständigen. Das wird vermutlich auch der Tag sein, an dem die Gleichsetzung von Rechts- und Linksextremismus in Zossen Geschichte ist.

Die Reichsbürgerbewegung in Teltow-Fläming

Innerhalb der rechtsextremen Szene gehören die Reichsbürger zu den kuriosen Gruppen. Im Landkreis und dem nahen Berlin findet man ca. ein Dutzend Personen, die dieser Gruppe zuzuordnen sind. Zu ihrem politischen Lebensinhalt gehört ein zum Teil fanatischer Antisemitismus und die Überzeugung, für eine sogenannte Reichsbewegung unterwegs zu sein. Die Reichsbürger wirken äußerst wirklichkeitsfern und in ihren politischen Forderungen anachronistisch. Sie sind von der Wahnvorstellung beseelt, im Auftrag einer Exilregierung des Deutschen Reiches unterwegs zu sein. Sie halten die Bundesrepublik völkerrechtlich und verfassungsrechtlich für illegal und erheben Anspruch auf die früheren Ostgebiete des Deutschen Reiches.

Rainer Link gehörte zu dieser Reichsbürgerbewegung als er 2006 aus Berlin nach Zossen zog. Zu der Gruppe um Rainer Link gehörten auch Dirk Reinecke aus Blankenfelde, Gerd Walther und vor allem Horst Mahler (früherer Anwalt, RAF-Gründungsmitglied und mehrfach vorbestrafter Holocaustleugner), der Ende 2008 im Hause von Rainer Link mindestens einmal zu Besuch war. Gegen Gerd Walther, Rainer Link und Dirk Reinecke liefen damals schon Strafverfahren.

In der Ladenwohnung seines Hauses in der Berlinerstraße 4 in Zossen betrieb Rainer Link von 2007 bis ca. Mitte 2009 ein Internetcafé, das vor allem Jugendliche und junge Erwachsene ansprach. Bisweilen wurde das Intenetcafe aber auch als Veranstaltungsraum für Foto-Ausstellungen, politische Info-Abende und kleinere Partys genutzt. Im November 2008 hatte Rainer Link in Zossen zum ersten Mal öffentlich sein geschichtsrevisionistisches Weltbild dokumentiert. Er störte eine Veranstaltung in der Dreifaltigkeitskirche in Zossen und die öffentliche Verlegung der Stolpersteine – Gedenksteine, die an die deportierten Juden in Zossen erinnern. Link beschimpfte die anwesenden Teilnehmer und die Stadt Zossen. In seinem eigenen Informationsblatt „Schmatz", das er in dieser Zeit herausgab, spricht er von „Mahnmalismus" und „Gedenkknechtschaft" und von der Demokratie als „Meinungsdiktatur". Er stilisierte sich als Opfer der vermeintlichen Meinungsdiktatur und polemisierte gegen Stadtverordnete sowie Journalisten. In dieser Zeit wurden er und sein Mitbewohner Gerd Walther von den FKTF politisch unterstützt; die FKTF nutzten das starke Medienecho auf Links öffentliche Provokationen für ihre eigene Inszenierung und zeigten sich deshalb gemeinsam mit ihm bei Demonstrationen und Kundgebungen. Lange sollte diese politische Freundschaft nicht anhalten – aber wie konnte es überhaupt zu einem politischen Zusammenschluß der FKTF mit den Reichsbürgern kommen? Vermutlich bot Rainer Link den Freien Nationalisten in seinem „Medienkombinat" genannten Laden einen regelmässigen Treffpunkt in der Stadt und auch technische Unterstützung. Schon kurz vor Weihnachten planten sie eine gemeinsame politische Aktion vor der Arbeitsagentur. Ein halbes Jahr später weist auch der Aufruf zur Demonstration in Luckenwalde deutliche Argumentationslinien der Reichsbürgerideologie auf. Fest steht, dass sich die „Freie Kräfte" aber bereits im Frühjahr 2009 mit Rainer Link überwarfen. Das Internetcafé schloss. Um Angriffe zu verhindern, wurden die Ladenfenster mit dicken Spanplatten versehen. Als Rainer Link Anfang Dezember 2009 vermutlich Selbstmord beging, hatten bereits seit einigen Wochen Gerüchte in Zossen die Runde gemacht, dass die Polizei gegen ihn wegen des Vertriebs von kinderpornografischen Dateien ermittele. Damit dürfte der politische Einfluss der Reichsbürger im Landkreis Teltow Fläming vorerst beendet sein.

Sieben Jahre früher – Die Zukunftskonferenz Zossen im April 2002

Im Dezember trafen sich BürgerInnen, um eine Zukunftskonferenz für 80 Personen aus den unterschiedlichsten Lebensbereichen durchzuführen. Das MBT übernahm die Moderation. Ziel war es, die Lebensverhältnisse vor Ort so zu verbessern, dass sich alle einbezogen fühlten und eigene Projekte verwirklichen konnten. Der Anlass für diese Konferenz mit Wirkungen bis in die Gegenwart war das Interesse Jugendlicher aus dem Jugendclub Leo (Efeuhaus), mehr Mitspracherechte zu erwirken. In der Dokumentation heißt es dazu: Die Jugendlichen

> „waren unzufrieden weil Stadtplanung und Politik mehr als einmal die Interessen von Jugendlichen überging. Bei den drei JugendarbeiterInnen vom Jugendclub Leo e.V. fanden Jugendliche verschiedener Gruppen in Zossen konkrete Unterstützung. Diese initiierten Beratungen, aus denen die Idee einer Zukunftskonferenz für Zossens Zukunft und einer Jugend mit Perspektive entstand. Häufig sind jetzt Kommentare zu hören: ‚Schön, dass ich Sie hier kennen gelernt habe' oder ‚Menschen machen Dinge, die sie vorher für unmöglich hielten'. ‚Wirkliche Veränderung wächst von der Basis her.' So bringt

eine Teilnehmerin der Vorbereitungsgruppe die Strategie der Zukunftskonferenz auf den Punkt."[4]

Konkret ergaben sich etliche Projekte, die nach Angaben der TeilnehmerInnen bis heute das Stadtleben verändert haben. Dazu gehört das Jugendparlament, dessen Satzung und Beginn die heutige Bürgermeisterin maßgeblich förderte. Oder die „Brücke e.V." und das Projekt Skaterpark, das zwar noch nicht realisiert wurde, für das aber die von Jugendlichen eingeworbenen Mittel auf einem Spendenkonto bereit liegen.[5]

Was zeigen die Bewertungen und Stimmen der damaligen TeinehmerInnen?[6]

Eine Stadtverordnete:
„Wir haben viel zu spät begonnen, gemeinsam mit den Bürgern organisierte Veränderungen in der Stadt Zossen vorzunehmen."

Ein Hauptverwaltungsbeamter:
„So ein Dialog sollte eine ständige Einrichtung werden."

Eine Schülerin:
„Die junge und die alte Generation haben einander früher viel besser verstanden. Ich wünsche mir, dass das in der Zukunft wieder so wird."

Aus heutiger Sicht könnte das Potential dieser Konferenz genutzt werden, um die Aufgaben in der Stadt gemeinsam zu gestalten. Die Erfahrung hat gezeigt, dass dies gelingen kann.

---

[4] Vgl. „Zossen mit Zukunft", Dokumentation der Zossener Zukunftskonferenz vom 19. bis 21. April 2002, S. 1. – Zukunftskonferenz ist ein von Marvin Weisbord entwickeltes strukturiertes Dialog-, Lern-, Planungs- und Mobilisierungsinstrument. Sie steht unter dem Motto „72 Menschen bewegen in 18 Stunden ihre Zukunft". Fester Bestandteil ist die gleichrangige Beteiligung von Bürgern aus unterschiedlichen Verantwortungsbereichen. So war der damalige Amtsdirektor ebenso beteiligt wie einige Jugendliche oder Geschäftsleute aus der Stadt. Auch heute arbeiten noch Bürger zusammen, die sich damals in Projektgruppen fanden.

[5] Die „Brücke e.V." ist ein Zusammenschluss von Bürgern aus dem Jahr 2002, die im Vorfeld der Gemeindegebietsreform für eine Verständigung der künftigen Städter sorgen wollte. Dazu rief man das Fest der Vereine ins Leben, das im Jahr 2004 das erste Mal statt fand und von Beginn an großen Zuspruch erhielt. Es findet jährlich Anfang Mai statt (vgl. www.festdervereine.de).

[6] Ingo Henseke: „Sie wollen etwas tun. Zossener Zukunftskonferenz: 80 Menschen, 18 Stunden und ein Anfang." In: Märkische Allgemeine Zeitung vom 23.4.2002.

Eine kommunalpolitische Krise und ihre Akteure

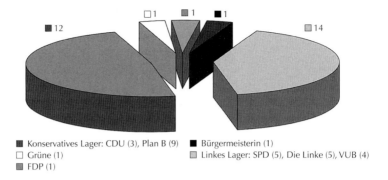

■ Konservatives Lager: CDU (3), Plan B (9)   ■ Bürgermeisterin (1)
☐ Grüne (1)   ☐ Linkes Lager: SPD (5), Die Linke (5), VUB (4)
■ FDP (1)

SVV Zossen Kommunalwahl 2008

Das obenstehende Tortendiagramm zeigt die prekären Machtverhältnisse in der SVV. Die SVV ist seit dem Jahr 2005 in ein konservatives und ein linkes Lager gespalten. Nach den Kommunalwahlen im Jahr 2003 regierte eine satte Mehrheit von SPD und CDU mit der Bürgermeisterin Michaela Schreiber an der Spitze. Damals waren 18 Abgeordnete gewählt. Das ging fast zwei Jahre lang gut. Nach der Kommunalwahl 2008 sind es 28 Abgeordnete – aufgrund der Gebietsreform und neuen Kommunalverfassung des Landes Brandenburg – plus der Stimme der Bürgermeisterin. Im Jahr 2005 kam es zum Bruch der Bürgermeisterin mit der SPD und damit zu unklaren Machtverhältnissen innerhalb der SVV. Die Wahl 2008 führte dann zu einer sichtbaren Lagerbildung: Die CDU (3 Sitze) stellt mit der Listenvereinigung Plan B (9) und Frau Schreiber (1) das konservative Lager dar, während die SPD (5) mit der LINKEN (5) und dem VUB (4) das linke Lager bildet.[7] Dazwischen stehen ein Abgeordneter der Grünen und eine Abgeordnete der FDP, die bei allen Abstimmungen quasi das Zünglein an der Waage sind. Die FDP hält den Vorsitz der SVV. Auf diese Weise hängen Entscheidungen von ein oder zwei Personen ab.

Ursachen für die Krise

In allen Kommunen und Vertretungen gibt es persönliche Geschichten und Befindlichkeiten, die Einfluss auf Entscheidungen haben. Einige nennen das

---

[7] VUB: Vereinigte Unabhängige Bürger: Fraktion seit den Kommunalwahlen 2008 aus „Wählervereinigung Kallinchen" und dem „Frauenverein Nächst Neuendorf".

„Filz", andere sagen, es sei zutiefst menschlich. Der Mensch lebe von Beziehungen und es gelte, diese zu nutzen. Allerdings sollten in einer SVV die Netzwerke offengelegt und „mit offenem Visier" für die eigenen Interessen angetreten werden.

In der SVV könnten Angehörige der jeweiligen Blöcke auch gegen das eigene Lager entscheiden, sollten sie die Sachlage anders einschätzen. Das hieße, sich jedes mal neue Mehrheiten zu beschaffen wie „in einem richtigen demokratischen Parlament eben" (so eine Stadtverordnete). Das scheint in Zossen nicht der Fall zu sein. Einige stehen der Demokratie mit ihren oft schwierigen Aushandlungsprozessen eher kritisch gegenüber, waren sie doch „bis 1990" gut versorgt. Andere werben für mehr direkte Demokratie, z. B. bei der Frage der Direktwahl des Landrates. Wieder andere pflegen eine absolut anmutende Loyalität gegenüber den gewählten Abgeordneten und der Bürgermeisterin; sie verstehen sich als Dienstleister der Verwaltung, manchmal auch der Bürger. Allen gemein scheint zur Zeit die Haltung zu sein: Wer nicht für mich ist, ist gegen mich.

Unterschiedliche persönliche Voraussetzungen, nicht verschmerzte Niederlagen bei der Bürgermeisterwahl 2003, die Entmachtung von Ortsbürgermeistern durch die Gemeindegebietsreform 2003 – es ließ sich eine ganze Reihe von weiteren Konfliktherden in Zossen nennen. Im Ergebnis führt dies zu einer vergifteten Atmosphäre und erschwert der SVV die notwendigen Entscheidungen. Ein Richter verglich die Gemeinde Zossen im Sommer 2009 mit einem „kleinen zänkischen gallischen Dorf". Auf den Internetseiten von „Plan B" und der Partei DieLinke lässt sich das gut nachvollziehen. Der „Plan B" diffamiert einzelne Mitglieder der SVV und wertet deren Aussagen permanent ab, gießt sozusagen täglich Öl ins Feuer. Die Linke präsentiert auf ihrer Seite eine Fülle von Negativschlagzeilen, die sie der Bürgermeisterin zuschreibt und tut damit das Ihre zur Verschlechterung des Stadtimages.

Die Stadtverordnetenversammlungen werden im öffentlichen Teil von interessierten BürgerInnen gut besucht. Aufgrund der Uneinigkeit der Abgeordneten nimmt der vorgeschriebene Tagesordnungspunkt „Einwohnerfragestunde" immer sehr viel Zeit in Anspruch. Viele Punkte werden vertagt, so dass die Zahl der Sitzungen im Jahr 2009 dramatisch anstieg. Damit überhaupt noch Entscheidungen getroffen werden können, finden pro Woche ein bis zwei Sitzungen von Ausschüssen oder der SVV statt. Die Vorsitzende scheint überfordert, denn auch die Zwischenrufe und Verbalattacken bei Redebeiträgen müssen permanent gerügt werden. Ferner ist es zur Gewohnheit geworden, dass die Sitzungen erst nach Mitternacht enden. Eine Fraktion kündigte die Ausschussarbeit bereits auf und verließ unter Protest eine SVV-Sitzung. Gegen die amtierende Bürgermeisterin laufen derzeit zwei Dienstaufsichtsbeschwerden, die vor Gericht verhandelt werden.[8] Die Kommunalaufsicht als Kontrollbehörde des Landkreises, die seit Jahren zurückgewiesene Anträge und Beschlüsse aus der SVV Zossen bearbeitet, ist schon gar nicht mehr anwesend.

Vom Auf und Ab des zivilgesellschaftlichen Engagement in Zossen

Nach unserer Beobachtung verläuft zivilgesellschaftliches Engagement wellenförmig. Der Fall Zossen bestätigt diese Erfahrung.

Der Zusammenschluss der Freien Kräfte mit den „Reichsbürgern" im November 2008 alarmierte politisch aktive Menschen, darunter etliche Teilnehmer/innen der Zukunftskonferenz von 2002 sowie einige Stadtverordnete. Diese konnten sich in ihrer Sitzung am 17. Dezember 2008 zu der gemeinsamen „Resolution der Stadtverordneten in Zossen gegen Rechtsextremismus" durchringen. Für viele war das Maß voll, als im Anschluß an diese SVV ca. 20 Rechtsextreme eine Gedenkveranstaltung für die Opfer des Nationalsozialismus am Marktplatz störten und Parolen skandierten. Noch kurz vor Weihnachten führte das MBT erste Beratungen durch; überdies wurde eine kleine Informationsveranstaltung organisiert. Denn gerade bei vielen älteren TeilnehmeInnen war die Angst vor einer Eskalation deutlich zu spüren. Nach Weihnachten 2008 fanden sich weitere Aktive zusammen, darunter der evangelische Pfarrer der Gemeinde, Andreas Domke, der Jugendsozialarbeiter Holger Krause und der Bürger Jörg Wanke. Schnell kam man zur Einsicht, dass man den Einfluss von Rainer Link auf Jugendliche mindern müsse. Anfang Januar 2009 wurde die Idee eines Familienfestes für Kinder und Jugendliche mit musikalischem Rahmenprogramm geboren. Um diese Aufgabe zu stemmen, gründeten sie die Bürgerinitiative „Zossen zeigt Gesicht".

Diese Bürgerinitiative kam schnell ins Arbeiten, wuchs bis auf 30 Leute an, und traf sich von Beginn des Jahres regelmässig bis zum Jahresende jeden Montagabend. Halbherzige Richtungsdiskussionen ließen die eher konservativen Mitglieder der Initiative fernbleiben. Wie so oft in Brandenburg gingen die Meinungen in der Frage auseinander, ob man sich gegen Rechtsextremismus oder gegen Extremismus im Allgemeinen engagieren solle. Einer erfolgreichen gemeinsamen Strategie stehen immer wieder ideologische Versatzstücke im Wege, die den Blick auf die tatsächliche Situation vor Ort verstellen. Im Verlauf unserer Beratungstätigkeit war es uns ein wichtiges Anliegen, diese Entwicklung zu verhindern bzw. hier gegen-

---

[8] Vgl. RBB Abendschau vom 10.12.2009.

BI „Zossen zeigt Gesicht" zum Tag des Grundgesetzes
am 23.5.2009 in Luckenwalde

zusteuern. Jedoch erkannten wir zunächst nicht ausreichend das Ausmaß des schwelenden kommunalpolitischen Konfliktes und die damit einhergehenden Konsequenzen für zivilgesellschaftliches Engagement: Jeder, der sich politisch außerhalb der SVV engagierte, stand unter Generalverdacht, gegen die SVV arbeiten zu wollen. Die Lagerbildung in der SVV spiegelte sich auch in dieser BI wider. Hier waren wir die Lernenden. Wir erkannten erst nach und nach, dass das von uns wahrgenommene Problem der rechtsextremen Aktivitäten von den Konflikten der demokratisch legitimierten VertreterInnen überlagert wird. Das kommunalpolitische Pulverfass Zossen eröffnete den rechtsextremen Kräften im Winter 2008/ 2009 einen Spielraum, den sie vortrefflich für sich zu nutzen wussten.

Chancen und Grenzen bürgerschaftlichen Engagements im Rahmen der Kommunalpolitik

Betroffene Bürger haben mehrere Formen und Möglichkeiten auf die Entscheidungen in einer gewählten Vertretung einzuwirken. Die unbürokratischste Variante ist die Gründung einer Bürgerinitiative. Bürger, die ein Anliegen teilen, schließen sich zusammen und machen öffentlich auf das Problem aufmerksam; dadurch erzwingen sie die Aufmerksamkeit der Presse, der Abgeordneten und dadurch aller Bürger vor Ort. Ein Thema wird

Eröffnung des „Hauses der Demokratie" in Zossen

Das „Haus der Demokratie" in Zossen am 12.9.2009

besetzt und beworben. Rasch ist der Meinungsbildungsprozess in vollem Gange. So geschehen in vier Fällen in Zossen im Jahr 2009. Bereits 1999 hatte die BI Zentrumsumfahrung Erfolg mit ihrem Anliegen, die Straße um den „Kietz" herum zu führen und damit den Marktplatz als solchen vom Durchgangsverkehr frei zu halten. Die BI „Zossen zeigt Gesicht" möchte Beteiligungsprozesse und Demokratieschule etablieren. Das Engagement richtet sich nicht in erster Linie gegen Extremismus, sondern für eine Weiterentwicklung der Demokratie in Zossen. So gründete man mit viel ehrenamtlichem Einsatz das „Haus der Demokratie" (HdD) und nutzte dafür die Baracke hinter der Kirche für zahlreiche Veranstaltungen. Dort können Proberäume für Jugendliche entstehen und sollen verschiedene kulturelle Initiativen einziehen.

Die BI ist mit zahlreichen Abendveranstaltungen präsent, die sie zusammen mit Kooperationspartnern zu unterschiedlichen politischen Themen durchführt. Hinzu kommen Feste in der Stadt, Unterschriftensammlungen etwa gegen die Schließung der Polizeiwache und die monatlich erscheinende Zeitung, der „Bürgerstift" sowie der Ausbau des „Hauses der Demokratie". Hierfür sind bereits zahlreiche Sponsoren gefunden. Zyniker nennen das Haus „Baracke der Demokratie" und spielen damit auf die Zustände in der SVV an. Das Echo bei den Abgeordneten ist geteilt: die einen begrüßen diese Initiative mit ihrem Logo „Zossi" als identitätsstiftende Institution in der Stadt, die Begegnungen der Menschen ermöglicht und das bestehende kulturelle und bildnerische Angebot sinnvoll ergänze. Ferner trage die BI zur Sensibilisierung der Menschen im demokratischen Miteinander bei. Andere sagen, man brauche kein Haus der Demokratie, man habe doch das Rathaus und außerdem sei die BI der verlängerte Arm des linken Lagers in der SVV und daher überflüssig. Man habe doch die Abgeordneten gewählt. Außerdem: Zossen habe kein Problem mit Rechtsextremismus. Eher sei man auf dem linken Auge blind. Wenn es die BI nicht gäbe, wäre auch der Rechtsextremismus nicht so stark geworden.

Eine weitere Form des bürgerschaftlichen Engagements ist der Einwohnerantrag in der SVV.[9] Dafür wurden in nur vier Wochen 1.600 Unterschriften gesammelt. Die BI „Pro Kita Martin-Luther-Straße" stellte am 25.11.2009 den ersten Einwohnerantrag in der Geschichte Zossens. In der Nacht zum 10.12.2009 wurde er von den Abgeordneten zugelassen und im nächsten Schritt beraten und abgestimmt. Der Antrag wurde mit 13 Ja-Stimmen, einer Enthaltung und 13 Nein-Stimmen abgelehnt. Somit wurde die einfache Mehrheit verfehlt. Der nächste Schritt dieser BI wäre ein Bürgerbegehren.[10] Seit 2006 steht dieses Thema auf der Agenda. So gründete sich im Herbst 2009 eine BI, da sich eine Entscheidung in der SVV anbahnte. Die Unter-

---

[9] Laut Kommunalverfassung arbeitet die Gemeindevertretung, die von den Parteien und Fraktionen gestellten Anträge nach einer bestimmten Form ab. Seit einem Jahr können in Brandenburg nun auch Bürger so genannte Einwohneranträge stellen.

[10] Dieser Schritt war jüngst in der Uckermark erfolgreich, wo Bürger 15.900 Unterschriften sammelten, um den Kreistag dazu zu bewegen, seine Entscheidung bezüglich der Wahl des Landrates erneut zu diskutieren. So geschehen am 9.12.2009: Nun wird der Landrat im Frühjahr 2010 direkt gewählt, statt – wie von den Parteien zunächst beschlossen – vom Kreistag (vgl. Oliver Schwers: Kreistag unter Druck des Volkswillens, Märkische Oderzeitung, 10.12.2009, S. 1).

stützer innerhalb der SVV würdigten das Engagement der BI und teilten deren Gründe für die Wahl dieses Standorts.

Im Vorfeld zur entscheidenden Sitzung am 9.12.2009 wurde von den Gegnern viel Stimmung gegen die BI gemacht. Sie sahen eine Gefahr der Beeinflussung der Abgeordneten und zeigten sich verärgert, dass diese BI zu einem späten Zeitpunkt käme, wo alle Argumente längst ausgetauscht seien. Nun müsse man sich wieder damit befassen und der Bau verzögere sich. Ferner seien die Kosten für die Stadt bei diesem Standort nicht kalkulierbar. Da half auch der Kompromissantrag des Grünen nicht, erstmal standortoffen weiter zu planen bis man sich geeinigt habe.

Dass der Tagesordnungspunkt in der entscheidenden Sitzung der SVV erst nach Mitternacht aufgerufen wurde, als die meisten Gäste bereits zu Hause sein mussten, wird von vielen als schlechter Stil angesehen; dies zeige, dass man mit Bürgerbeteiligungsverfahren noch ganz am Anfang stehe. Aus Sicht des MBT ist diese BI ein Zeichen des Interesses und Engagements von BürgerInnen, die sich einbringen wollen. Zossen hat Potential für mehr Beteiligung.

Die BI reagiert mit einer eigenen Botschaft auf die rechts-extremen Schmierereien am Haus ihres Mitglieds Jörg Wanke

Es geht auch anders

Die BürgerInnen merken, dass ihre Themen den von ihnen Gewählten zunehmend aus dem Blick geraten. Sie organisieren sich. Die Chancen bürgerschaftlichen Engagements in Zossen liegen im dynamischen Wechselspiel der Kräfte zwischen SVV und Bürgern. Je unproduktiver die SVV wird,

Elemente direkter Demokratie im Lande Brandenburg

Kommunale Ebene

Einwohnerfragestunde und Einwohnerversammlung: Vortrag des Anliegens in der Gemeindevertretung

Einwohnerantrag: 5% der über 16 Jahre alten Einwohner der Gemeinde müssen das Anliegen mittragen, damit der Antrag in der Gemeindevertretung behandelt wird.

Bürgerbegehren: Kassierende Bürgerbegehren richten sich gegen Beschlüsse der Gemeindevertretung und müssen acht Wochen nach öffentlicher Bekanntmachung des Beschlusses eingereicht werden. Initiierende Bürgerbegehren wenden sich mit einem noch nicht behandelten Thema an die Gemeindevertretung. Tabu sind aber zentrale Angelegenheiten wie etwa der Haushalt und die Bauleitplanung.

Bürgerentscheid: kann von den Initiatoren zu einem von der Gemeindevertretung abgelehnten Bürgerbegehren beantragt werden (25 Prozent aller Wahlberechtigten müssen abstimmen, damit der Bürgerbescheid erfolgreich sein kann). Die Entscheidung ist bindend für die Gemeindevertretung.

Landesebene

Volksinitiative 20.000 Unterschriften, Sammlung beginnend ein Jahr vor Einreichung, nicht zu: Landeshaushalt, Dienst- und Versorgungsbezügen, Abgaben und Personalentscheidungen.

Volksbegehren: 80.000 Unterschriften, 200.000 beim Verlangen nach Neuwahlen, vier Monate Laufzeit, Amtseintragung.

Volksentscheid: findet spätestens drei Monate nach Ablehnung des Volksbegehrens im Landtag statt.

Quelle: „Bürgerstift", Dezember 2009

Weitere Informationen finden sich auf den nachfolgend genannten Internetseiten: *Verfassung des Landes Brandenburg* (http://www.politische-bildung-brandenburg.de/ links/brandenb3.html); *Kommunalverfassung des Landes Brandenburg* (http://www. politische-bildung-brandenburg.de/kommunal/glossar/kommunalverfassung_neu.htm); *Mehr Demokratie e.V. Berlin-Brandenburg* (http://bb.mehr-demokratie.de); *Wikipedia: Mehr Demokratie* (http://de.wikipedia.org/wiki/Mehr_Demokratie).

um so eher werden Bürger motiviert, sich einzumischen. Da der Vertrauensverlust schon sehr weit fortgeschritten ist, wird sich die Zivilgesellschaft vermutlich radikalisieren. Eine Lernaufgabe der Zivilgesellschaft könnte lauten: eben das nicht zu tun, sondern besonnen ihre Ziele fortzuschreiben. Die BI „Zossen zeigt Gesicht" veranstaltete beispielsweise im März 2009 ein großartiges Familienfest im E-Werk. Zu dem Zeitpunkt waren dort noch

Abgeordnete aus dem konservativen Lager und dem linken Lager vereint. Kritische Geister sprachen damals bereits von einer Parallelkultur zur SVV in der BI.

Das zeigt uns, dass ein konstruktives Miteinander auf dem kleinsten gemeinsamen Nenner prinzipiell möglich ist. Sobald sich aber ein öffentlich wahrnehmbarer Erfolg abzeichnet, folgen Neid und Mißgunst. So wurde das Gerücht in Umlauf gebracht, einer der Sprecher der BI engagiere sich nur, um der Bürgermeisterin das Amt streitig zu machen. Die Lernaufgabe der Stadtverordneten könnte sein: wieder zu einem fairen Miteinander zu finden, das bei jedem und jeder Einzelnen beginnt. Die eigene Haltung und die demokratischen Grundwerte müssten neu eingeübt werden. Das könnte im Einzelfall auch bedeuten, sein Mandat aufzugeben, wenn die persönlichen Spannungen untereinander zu groß werden.

Schwer zu erklären ist das Geschehen in Zossen nicht: Je größer die Spaltungen innerhalb der SVV, je stärker bürgerschaftliches Engagement. Je geringer die Ausprägung an konstruktivem Umgang, desto radikaler die Botschaften und Forderungen einzelner. Je uneiniger eine SVV, desto größer der Einfluß der Verwaltung respektive der Bürgermeisterin. Je unangenehmer der Umgangston, desto pragmatischer und unreflektierter die Entscheidungen. Je frustrierter die Abgeordneten, desto stärker werden Bürger in ihrem Anliegen frustriert.

Das Beispiel Zossen zeigt, dass ohne einen zivilen und sachorientierten Umgang in Stadtverordnetenversammlung oder Gemeindevertretung bürgerschaftliches Engagement – so nötig und notwendig es auch ist – an seine natürlichen Grenzen stößt. Anders gesagt: Wenn die Kommunalpolitiker die Anregungen, Ideen und Problembeschreibungen des bürgerschaftlichen Engagement nicht aufgreifen, werden demokratische Entwicklung vor Ort blockiert. Jede dieser Gruppen beeinflusst die Entwicklung der anderen. Auf Dauer gesehen wird sich ihr jeweiliger Erfolg an ihrer Kooperationsfähigkeit messen lassen.

Eine Veranstaltung im Haus der Demokratie am 30.11.2009 hat gezeigt, dass die Kooperation möglich ist. Unter dem Titel „Bürgerbeteiligung und direkte Demokratie im Spannungsfeld der Kommunalpolitik" waren neben externen Referenten viele Abgeordnete aller Fraktionen gekommen. Man hörte sich zu, ließ sich ausreden und pflegte eine Debatte. Es geht eben doch – scheinbar aber nicht in der SVV. Die Veranstaltung wurde durch das MBT moderiert. Es bestand kein Druck, Entscheidungen treffen zu müssen. Es begegneten sich Menschen mit ähnlichen Interessen. Statt der Grundhaltung: Wie kann ich dem Gegenüber, politischen Feind oder Nachbarn beweisen, wie unfähig er ist, herrschte die Haltung vor: Wo können wir noch besser werden und wo müssen wir uns gegenseitig unterstützen?

209 Jahre früher – Zossen 1801

Zwischen dem Kietz, der Ansiedlung im heutigen Zentrum, und der Stadt Zossen – der Namen bedeutet „Kiefer" aus dem slawischen Wort „Ssosna" und wurde u. a. 1320 als „Sossen" erwähnt sowie urkundlich mit Siegel als „Zossen" 1586[11] – ergaben sich vor 200 Jahren häufiger Differenzen. Das belegt ein Brief des damaligen Inspektors und Kirchenvorstehers Bauer aus dem Jahre 1801 an seine Gemeinde. Darin heißt es:

> „So oft ich bisher hörte, dass die Kietzer und Stadtgemeinde nicht übereinstimmen konnten, machte es mir jederzeit Kummer, weil es ausgemacht ist, dass Uneinigkeiten das Leben beunruhigen, die streitende Gemeinde in üblen Ruf bringen und auf mancherlei Weise der zeitlichen Wohlfahrt Abbruch tun."[12]

Doch dann heißt es weiter:

> „Jeder gewinnt offenbar mehr durch freundliche Vereinigung, und es gewinnt selbst derjenige Teil, der um Erhaltung der Ruhe willen lieber etwas aufopferte. Mir würde es nun eine große Freude sein, wenn ich zur Stiftung dieser freundschaftlichen Vereinigung etwas beitragen könnte."

Herr Bauer ist lange tot, seine Botschaft lebt weiter.

---

[11] Stuck, Uwe, Der Name der Stadt und das Wappen; in: Zossen – ein märkisches Städtchen, Heimatverein Alter Krug, Leipzig, 1996, S. 63.
[12] Stuck, Uwe, Der Kietz vor dem Städlein; in: Zossen – ein märkisches Städtchen, Heimatverein Alter Krug, Leipzig, 1996, S. 28.

Dirk Wilking

Ein Schulprojekt der Grundschule „Traugott Hirschberger" Lübbenau wirkt in das Gemeinwesen.
Gedenkstättenpädagogik mit Kindern und Eltern

Nachdem 1992 versucht worden war, ein Pogrom in Lübbenau zu veranstalten, hat die Stadt reagiert und sich recht offensiv mit dem Thema Rechtsextremismus auseinandergesetzt. Zunächst war es vor allem die damalige Ausländerbeauftrage und heutige Integrationsbeauftragte Frau Jente, von der Aktivitäten ausgingen. Das Mobile Beratungsteam (MBT) quartierte sich für fast ein halbes Jahr im Asylbewerberheim ein, um mögliche Interventionsmöglichkeiten zu erkunden. Neben der damals nötigen Aufklärung durch Information wurden auch im Bereich der Jugendarbeit Veränderungen angestoßen. Als problematisch erschien vielen, dass die Jugendarbeit im Ort ohne Beteiligung der Jugendlichen stattfand und statt dessen zwischen Pädagogen, Verwaltung und Politik „geregelt" wurde.[1] Als eine Konsequenz aus der Arbeit wurde eine „Regionale Arbeitsstelle" der RAA im Ort eingerichtet.[2] Parallel entstanden in der Stadt weitere Initiativen. Mit dem „Forum" entstand ein Bürgerbündnis, das mehr oder weniger regelmäßig durch Frau Jente einberufen wurde. Es entwickelten sich im Laufe der Jahre zahllose Projekte und Initiativen im Bereich interkulturellen Lernens, die sich zunächst auf die Schulen fokussierten, sich dann aber auch auf den Erwachsenenbereich erstreckten. Wurde Lübbenau seit 1990 immer wieder als Schwerpunkt rechtsextremer Tätigkeiten in Brandenburg gesehen, so änderte sich das im Laufe der Jahre: Die Zahl der Anhänger des Rechtsextremismus ging aufgrund zivilgesellschaftlicher und staatlicher Maßnahmen langsam zurück. An der Tatsache der vielfältigen Erscheinungen des Rechtsextremismus in den verschiedenen Milieus änderte sich allerdings zunächst nichts. Mit der Möglichkeit einer erneuten Vergrößerung der Szene bestand weiterhin ein gewisses Gefahrenpotenzial. Diese interne Vielgestaltigkeit des Phänomenfeldes Rechtsextremismus sprach gegen ein einheitliches, gewissermaßen in einem Guss geformtes Konzept; aus der veränderten Situation und verschie-

[1] RAA Brandenburg (Hg.): MBT, ein Projekt gegen rechtsextreme Gewalt. Interkulturelle Beiträge 27, Potsdam 1997, S. 17.
[2] Simone Kloß: RAA Lübbenau. In: RAA Brandenburg (Hg.): Regionale Arbeitsstellen für Ausländerfragen in Brandenburg. Interkulturelle Beiträge 11. Potsdam 1994, S. 20-24.

denen Erfordernissen entwickelte sich vielmehr ein Komplex von Aktivitäten, die man als systemische Aktivitäten ohne System bezeichnen könnte. Die Arbeitsansätze in Lübbenau bezogen sich immer schon auf das Gemeinwesen als Ganzes und wurden nicht als direkte Reaktion auf rechtsextreme Handlungen entwickelt; Ausmaß und Zahl der neu entstehenden Initiativen hatten aber häufig rechtsextreme Aktionen zum Anlass.

Einer der kontinuierlichen Arbeitsbereiche von RAA und MBT waren Projekte, die unter dem Label „lokalhistorische Studien" für den gesamten Träger entwickelt wurden.[3] Dabei lag der Schwerpunkt eindeutig auf dem Bereich Schule. In etlichen Projekttagen und -wochen wurden verschiedene Themen durch die Kolleginnen Simone Kloß, Mascha Join-Lambert, Miriam Schilling und Hanna Funke in den Lübbenauer Schulen bearbeitet. Neben der Auseinandersetzung mit historischen Themen wurde auch die Aufklärung zum Thema Rechtsextremismus kontinuierlich betrieben.[4] In den Grundschulen allerdings kam es selten zu einer „politischen" lokalgeschichtlichen Arbeit. Eine Ausnahme stellte die Jenaplanschule Lübbenau dar, die 1995 ein Projekt zum Kriegsende 1945 durchführte.[5] Dort fanden Projekttage mit SchülerInnen der 4. bis 6. Klassen statt, die zum Teil auf die Geschichtshäuser der RAA zurückgriffen. In enger Kooperation mit den Kolleginnen der RAA hat das MBT immer wieder in Lübbenau gearbeitet. Dabei fielen sehr unterschiedliche Beratungsfälle an; sie ergaben sich beispielsweise wegen aktueller rechtsextremer Aktivitäten (wie etwa Übergriffen auf Jugendliche) oder auch bei Verdacht auf Aktivitäten (etwa dem Versuch, ein „Cafe 88" am Hafen zu eröffnen); hinzu kamen spezielle Ansätze der Arbeit mit lokalen Milieus (Landolf Scherzer als Gast für eine Lesung im ehemaligen Kraftwerk, um die älteren Lübbenauer aus der Neustadt zu erreichen, oder die Arbeit mit der Lübbenauer Wohnungsbaugesellschaft durch Schulung von HausmeisterInnen). Schließlich sind gezielte Informationsveranstaltungen zu verschiedenen Themen im Zusammenhang mit Rechtsextremismus zu nennen – repräsentative, öffentliche Veranstaltungen waren eher selten. In allen Fällen wurde in Gesprächen mit den lokalen Akteuren überlegt, wie Handlungen kommunal wirksam werden können. Unser Blick von außen

---

[3] RAA Brandenburg (Hg.): Weltoffenheit und Demokratie. 10 Jahre RAA in Brandenburg. Eine Fachtagung der RAA Brandenburg 30. bis 31.Mai 2002 im Pädagogischen Landesinstitut Brandenburg, Ludwigsfelde. Potsdam 2002, hier besonders die Ausführungen von Hilde Schramm (Geschäftsführerin der RAA bis 1999) S. 51.

[4] RAA Brandenburg (Hg.): Auseinandersetzung mit Rechtsextremismus im Unterricht. Interkulturelle Beiträge 32. Potsdam 2000.

[5] Gabriele Wimmer: Spurensuche zum „50. Jahrestag des Kriegsendes" an der Jenaplanschule Lübbenau. In RAA Brandenburg (Hg.): Lokalhistorische Studien zu 1945 in Brandenburg Interkulturelle Beiträge 18. Potsdam 1996, S.44.

über einen langen Zeitraum wurde in die aktuellen lokalpolitischen Bezüge gesetzt und daraus entstand in der Regel ein individuell angepasstes, lokales „Konzeptchen", das kaum auf andere Kommunen übertragbar war. Durch die Langfristigkeit unserer Tätigkeit war es somit möglich, nahezu jederzeit in Verbindung mit allen relevanten Kommunikationsgruppen zu treten – man kannte sich. Viele Aktivitäten resultierten nicht aus einem unmittelbaren Problemdruck, sondern aus lockeren Gesprächen, in denen sich fast zufällig bestimmte Handlungsfelder entwickelten. Diese pulsierende Kommunikation macht Lübbenau zu einem Idealfall für die Beratungsarbeit des MBT.

Schulprojekt

Die langjährige Arbeit in einem kommunalen System hat den Vorteil, dass sich mit den dauerhaften Kontakten fast organisch Möglichkeiten für Veränderungen ergeben, ohne dass es einer strategischen Absicht bedarf. Plötzlich stimmen einfach Ort, Zeit und Thema, ohne dass in größerem Umfang in die bestehenden Beziehungen und Machtverhältnisse eingegriffen werden muss. Als Beispiel für ein solches, fast zufällig anmutendes Handeln soll ein Schulprojekt der 1. Grundschule „Traugott Hirschberger" beschrieben werden.[6] An der Grundschule gab es 2005 die Überlegungen, wie die Kinder der 5.und 6. Klasse wirksam vor Argumentationen rechtsextremer Jugendlicher geschützt werden könnten. Ein Anlass waren rechtsextreme Schmierereien an der unmittelbar angrenzenden Realschule und die Verbreitung der „Schulhof-CD" vor der Schule. Die Schulleiterin, Frau Marina Heimann, setzte sich dazu mit der Integrationsbeauftragten der Stadt Lübbenau in Verbindung, und man kam auf den Gedanken, sich nach bereits praktizierten Modellen umzusehen. Es wurde Kontakt zur Mosaik-Grundschule Peitz aufgenommen, die für die 6. Klassen ein Projekt „Theresienstadt und ich" durchführte.[7] Rektor Frank Nedoma hatte dieses Projekt fest an der Schule etabliert. Nach zwei Besuchen wollte man das Projekt übernehmen, jedoch gab es auf Seite der Eltern Bedenken gegen eine Klassenfahrt ins Ausland. In dieser Phase kam über Frau Jente der Kontakt zum MBT zustande. In einem entspannt-kreativen Gespräch wurde die Grundidee um einige zusätzliche

---

[6] Um die Ergebnisse des Projektes aus dem Jahr 2005/06 auszuwerten, haben wir im November 2009 einige Interviews mit beteiligten LehrerInnen, Eltern und den Planerinnen in Auftrag gegeben. Die Interviews wurden von Herrn Sebastian Enders durchgeführt, dem an dieser Stelle herzlich gedankt sei.

[7] Bildungsklick: „Theresienstadt und ich". Ein prämiertes Schulprojekt stellt aus. http:// bildungsklick.de/pm/23778/theresienstadt-und-ich/ [zuletzt aufgerufen am 25.11.2009].

Überlegungen ergänzt. Die wichtigste Einsicht war, dass ein Lernerfolg bei den Kindern nicht gegen die Argumentationsmuster im Elternhaus erreicht werden kann. Ziel sollte es sein, in den Familien die „Hoheit über die Kaffee-tafeln" zu gewinnen, das heißt, Elternteile und Kinder sollten in die Lage ver-setzt werden, die im Projekt erlebte Wirklichkeit auch gegenüber kritischen Nachfragen gemeinsam darstellen zu können. Das Konzept sollte deshalb so angelegt sein, dass möglichst viele Elternteile an der Reise teilnehmen. Eine zweite Überlegung war, dass bei einem solchen Projekt für Grund-schülerInnen der Aspekt der Faszination nicht ausgeblendet werden darf. In Einstiegsszenarien für pubertierende Jungen spielt die Waffentechnik des sogenannten Dritten Reiches eine große Rolle. Bei nahezu jedem Rechtsex-tremisten war der jugendliche Einstieg in die Szene mit dem regelmäßigen Konsum von „Landser-Romanen" verbunden.[8] Auch im familiären Kontext von „Männergesprächen" wird die NS-Zeit positiv bewertet, wenn vermeint-lich „wertneutral" über die Technik kommuniziert wird. Deshalb sollte das Projekt diesen Bereich mit einbeziehen. Zunächst hatten wir die Gedenk-stätte Mittelbau-Dora im Sinn. Durch die Verbindung mit der dortigen Pro-duktion der Rakete V2 hätten sich auch Väter angesprochen fühlen können, die vielleicht eine gewisse Nähe zu rechtsextremen Positionen haben. Der Spagat zwischen technischem Fortschritt und der Ermordung der unterirdisch arbeitenden KZ-Häftlinge wäre für diese Väter als Diskussion zu „Technik und Moral" ein guter Anknüpfungspunkt für einen differenzierten Kommu-nikationsprozess mit ihren Kindern gewesen. Leider scheiterte diese Idee, da es die Gedenkstätte ablehnte, mit Kindern dieser Altersgruppe zu arbeiten. Als Ausweg wurde dann die Kombination eines Besuches der Gedenkstätte Sachsenhausen und des ehemaligen Raketentestgeländes auf Usedom ge-wählt. Erste Station sollte die Gedenkstätte Sachsenhausen sein, wo damals viele Häftlinge durch massive Zwangsarbeit den Tod fanden. Dann sollte es weiter nach Peenemünde gehen, wo das ehemalige, von Wernher von Braun geleitete Raketentestgelände als Gedenkstätte ausgebaut worden ist.

Drittens erwies sich eine intensive Vorbereitung der Eltern als unabding-bar. Wir vereinbarten dazu eine Reihe von vier Veranstaltungen für Eltern und LehrerInnen. Die LehrerInnen waren ebenfalls etwas verunsichert: so-wohl was die Altersgruppe anging als auch wegen des zunächst unklaren Zusammenhangs mit ihren Fächern. Bei den Veranstaltungen herrschte ein recht angenehmes Umgangsklima, weil sich die Lehrkräfte und Eltern vor-dergründig gemeinsam in der Rolle der „Lernenden" befanden. Faktisch aber

---

[8] Dirk Wilking: „Der Landser". Wie ein Mann ein Mann wird. In: Wolfram Hülsemann/ Michael Kohlstruck (Hg.): Mobiles Beratungsteam. Einblicke. Ein Werkstattbuch. Pots-dam 2004, S. 61-93.

waren sie auf gleicher Augenhöhe in einen Planungsprozess eingebunden, in dessen Zentrum die Kinder standen.

Als durchaus erhebliche Schwierigkeit bei der Wissensvermittlung erwies sich das Fehlen einer systematischen Erforschung des jüdischen Lebens in der Stadt Lübbenau. Lediglich ein Tierarzt wird als „Jude" beschrieben. Wie viele andere wurde er aufgrund der Nürnberger Gesetze zu einem Juden erklärt; sein Begräbnisort auf dem christlichen Friedhof lässt darauf schließen, dass er sich im religiösen Sinne nicht als Jude verstanden hatte. In der einschlägigen lokalhistorischen Literatur finden sich keine Angaben zur jüdischen Kultur in Lübbenau.[9] Lediglich Paul Fahlisch erwähnt für das 17. Jahrhundert die Existenz von namentlich nicht genannten Juden.[10] So fällt es schwer, für die Kinder lokal nachvollziehbare und mit Orten versehene didaktische Einheiten zu entwickeln.

Die Vorbereitung der SchülerInnen

Die Vorbereitung der SchülerInnen fand in allen Fächern statt. Sie bezog sich nicht nur auf die Vermittlung von Fakten, sondern sollte das Selbstbewusstsein und die Kritikfähigkeit der Kinder fördern.

> „Die Lehrer bereiteten die 5. und 6. Klasse fast ein ganzes Schuljahr auf dieses Ereignis vor. In den dafür relevanten Unterrichtsstunden wurde das Thema aktiv durchgenommen. Filme wurden angeschaut, Bücher gelesen und ganz eifrig diskutiert."[11]

[9] In der Aufstellung des Luckauer Museums wurden die von der Lokalforschung erarbeiteten Daten zu Niederlausitzer Juden zusammengestellt. Für Lübbenau existieren keine derartige Vorarbeiten; infolgedessen werden Juden in Lübbenau nicht erwähnt. Daraus entsteht wiederum der Eindruck, es hätten dort nie Juden gelebt. http://www.luckauer-juden.de/Namensverzeichnis.html [zuletzt aufgerufen am 22.10.2009]. Auch in Rainer Ernst (Hg.): „Gestern sind wir gut hier angekommen". Beiträge zur jüdischen Geschichte in der Niederlausitz. Finsterwalde 2005, der bisher umfassendsten Veröffentlichung zur Geschichte der Juden in der Niederlausitz spielt Lübbenau keine Rolle.

[10] J.F.P. Fahlisch: Geschichte der Spreewaldstadt Lübbenau. Reprint der 2. Auflage. Lübbenau 1997, zuerst 1928, S.179: Pfarrer Christian Siegmund Jenichen, Pfarrer in Lübbenau von 1724-1751 „hat hierselbst zwei Juden und eine Jüdin getauft". Das bedeutet aber nicht zwangsläufig, dass diese Menschen Lübbenauer Bürger waren, sondern es war durchaus Mode, dass Pfarrer solche Taufen als seelsorgerliche „Trophäen" durchführten.

[11] Grundschule Traugott Hirschberger Lübbenau: Begegnung mit dem Wahnsinn des 2. Weltkrieges. Unveröffentlichtes Manuskript zur Auswertung des Schulprojektes, Juni 2006.

Das betraf nicht nur die historischen Aspekte, sondern die Kinder wurden aktiv in die Reisevorbereitungen eingebunden, indem sie etwa die Reisestrecke für den Reisebus selbst herausfinden und sich damit geographisch orientieren mussten. Im Kontrast hierzu wurde ermittelt, wie die Zugstrecke der Häftlinge verlaufen ist, wie lange ihre Fahrt damals gedauert hatte und unter welchen Bedingungen die Häftlinge transportiert wurden. Eine Ausstellung des Vereins Opferperspektive „Opfer rechter Gewalt" im Lübbenauer Rathaus wurde besucht und anschließend im Unterricht behandelt.

Eine Lehrerin erinnert sich:

> „Und wie gesagt, wir haben im Deutschunterricht entsprechende Texte gelesen, haben in Geschichte darüber gesprochen, in Geographie, in Mathematik... Es ist also so ziemlich in jedem Fach aufgegriffen worden, wo es reinpasste."[12]

Vier Vorbereitungstreffen mit Eltern und LehrerInnen 2005/06

> „Eltern und Lehrer trafen sich viermal, im Abstand von einem dreiviertel Jahr mit dem Ziel, unseren Kindern ein Feingefühl für Gerechtigkeit und das Erkennen von rechter Gewalt zu geben. Es entstand das Projekt *Lehrer und Eltern lernen gemeinsam*. Wir Eltern mussten lernen, dass genau jetzt im Alter von 11 bis 13 Jahren das Rechtsempfinden der Kinder noch unverfälscht ist. Wenn sie zwei Jahre älter sind, sind sie in ihrer Meinung erheblich gefestigter. Als Referent war entweder Herr Weidlich oder Herr Wilking oder Frau Miriam Schilling vom MBT dabei, um uns mit diesem Thema vertraut zu machen und uns die Angst zu nehmen. Als Höhepunkt des Projektes war eine Klassenfahrt geplant. Entgegen aller Warnungen, die Kinder seien zu jung, waren wir fest davon überzeugt das Richtige zu tun."[13]

Nach den Vorgesprächen entwickelte das MBT vier Veranstaltungen für Eltern und LehrerInnen:
- Block 1: Vorstellung des Projektes und Wahrnehmung der Bedenken und Ängste bei Eltern und LehrerInnen,
- Block 2: Rechtsextremismus in der Region,
- Block 3: Geschichte von Sachsenhausen und des Raketentestgeländes Peenemünde,
- Block 4: Konkrete Reisevorbereitungen.

---

[12] Interview 3: Lehrerin der Grundschule, November 2009.
[13] Grundschule Traugott Hirschberger Lübbenau: a.a.O. Der Abstand der einzelnen Vorbereitungsveranstaltungen war allerdings doch nicht ganz so lang.

Die Veranstaltungen waren recht gut besucht – sowohl von Eltern als auch von Lehrkräften. Erwartet wurde ein „Korsett" der Reise, das heißt eine Einführung durch den Referenten und anschließende „Aussprache" – diese Choreographie wird erfahrungsgemäß erwartet. Andere, beteiligungsintensivere Formen scheitern häufig, weil sie eine offene und selbstbewusste Gruppe voraussetzen. Hier sollte das Selbstbewusstsein aber erst entwickelt werden. Dabei haben wir immer mehr Wert auf die Aussprache gelegt, da es bei den Eltern einen erheblichen Gesprächsbedarf gab – weniger Ängste, sondern eher Unsicherheiten, die sich als Sorge um die Angst der Kinder äußerte. Unser Konzept stellte den Aspekt des gemeinsamen Lernens von Eltern, LehrerInnen und Kindern in den Mittelpunkt. Nach dem ersten Block kamen die Bedürfnisse deutlicher zum Vorschein.

Die Eltern hatten zunächst die Erwartung, einen Wissensvorsprung gegenüber ihren Kindern vermittelt zu bekommen. Diesem nachvollziehbaren Bedürfnis nach „Interpretationshoheit" wollten wir nicht direkt nachkommen, sondern darauf hinarbeiten, in gemeinsamen Gesprächen mit den Kindern ein Lernen auf gleicher Augenhöhe zu ermöglichen. Inhaltlich sollte das Thema unter dem Aspekt der Entwicklung behandelt werden. Das Konzept orientiert sich also am tatsächlichen historischen Verlauf und lässt sich in die Formel fassen „Von der Entwürdigung zum Massenmord" – der Massenmord soll also nicht der Ausgangspunkt sein, von dem her dann die vorausgegangene Entwürdigung und Entrechtung erklärt werden. Die Auseinandersetzung mit dem Nationalsozialismus und seinen Verbrechen geschieht vor allem als Auseinandersetzung mit den gesellschaftlichen Verhältnissen und individuellen Verhaltensweisen, die ihn überhaupt erst möglich gemacht hatten. Das unmittelbare Begehen des historischen Ortes gemeinsam mit den Kindern kann dadurch in eine auch für Kinder nachvollziehbare Bahn gelenkt werden. Dem Anspruch nach Informationsvorsprung kamen wir insofern nach, als wir mit Materialien der Landeszentrale für politische Bildung gearbeitet haben. Dort sind die Berichte von Gerhart Seger und Max Abraham[14] als Zeitdokumente in einem Band verfügbar. Wir hatten allerdings den Eindruck, dass die Gruppe weniger an historischen Informationen interessiert war, sondern eher einen hohen Bedarf an Gesprächen über ihre eigenen Unsicherheiten hatte. Die Eltern hatten eine sehr hohe Erwartung bezüglich des Effektes der Fahrt, die wahrscheinlich mit den Fahrten in ihrer Jugend zu tun hatte: Alleine durch den mit dem Besuch von Gedenkstätten

---

[14] Irene A. Dieckmann, Klaus Wettig (Hg.): Konzentrationslager Oranienburg. Augenzeugenberichte aus dem Jahr 1933. Gerhart Seger. Reichstagsabgeordneter der SPD. Max Abraham. Prediger aus Rathenow. Potsdam 2003.

verbundenen Schrecken – so eine weit verbreitete Annahme – werde eine antifaschistische Haltung erzeugt. Diese Erwartungshaltung wurde in der Vorbereitung ausdrücklich thematisiert, so dass ihre mechanischen Annahmen deutlich wurden.

Bezogen auf die „Geschichte von Sachsenhausen und des Raketentestgeländes" schätzten wir die Lernsituation im Februar 2006 folgendermaßen ein:

„1. Für Kinder in dem Alter ist der industrielle Massenmord nicht fassbar (also sind Gaskammer, Verbrennungsöfen, medizinische Abteilung etc. nicht entscheidende Orte), sondern über die Orte der erfahrbaren Entwürdigung kann auf den Mord verwiesen werden. Hier wird also der häufig übliche Weg, den Massenmord als Ausgangspunkt zu nehmen, umgedreht.

2. Die Eltern sind nach meinem Eindruck sehr verunsichert, was an ihrer DDR-Interpretation von Sachsenhausen ‚richtig – falsch' ist."[15]

Zunächst hatten wir den Gedanken, dass die geschichtlichen Informationen über einen lokalen Historiker vermittelt werden sollen, um sowohl das Thema als auch die Zielgruppe Kinder im außerschulischen Bereich zu verankern. Leider ließ sich das nicht umsetzen, da es keinen Historiker gab, der verfügbar war. Als qualifizierter „Notnagel" sprang Thomas Weidlich vom MBT, ein ausgebildeter Historiker und Lehrer, ein. Seine Ziele beschreibt er folgendermaßen:

„Menschen (junge und alte) sollten unterrichtet werden. Sie sollten historischen Tatsachen begegnen können, sie sich aneignen und dabei von den Anstrengungen der Kontextualisierung nicht entlastet werden. Sie sollten Geschichte verstehen und ihre Bedeutung in der Gegenwart erkennen. Bei den jungen Schülern soll das Maß ihrer Erkenntnismöglichkeiten dabei nicht überfordert werden. Für die Eltern und die Lehrer gilt es, selbst zu lernen, selbst zu lesen, selbst zu diskutieren und die Auseinandersetzung nicht zu delegieren an die Medien, die Historiker, die Schule oder an ihre Kinder."[16]

Es sollte sich um eine fröhliche Fahrt handeln: Die Eltern sollten keine moralisch erstickende Trauerstimmung erzeugen, sondern Eltern und Kindern sollten Spaß am Lernen haben. Bei allen Lernprozessen sollten die Kinder sich möglichst viel bewegen können. In Sachsenhausen könnte man also

---

[15] Notiz des MBT, Februar 2006.
[16] Schriftliche Erinnerung von Thomas Weidlich vom 25.11.2009.

direkt erfahren, welche Wegstrecken Häftlinge zurückzulegen hatten. Wo irgend machbar, sollte etwas im wörtlichen Sinne „begriffen", also sinnlich greifbar werden (zum Beispiel eine Walze, mit der die Häftlinge unebenes Gelände planieren mussten).

In der dritten Veranstaltung im März 2006 wurde mit LehrerInnen und Eltern das Konzentrationslager Sachsenhausen untersucht, indem dessen verschiedene „historische Schichten" beschrieben und diskutiert wurden, also

- das Konzentrationslager Oranienburg 1933-1934,
- das Konzentrationslager Sachsenhausen 1936-1945,
- das sowjetische Speziallager Nr.7 1945-1950,
- die Nationale Mahn- und Gedenkstätte der DDR 1961-1990,
- Gedenkstätte und Museum Sachsenhausen der Stiftung Brandenburgische Gedenkstätten seit 1993,
- das SS-Truppenlager, die Inspektion der Konzentrationslager, die Außenlager,
- die Beziehungen zur Stadt Oranienburg und zur deutschen Gesellschaft.

In der abschließenden Veranstaltung waren die teilnehmenden Eltern anwesend, die Lehrkräfte und als Unterstützung für eventuell auftretende Schwierigkeiten während der Fahrt noch Pfarrer Oelmann von der evangelischen Kirche.

Die Fahrt in der Erinnerung der TeilnehmerInnen

Weder unmittelbar nach der Fahrt noch bei der Befragung einige Jahre später, wurde von den Eltern Kritik an der inhaltlichen Vorbereitung der Exkursion geübt. Ein Vater formuliert das stellvertretend: „Top! Um es mal in einem Wort abzuhandeln: Top! War wirklich in Ordnung."[17] Aber die Unsicherheit bei den Erwachsenen blieb bis zuletzt vorhanden, wie der Bericht der Schule auch noch nach der Fahrt verdeutlicht:

> „Am 31. Mai 2006 fuhren die beiden Klassen, vier Lehrer, ein Pfarrer und drei Elternteile, mit in eine etwas andere Klassenfahrt, mit ungewissem Ausgang. Trotz aller Vorbereitung wussten wir nicht, wie die Kinder diese harte Kost aufnehmen würden."[18]

---

[17] Interview 2: Vater, November 2009.
[18] Grundschule Traugott Hirschberger Lübbenau: a.a.O.

Die SchülerInnen waren sehr gut vorbereitet zur Exkursion aufgebrochen. Das bestätigt Thomas Weidlich vom MBT, der die Führung über das Gedenkstättengelände leitete:

„Die Auseinandersetzung begann also nicht erst mit dem Besuch der Gedenkstätte und erschöpfte sich nicht mit ihm. Auf ihrer Klassenfahrt zum Ende des Schuljahres machten die Klassen Station in Sachsenhausen und begehen das Gelände der Gedenkstätte. Sie begegnen den Artefakten (in Auswahl), hören eine Darstellung der Lagergeschichte und stellen ihre Fragen. Sie fragen nach technischen Einzelheiten und genauen Abläufen, nach einzelnen Schicksalen und komplizierten Zusammenhängen. Sie verstehen empathisch die Situation der Entrechtung und Gefangenschaft. Sie wollen wissen, wer die Gegner der Nazis waren und warum Menschen verfolgt wurden, die nicht den Vorstellungen von der Reinheit des deutschen Volkskörpers entsprachen. Sie fragen nach den Tätern, den Mitmachern und ihren Apparaten und sie können hingewiesen werden auf den Rückhalt der Entrechtungs-, Verfolgungs- und Vernichtungslogik in großen Teilen der Bevölkerung. Man kann und man sollte bei dieser Gelegenheit mit Kindern über die Tatsache reden, dass viele Menschen sich schnell moralisch entbunden fühlen, wenn es eine Autorität erlaubt. Schnell sind sie dann wieder in ihrer Gegenwart. Alle wissen, was Gruppendruck ist, manche erwähnen gegenwärtige Formen der Entmenschlichung und einige Kinder wissen, wie es sich anfühlt, von Exklusion bedroht zu sein."

Die Wirkung auf die Kinder war entsprechend, denn die Führung war pädagogisch auf diese Altersstufe ausgerichtet. „Es regnete. Den Kindern machte das nichts aus. Sie gingen durch Matsch, wurden nass, aber wann immer etwas erzählt wurde, oder gefragt wurde, alle hörten aufmerksam zu und waren gebannt von dieser Szenerie."[19] Unmittelbar nach der Reise erzählten Eltern, dass es noch bis in den späten Abend Gespräche mit den Kindern gegeben hat, die aber nicht „alptraumhafte" Dimensionen hatten, sondern eine Fortführung des Erlebten waren.

Nach der Rückkehr wurde intensiv an dem Thema weitergearbeitet: Es sollte eine öffentliche Präsentation der Arbeitsergebnisse geben. Im Musikunterricht wurden Rap-Texte einstudiert, es wurden die Bilder von Opfern rechtsextremer Gewalt ausgestellt, Gewalt als Ausdruck rechtsextremer Aktionen gegen Andersdenkende und Ausländer in ein Verhältnis zu Gewalt in der Familie und in Jugendgruppen gesetzt. Es wurden „Häftlingsmahlzeiten" gekocht und von den Schülerinnen und Schülern Texte für den Vortrag aus-

[19] Ebd.

gearbeitet. Mitte Juni 2006 nach fast einem Jahr intensiver Auseinandersetzung mit dem Thema wurden der Prozess in Anwesenheit von Bürgermeister Helmut Wenzel und vieler Gäste dargestellt.[20] Die öffentliche Resonanz war sehr gut und die Schule beschloss, das Projekt in Zukunft mit den 5. und 6. Klassen weiterzuführen. Eine Grundfinanzierung dazu wurde durch einen Preis beim Wettbewerb „Aktiv für Demokratie und Toleranz" des Bündnisses für Demokratie und Toleranz – gegen Extremismus und Gewalt (vom Bundesinnenministerium angeregt) gewonnen.[21]

Langzeitwirkung

Um herauszufinden, ob die mit dem Projektkonzept beabsichtigte Langzeitwirkung tatsächlich eingetreten ist, bedürfte es einer wissenschaftlichen Untersuchung. Um aber Hinweise in diese Richtung zu sammeln, hat das MBT von einem nicht in den Prozess involvierten Interviewer einige TeilnehmerInnen befragen lassen. Die Gruppe der Interviewten sollte Eltern, Lehrer und Projektplaner umfassen. Die Kinder wurden nicht befragt, weil diese alle die Schule verlassen haben und in andere Schulen gewechselt sind, in denen das Thema in der Zwischenzeit lehrplangemäß sehr unterschiedlich behandelt worden ist. Dadurch sind deren Einstellungen überlagert und nur mit hohem Aufwand auf das Lübbenauer Projekt rückzuführen. Über die Eltern sind als „Langzeitbeobachtende" deutlichere Ergebnisse zu erwarten.

Projektplanerinnen

Rückblickend sieht Frau Jente aus der Stadtverwaltung Lübbenau in der Vorbereitungsphase einen positiven Effekt für das Schulklima:

> „Und auch, dass diese Grenzen überbrückt worden sind. Die Eltern haben zusammen mit den Lehrern gelernt. Diese Vorbereitungsabende, da waren sie gleichrangige Partner. […] Für die Lehrer war das auch Neuland."[22]

---

[20] Birgit Keilbach: Projekt über die Gewalt. In: Lausitzer Rundschau Lübbenau, 20.6. 2006.
[21] Birgit Keilbach: Projekt „Schüler seid wachsam". Lausitzer Rundschau Lübbenau, 1.10. 2007.
[22] Interview 1: Elisabeth Jente, November 2009.

Die Institutionalisierung des Projektes an der Schule ist für sie eine zentrale Folge der Arbeit. Ausdrücklich formuliert sie diesen Vorgang aber nicht als starre „Ritualisierung" an der Schule, sondern im Gegenteil:

> „Es ist nicht diese Pflichtbewusstheit, sondern Elan, Interesse, und wie kann ich noch was Neues einbauen und was ist noch? Da ist einfach dieses persönliche Interesse und dass es gut aufgenommen worden ist."

Ähnlich formuliert es auch die Schulleiterin, die es als wohltuend empfand, dass die Gespräche mit den Eltern nicht mehr „parolenmäßig", sondern differenziert und reflektiert verlaufen.

Das von allen beteiligten Interviewten ausgedrückte Risiko der Arbeit mit so jungen Kindern an dem schweren Thema wird von den verantwortlichen Planerinnen mit deutlich formuliertem Stolz als kontrollierbar beschrieben. Die Schulleiterin sagt:

> „Ja, ich war sehr stolz. Das hatte ich nicht erwartet. Ich war über die Nachbereitung positiv überrascht; was die Kinder verstanden haben – das war super."[23]

Und die Integrationsbeauftragte Frau Jente:

> „Dass es ein fester Bestandteil geworden ist und eine Selbstverständlichkeit, dass die Schule diese Tradition weiterführt und weiterpflegt. Und die These ‚Na, was willst du mit dem Thema Holocaust an den Grundschulen? Die sind zu klein und die sind nicht reif genug und die sind geschockt', damit ist diese These widerlegt."[24]

Dieser Stolz bezog sich nicht nur auf die Tatsache der Durchführung des Projektes, sondern vor allem auch auf den Lernerfolg. So freute sich die Schulleiterin noch drei Jahre später, dass die SchülerInnen in Sachsenhausen Fragebögen beantworten konnten, die für Neuntklässler gedacht waren, oder dass sich die Kinder echauffierten, dass ältere Schülergruppen in der Gedenkstätte mit Handyspielen herumliefen. Beide Interviewten betonen, dass es keine grundsätzlichen Bedenken bei den Eltern und Lehrern gegen das Projekt gegeben habe, sondern nur eine Verunsicherung. Beide halten die intensive Vorbereitungszeit gemeinsam mit den Eltern für ausschlaggebend für den Erfolg.

---

[23] Interview 4: Frau Heimann, Schulleiterin, November 2009.
[24] Interview 1: Elisabeth Jente, November 2009.

LehrerInnen

Für die LehrerInnen stellten sich bei dem Projekt zunächst zwei Problembe-reiche dar: Wie integriere ich erstens das Thema in meinen Fachunterricht, und wie gehe ich zweitens mit meiner eigenen Geschichtsinterpretation um? Das erste Problem wurde innerhalb des Kollegiums kreativ gelöst und auch zur Umsetzung gebracht. Das zweite Problem war schon schwieriger. So gab es in der Vorbereitung sehr unterschiedliche Charaktere im Kollegium: von der selbstsicheren Einstellung, selbst zu den „Guten" zu gehören, die auf-grund des Versagen des Staates aber keine Wirkung erzielen können, bis zu aufgeschlossenen, wirklichkeitsbezogenen Kolleginnen, die ihre Motive im Schutz der Kinder vor rechtsextremen Rekrutierungsversuchen sehen. Eines war aber für das MBT auffällig: Es gab keinen einzigen Beteiligten der desin-teressiert war. Die DDR-Interpretation des Holocaust wurde von allen einer erlebbaren, pragmatisch orientierten Revision unterzogen – mit individuell unterschiedlichen Folgen. Von den LehrerInnen kam die Rückmeldung, dass sie für sich selbst ebenfalls sehr viel gewonnen haben. Die Wirkung zog sich zum Teil bis in die Erziehung der eigenen Kinder hinein.

Eltern

Die begleitenden Eltern müssen nach der Auswertung der Interviews deut-lich in zwei Gruppen geteilt werden: die Männer, die die Exkursion mit-gemacht hatten, und die Mütter. Im gesamten Prozess – inklusive der Vor-bereitung – waren nur zu etwa einem Viertel Männer beteiligt. Schon in den Vorbereitungskursen nahmen sie eine von den Müttern deutlich unter-scheidbare Haltung ein. Sie äußerten kaum eigene Ängste, sondern bezogen sich höchstens auf mögliche Ängste ihrer Kinder. Sie nahmen in dem Projekt die Rolle ein, für die emotionale Sicherheit ihrer Kinder verantwortlich zu sein. Ein Vater, für den es der erste Besuch in einer Gedenkstätte war, stellt die Situation so dar:

> „Ich war vorher informiert, sagen wir mal so. Ich bin nicht aus den Latschen gekippt als ich das dort gesehen habe. Es war zwar erstaunlich und so weiter, aber nichts irgendwie, was mich jetzt noch tiefer bewegt hätte als das, was ich bisher gesehen, gewusst und gekannt habe."[25]

---

[25] Interview 2: Vater, November 2009.

Ein anderer äußerte:

> „Hm, also mein Gefühl war: Nach Sachsenhausen zu kommen, das kann hart
> werden. Ja, das kann hart werden. Punkt. Und was Peenemünde betrifft, war
> ich eher neugierig, weil ich nicht allzu viel wusste davon. Nur dass es die V2-
> Versuchsstation war. Und es war sehr gut gemacht, das muss man sagen. Ich
> wusste aber nicht, dass so viele Häftlinge dort beteiligt waren."

So sehr diese Äußerungen an ein stereotypes, „sachorientiertes" Rollenbild
erinnern, haben die Männer ihre Rolle des stabilisierenden Gerüstes in dem
Projekt auch ausgefüllt. Die Mütter haben die traditionell angelegte Figur
der emotional verstehenden Trösterinnen übernommen, ohne die sachliche
Ebene auszulassen. In der Kombination der Rollen von Müttern und Vätern
ergab sich für die Kinder letztendlich ein weitgehender Schutz. Gespräche
wurden immer dann geführt, wenn sich Bedarf ergab – also nicht nur – wie
zuvor vermutet – bei Einschlafstörungen der Kinder.

Konzept-Kritik

Zu einer öffentlichen Kritik an dem Konzept kam es nicht. Aus beiläufigen,
nicht als Kritik angelegten Nebenbemerkungen lassen sich Problemlagen erschließen. Wichtig ist etwa der Zeitrahmen: Die Exkursion sei mit drei Tagen
zu kurz, um mit den Kindern unmittelbar in oder nach der Erlebnissituation
angemessen arbeiten zu können. Damit korrespondieren Bemerkungen über
die großen Schwierigkeiten, die Finanzierung für die Fahrt zu organisieren.

Aus der Welt der projektförmigen Bildungsarbeit ist die paradoxe Situation lange bekannt, dass innovative Projekte durchaus finanzielle Ressourcen einwerben können. Sobald diese Projekte aber erfolgreich erprobt sind,
gelten sie nicht mehr als innovativ; dann steckt man sie häufig wieder in die
Schublade, weil sie zu teuer seien. So äußert eine Lehrerin:

> „Ich kann mich erinnern, dass auch die Kollegen im letzten Jahr große Prob-
> leme bei der Antragsstellung hatten, dass das alles sehr kompliziert ist und es
> das Leben sehr erschwert. Die mussten noch bis sonstwohin fahren, um ihr
> Vorhaben vorzustellen und die Gelder zu erhalten."[26]

Bei dem erfolgreichen Projekt gab es zudem die kleinstädtische Tendenz,
problematische Aspekte auszublenden. Das äußert sich eher zufällig in

---

[26] Interview 3: Lehrerin, November 2009.

Interviewbemerkungen wie: „Inoffiziell war irgendwie so ein Ausrutscher, aber da stellst du bitte das Ding ab... das muss nicht... das muss nicht aufs Band."[27] Die notwendige Konfliktbearbeitung, die wohl aus Angst vor öffentlicher Skandalisierung und persönlicher Beschädigung unterbleibt, sollte in der Vorbereitung künftig deutlicher angelegt werden. „Ausrutscher" gehören zur Normalität solcher Vorhaben, da sich hier recht unterschiedliche Gruppen in einer gemeinsamen Stresssituation befinden.

Neben Verbesserungshinweisen zu organisatorischen Aspekten wurde auch das inhaltliche Konzept kritisiert. Der begleitende Pfarrer Oelmann betonte:

> „In der persönlichen familiären Erinnerungskultur taucht zuerst Peenemünde auf und dann Sachsenhausen. Und das ist auch logisch. Jeder, der was von Anthropologie versteht, der weicht zuerst dem Thema ‚gewesener Schuld', ‚eigener Schuld', der Diskussion um ‚Kollektivschuld' aus und nimmt eher das Große, Starke, Schöne ab."[28]

Dieser Einwand ist – wenn auch nicht als Kritik am Konzept angelegt – sicherlich richtig. Problematisch wäre es allerdings, wenn die Verschränkung von Technik (Raketen) und KZ-Häftlingen im emotionalen Erinnern der Kinder wieder aufgelöst werden würde, das heißt, wenn der KZ-Häftling aus Peenemünde „verschwinden" würde. Das dürfte jedoch kaum der Fall sein, da sich das Erleben und die Gespräche sowohl in Sachsenhausen wie auch in Peenemünde zu einem einzigen Zusammenhang verbunden haben. Wenn sich punktuell die Äußerungen der Kinder nur auf Raketen beziehen, dann darf das nicht als Indiz für ein „Verdrängen" interpretiert werden. Es ist vielmehr genau der Effekt eingetreten, der erzielt werden sollte: Wenn fasziniert über Raketen gesprochen wird, reicht es in diesem Alter aus, dass die Verbindung zu den KZ im Hintergrund mitschwingt; sie muss nicht unbedingt und ausdrücklich immer im Vordergrund stehen. Wenn sich das Weltbild nach der Pubertät deutlicher formiert, lassen sich die brutalen Dimensionen des Nationalsozialismus deutlicher artikulieren, da an eigene Erfahrungen mit den historischen Orten angeknüpft werden kann. Das ist sicher kein zwangsläufiger Weg, jedoch erleichtert diese Erfahrung eine klare menschenrechtliche Orientierung. Die Kinder, die nach der Beteiligung an einem solchen Projekt mit Denkmustern rechtsextremer Bewegungen konfrontiert werden (zum Beispiel der „Auschwitzleugnung"), werden unmittel-

---

[27] Hierbei handelt es sich um eine Randbemerkung in einem der Interviews. Der Wunsch nach Nichtnennung des „Ausrutschers" wird respektiert.
[28] Interview 5: Pfarrer Oelmann, November 2009.

bar Fragen äußern – ihre eigene, emotional verankerte Erfahrung begründet ihren Einspruch.

Eine einzige Exkursion wird wohl kaum eine strukturierende Wirkung auf einen ganzen Ort ausüben. Bei der Grundschule „Traugott Hirschberger" jedoch besteht das Konzept in der Kontinuität dieser Exkursionen. In den Äußerungen der LehrerInnen wird deutlich, dass es vor allem die Finanzierung ist, die das Konzept immer wieder gefährden oder gar verwässern könnte. Wenn aus finanziellen Gründen einzelne Elemente des Konzepts entfernt werden, wird die Exkursion zu einer gewöhnlichen Klassenfahrt. Würde das Konzept aber zukünftig in der ursprünglichen Weise weitergeführt, könnte sich zusammen mit den zahlreichen Maßnahmen der Stadt Lübbenau ein erheblicher Gewinn für die lokale Diskussionskultur ergeben, der eben ganze Familien – damit langfristig auch Milieus – erfasst. Das soziale Klima in der Stadt hat sich in den letzten 15 Jahren außerordentlich positiv entwickelt; allerdings gilt dies nur für den „Mittelwert" in den Mittelschichten – in anderen sozialen Gruppen herrscht weiterhin das Ressentiment, das zwar „an der kurzen Leine geführt" wird, aber auch wieder aktivierbar ist. An diesem Problem arbeitet die Grundschule. Zukünftige Aktivitäten werden deshalb hier anzusetzen haben, wollen sie die erfolgreichen Prozesse weiter vorantreiben.

Robin Kendon

Der Umgang mit Zeichen und Symbolen des Rechtsextremismus. Erfahrungen aus der Arbeit des Mobilen Beratungsteams

Kennen Sie den? Ein Beamter wird wegen Diebstahls von der Polizei verhört und dabei klingelt sein Handy mit dem „Horst-Wessel-Lied". Das ist kein Witz, sondern im Oktober 2009 in Berlin tatsächlich vorgefallen.[1] Zeichen und Symbole des Rechtsextremismus können an den unwahrscheinlichsten Stellen auftauchen, nicht nur in den Milieus rechtsextrem orientierter Jugendlicher. Doch Zeichen und Symbole sind für sich genommen nicht das eigentliche Problem.

Die eigentliche Herausforderung sind die damit repräsentierten Ideologien, Haltungen und Meinungen und der häufig unzureichende Umgang damit. Einige Vorfälle aus unserer Beratungspraxis können veranschaulichen, wie sich die Frage nach den Zeichen und Symbolen des Rechtsextremismus konkret stellt:

– Jugendliche gestalten die Wände ihres Jugendclubs neu, unter anderem mit einem Bild der nordischen Gottfigur Odin;
– an den Wänden eines Garagenkomplexes wird neben dem Wort „Hass" ein Zeichen gemalt, das nach einigen Recherchen als Zivilabzeichen der SA identifiziert wird;
– in einem Dorf kleben auf einmal an allen Straßenlaternen von der Bushaltestelle ins Wohngebiet NPD- und JN-Aufkleber;
– Grundschüler zeichnen mehrfach Hakenkreuze auf Zettel sowie im Sand auf dem Hof. Ein zur Rede gestellter Achtjähriger sagt, er wollte ausprobieren, ob er das Zeichen richtig malen könne;
– ein Azubi erzählt von „Ärger mit den Rechten" auf dem Dorffest, die Erwachsene nicht wahrgenommen haben wollen.

Das Spektrum der Reaktionsmöglichkeiten auf diese sehr unterschiedlichen Situationen reicht vom Ignorieren bis zum Aktionismus, und dieses Spektrum erleben wir in unserer Arbeit auch. Woran liegt es, dass der Umgang

---

[1] Vgl. Beamter mit Nazi-Klingelton erwischt. In: Die Tageszeitung, 19.11.2009. Die Kompetenz der Berliner Polizeibeamten dokumentiert sich darin, dass sie das Lied erkannten.

mit den Zeichen und Symbolen des Rechtsextremismus vielen offensichtlich so schwer fällt – und wie könnte es anders gehen?

Zeichen und Symbole werden seit jeher verwendet, um Zugehörigkeit zu signalisieren und Orientierung zu geben – seien es die Wappen und Fahnen auf dem Schlachtfeld im Mittelalter oder das Corporate Design moderner Unternehmen, das das Wiedererkennen in der Werbung fördern soll – man denke zum Beispiel an die Farben der Telekommunikationsanbieter: Rosa, Rot, Grün, usw. Politische Bewegungen wissen schon lange, dies für ihre Zwecke zu nutzen; der historische Nationalsozialismus war hier keine Ausnahme. Umso wichtiger erschien es den Alliierten nach dem Zweiten Weltkrieg, nicht nur die Organisationen des Nationalsozialismus – vor allem die NSDAP – zu verbieten, sondern auch die Symbole und Zeichen, die ihre Ideologie und ihre Macht zu verbreiten und aufrechtzuerhalten geholfen haben. Dazu wurden in den Anfangsjahren der Bundesrepublik mehrere gesetzliche Regelungen getroffen, die den Ausgangspunkt für die andauernde Auseinandersetzung mit den Zeichen und Symbolen des Rechtsextremismus bilden.

Im Folgenden werden kurz die wichtigsten gesetzlichen Regelungen dargestellt sowie einige Publikationen vorgestellt, die sich mit diesem Themenfeld befassen. Es folgt ein Abschnitt zu der Bedeutung der Zeichen- und Symbolsprache für die Strategien der Rechtsextremen. Anschließend werden Erfahrungen aus der Beratungs- und Bildungsarbeit des Mobilen Beratungsteams beschrieben, mit dem Ziel, die alltägliche Problematik aufzuzeichnen und Chancen für eine von den sichtbaren Platzhaltern ausgehende erfolgreiche Auseinandersetzung mit dem Rechtsextremismus deutlich zu machen.

Gesetzliche Regelungen

Eine ausführliche Beschreibung aller relevanten gesetzlichen Regelungen inklusive einer Behandlung der dazugehörigen Rechtsprechung würde den Rahmen dieses Textes sprengen. Hier sollen lediglich die wichtigsten Bestimmungen genannt werden und es soll auf weiterführende Literatur hingewiesen werden.

Im Strafgesetzbuch (StGB) gilt der Grundsatz, dass „Kennzeichen verfassungswidriger Organisationen" grundsätzlich nicht öffentlich gezeigt werden dürfen. Aus dem § 86a StGB geht klar hervor: Nicht die Zeichen und Symbole an sich sind verboten, sondern deren öffentliche Verwendung oder Verbreitung. Kennzeichen im Sinne des § 86a sind „namentlich Fahnen, Abzeichen, Uniformstücke, Parolen und Grußformeln". Den genannten Kennzeichen werden solche gleichgestellt, „die ihnen zum Verwechseln ähnlich sind".

Analoge Bestimmungen finden sich in § 86 StGB „Verbreiten von Propagandamitteln verfassungswidriger Organisationen", aber auch im Vereinsgesetz (§ 3 VereinsG „Verbot von Vereinen", § 20 VereinsG „Zuwiderhandlungen gegen Verbote").

In Verbindung mit den entsprechenden Listen der Verbotsverfügungen der Innenministerien ergibt sich aus diesen rechtlichen Bestimmungen, dass die komplette und vielfach dokumentierte Sammlung nationalsozialistischer Kennzeichen und Symbole verboten ist. Ergänzend zu nennen sind einige Erlasse der Innenministerien der Länder, so zum Beispiel in Brandenburg, wo das Zeigen der Reichskriegsflagge als Störung des öffentlichen Friedens gilt und zur Ordnungswidrigkeit erklärt worden ist.

Zu guter Letzt kann man sich auch die Frage stellen, in welchen Situationen die Verwendung eines Kennzeichens als „öffentlich" angesehen wird. Private Räume sind ja nicht öffentlich, aber wenn man durchs Fenster hineinschauen und die Hakenkreuzfahne an der Wand sehen kann, gilt dies doch als öffentlich. Erfahrungswerte und Kenntnis der Rechtsprechung sind also auch nötig.

Diese kurze Übersicht der gesetzlichen Regelung soll andeuten, dass die einfache Frage „Ist es verboten?" nicht immer so einfach zu beantworten ist, so dass es nicht leicht ist, eine sichere Handhabe zu finden.

Vor zehn Jahren war es noch ziemlich schwer, herauszufinden, welche rechtsextremen Organisationen im Einzelnen verboten und welche Symbole ihnen zugeschrieben wurden. Mittlerweile gibt es eine Fülle von Veröffentlichungen zum Thema,[2] so dass es viel leichter geworden ist, mindestens Anhaltspunkte zu finden, wenn einem Zeichen begegnen, deren Bedeutung man nicht auf Anhieb versteht.

Publikationen zum Thema – unterschiedliche Ansätze

Die Verfassungsschutzämter des Bundes und der Länder geben eigene Broschüren heraus, die über die Symbole und Zeichen der Rechtsextremisten aufklären. In der Regel sind diese auch als PDF-Dateien im Internet erhältlich.[3] Diese Publikationen legen den Schwerpunkt auf die gesetzlichen

---

[2] Vgl. etwa Bundesamt für Verfassungsschutz (Hg.): Symbole und Zeichen der Rechtsextremisten. Köln 2008 (Stand: November 2008), http://www.verfassungsschutz.de/de/publikationen/pb_rechtsextremismus/broschuere_2_0811_symbole_und_zeichen/ [zuletzt aufgerufen am 10.12.2009]. Über diese Website kann das gedruckte Heft bestellt werden.

[3] Ebd.

Grundlagen und auf eine Aufzählung der verbotenen Symbole, Zeichen und Organisationen. Auch problematische Fälle werden hier erklärt, zum Beispiel, dass das Buch „Mein Kampf" nicht nach § 86 StGB verboten werden kann. Die Stärken dieser Publikationen liegen in der meist klaren Darstellung der gesetzlichen Grundlagen sowie der juristischen Zuverlässigkeit. Man sollte aber berücksichtigen, dass sich die Rechtsprechung ändern kann. In der Regel befassen sich diese Publikationen nur im geringen Maß mit der Bedeutung bzw. der „Kultur" hinter den Symbolen und deren Verwendung. Somit sind sie als Nachschlagewerke gut geeignet; sie können aber bei den rechtsextremen Symbolen nicht weiterhelfen, die nicht verboten sind.

Für eine ausführliche Beschreibung der Bedeutung der Symbolik des Rechtsextremismus greift man zum Buch von Margitta Fahr.[4] Hier wird die Ikonografie des Rechtsextremismus an Hand von Beispielen mitunter wirklich tiefgehend beschrieben. Margitta Fahr hat mittlerweile mehrere Publikationen zu diesem Thema geschrieben und gilt als eine der ExpertInnen überhaupt. Die Frage, ob etwas verboten ist, wird auch behandelt, steht aber nicht im Mittelpunkt: Das Buch „soll helfen, die fruchtlosen Alltagsdiskussionen über ‚verboten – nicht verboten' endlich abzuschließen, die Scheu vor der Thematisierung zu überwinden und effektive Formen der Auseinandersetzung zu entwickeln". Die Stärken dieses Buches liegen im ausführlichen Hintergrundwissen, das thematisch gegliedert und mit historischen Bezügen dargestellt wird. Das Buch ist vor fünf Jahren erschienen und kann heute nicht mehr in allen Details auf dem neuesten Stand sein. Nach wie vor aber bietet es ein gutes Hintergrundwissen.

Sehr aktuell und ebenfalls aus einem reichen historischen Wissen geschöpft ist die Broschüre von Rainer Erb „Zeichen und Symbole der Rechtsextremen". Sie behandelt verschiedene Typen von Zeichen und Symbolen. Neben Ersatzzahlen und Codes, neben Symbolen mit NS-Bezug werden auch neuheidnische und germanische Symbole sowie Kleidung, Körperschmuck und Tätowierungen dargestellt. Ein Abschnitt zu Plakaten, Transparenten und Comics rundet das Büchlein ab.[5] Seine Stärke liegt darin, den historischen Fundus der rechtsextremen Symbolwelt ausführlich und präzise darzustellen, ohne die politische Macht der Darsteller auf der Bühne des heutigen „nationalen Widerstands" zu überschätzen.

---

[4] Margitta-Sybille Fahr: „Was steht an jedem Haus? – Ausländer raus!" Rechtsextreme Ausdrucksformen und Bilderwelten. Ikonografie der Gewalt. 3. überarb. Aufl. Potsdam 2005.
[5] Rainer Erb: Zeichen und Symbole der Rechtsextremen. Erfurt 2009. Die Broschüre ist bei der Landeszentrale für politische Bildung Thüringen erhältlich (www.lzt.thueringen.de).

„Das Versteckspiel" erscheint sowohl als gedrucktes Heft im DIN-A4-Format als auch als Website (www.dasversteckspiel.de) mit demselben Inhalt und durch weiterführende Angebote (Vorträge, Bildungsmaterial usw.) ergänzt. Die erste Ausgabe des Heftes wurde 2001 für Berlin und Brandenburg publiziert, seit 2005 hat man die bundesweite Situation im Blick. Ausgaben für den Südwesten, für die Region Rhein-Ruhr sind auch erschienen. Das regelmäßig aktualisierte Heft versucht, praxisnah die rechtsextreme Kultur und deren Symbolik zu beschreiben und auch als Referenzmaterial zu fungieren und liegt somit irgendwo zwischen den Ansätzen der oben beschriebenen Publikationen. Zu seinen Stärken zählen die Aktualität und die Nähe zur tatsächlichen Praxis, vor allem im Bereich der Jugendkultur – wer mit jungen Menschen arbeitet oder regelmäßig zu tun hat, wird sich hier wiederfinden. Das Versteckspiel kann in Heftform nicht so umfangreich sein, wie es eigentlich notwendig wäre, aber dafür ist die Website sehr gut aufgebaut und intern verlinkt, was das schnelle Auffinden spezifischer Zeichen oder Symbole beim Lesen erleichtert.

Es gibt eine Reihe weiterer Veröffentlichungen, die sich mit dem Thema Zeichen und Symbole des Rechtsextremismus befassen. Die meisten von ihnen sind im Rahmen von geförderten Projekten entstanden, so zum Beispiel das Faltblatt „Das sieht verboten aus!" von der Aktion Zivilcourage e.V. in Pirna (2007). Auch die Website www.netz-gegen-nazis.de liefert Informationen zur Thematik und bezieht sich dabei auf einige der hier genannten Quellen.[6] Vom Ansatz her unterscheiden sich diese Beispiele nur unwesentlich von den bereits beschriebenen Publikationen.

Das Netzwerk Sachsen hat hingegen Seminarmaterial produziert, das einen etwas anderen Weg geht.[7] Neben der Aufklärung über Zeichen und Symbole wird versucht, eine einfache Handlungsanleitung (für den schulischen Bereich) zu geben, so dass unerfahrene Personen die jeweilige Erscheinungsform (Zeichen, Kleidung usw.) einordnen können und somit ihre Reaktion besser planen können. Die häufigsten Zeichen und Symbole werden in Kategorien eingeteilt, die helfen sollen, die jeweiligen Phänomene zu deuten: „Unsichere Synonyme" lassen eine rechtsextreme Orientierung vermuten, bei „sicheren Synonymen" ist von einer rechtsextremen Orientierung bzw. Kontakt zur rechtsextremen Szene auszugehen, und „Straftaten" (verbotene Symbole usw.) sollen als eindeutig verstanden werden. Auch wenn

---

[6] http://www.netz-gegen-nazis.de/wissen/ [zuletzt aufgerufen am 10.12.2009].
[7] Netzwerk Sachsen – gegen Rechtsextremismus, Gewalt und Fremdenfeindlichkeit (NWS) e.V. (Hg.): Wichtige Informationen über Rechtsextremismus zum Schutz von Kindern und Jugendlichen. 3. Aufl. Pirna 2005.

ein einfaches Schema weniger differenziert sein muss, ist das Grundkonzept dieser Publikation sehr hilfreich.

Nicht zuletzt sollen hier zwei weitere offizielle Quellen genannt werden. Die Bundesprüfstelle für jugendgefährdende Medien gibt im eigenen amtlichen Mitteilungsblatt „BPjM Aktuell" die aktuellen Indizierungslisten sowie die Listen der bundesweiten Beschlagnahmen nach §§ 86a, 130, 130a, 131, 184a und 184b des Strafgesetzbuches heraus.[8] Die Gerichte selbst sind eine weitere Quelle für aktuelle Urteile bis diese in die Publikationen der Verfassungsschutzämter Eingang finden.

Der Vollständigkeit halber soll an dieser Stelle auch erwähnt werden, dass das „Deutsche Rechtsbüro", eine Einrichtung der rechtsextremen Szene mit Sitz in Nordrhein-Westfalen, auch Urteile zur Rechtsprechung sammelt und veröffentlicht, die Rechtsextreme betrifft – eine (kostenpflichtige) Serviceleistung für die Szene. Darunter fallen neben vielen zum Thema Versammlungsrecht auch Urteile, die mit Grußformeln und Parolen zu tun haben. Auch die Rechtsextremen publizieren also zum Thema; dies sollte man wissen, denn diese kommentierten Urteile werden unter anderem in rechtsextremen Schulungen eingesetzt.

Zeichen und Symbolen: Erscheinungsformen des Rechtsextremismus

Auch wenn die Handhabung der genannten Verbote im Alltag nicht immer leicht ist, liegt das Problem mit den rechtsextremen Zeichen und Symbolen nicht in der gesetzlichen Regelung. Rechtsextreme reagieren darauf, indem sie entweder mit verbotenen Symbolen provozieren oder Ersatzsymbole entwickeln; die demokratische Gesellschaft muss damit umgehen. Denn das Verbot bestimmter Symbole fordert Rechtsextreme erst recht heraus – nicht erst seit den 1990er Jahren. Mittlerweile hat die Präsenz rechtsextremer Symbolik in der Öffentlichkeit ein Ausmaß erreicht, dessen langfristige Auswirkung auf unsere Gesellschaft noch nicht absehbar ist. Sie ist auch Indiz für die Verbreitung von Versatzstücken rechtsextremer Vorstellungen. Zu selten wird wahrgenommen, dass die Besetzung des öffentlichen Raumes durch rechtsextreme Symbolik nicht einfach zufällig passiert, sondern Teil einer Strategie ist.

---

[8] Medien, die als jugendgefährdend eingestuft werden, dürfen Jugendlichen unter 18 Jahren nicht zugänglich gemacht werden. Gründe für eine Indizierung sind neben dem Rechtsextremismus zum Beispiel Kriegs- oder Gewaltverherrlichung oder pornografische Inhalte.

*Kreativer Umgang – die Abkürzung einer Beleidigung
von Polizisten ließ man nicht einfach so stehen*

Vor allem Kinder und Jugendliche nutzen rechtsextreme Symbole, um zu provozieren. Ältere Menschen mögen vielleicht nostalgische Gründe haben, die nationalsozialistische Symbol- und Zeichensprache zu verwenden; etwas anderes als Verklärung und Verherrlichung stellt dies indes nicht dar. Die denkenden Teile der rechtsextremen Bewegung entwickeln ihre Strategien entsprechend der gesellschaftlichen Veränderungen ständig weiter und lernen aus eigenen Fehlern.

Rechtsextreme haben schon Anfang der 1990er Jahre formuliert, dass sie „Räume besetzen" und „befreite Zonen" schaffen wollen.[9] Der daraus entstandene Begriff „national befreite Zone" ist mittlerweile selbst zu einem Symbol des Rechtsextremismus geworden. Anstatt den Staat direkt anzugreifen, sollten Parallelwelten und Räume geschaffen werden, in denen rechtsextreme Ideologie verbreitet werde, bis ihre Präsenz eine Macht darstelle. Wenn Menschen, die für Rechtsextreme als Feinde gelten, wie Ausländer, Schwule, Linke usw., bestimmte Räume – Kneipen oder Clubs, Straßenzüge

---

[9] Das Konzept der „befreiten Zonen" wurde erstmals 1991 in einer Publikation des Nationaldemokratischen Hochschulbundes (Vorderste Front. Zeitschrift für politische Theorie und Strategie, Nr. 2, Juni 1991) als Strategieansatz beschrieben und ab etwa Mitte der 1990er Jahre in Teilen der rechtsextremen Szene als Konzept der „nationalbefreiten Zonen" verbreitet und ausprobiert. Vgl. http://de.wikipedia.org/wiki/National_befreite_Zone [zuletzt aufgerufen am 20.11.2009].

oder Wohngebiete usw. – wegen der Gefahr, überfallen zu werden, besser nicht betreten (auch wenn dies nur zu bestimmten Tages- oder Nachtzeiten gilt), dann existiere bereits eine „national befreite Zone". Die Voraussetzung für „national befreite Zonen" wäre aber auch eine Akzeptanz oder mindestens Duldung dieser Zustände durch eine Mehrheit der Bevölkerung. Wenn diese Mehrheit kein Problem darin sieht, dass zum Beispiel alternativ aussehende Jugendliche immer wieder Stress bekommen, angepöbelt oder auch angegriffen werden, und vielleicht sogar die Schuld dafür auf die Opfer schiebt („wer mit bunten Haaren rumläuft, ist selbst schuld"), dann haben die rechtsextremen Täter wenig zu befürchten.

Vor diesem Hintergrund kommt auch der ungeplanten Verbreitung von Zeichen und Symbolen des Rechtsextremismus eine andere Bedeutung zu. Jugendliche werden von Rechtsextremen auf verschiedene Art und Weise angesprochen. Musik und Kleidung spielen dabei die wichtigste Rolle und bei beiden ist die rechtsextreme Symbolik ein wesentlicher Bestandteil. So werden bestimmte Farbkombinationen (Schwarz-Weiß-Rot), bestimmte Marken und eine bestimmte Ästhetik bevorzugt verwendet. Bei den NS-Zeichen spielt der Reiz des Verbotenen eine Rolle, und es macht Spaß, die „Ausweichmöglichkeiten" zu verwenden – so unterschrieb ein Schüler „mit deutschem verbotenem Gruß". Die so „angeworbenen" Jugendlichen übernehmen die Kleidung, das Aussehen und die Umgangsformen, weil sie damit „dazugehören", und zeigen dies nach außen. Die somit geschaffene Uniformierung stellt aber mehr dar. Sie dient als Ausdruck von Geschlossenheit, zur Abgrenzung, als Ausdruck von Entschlossenheit, als Ausdruck von Militanz sowie der Erkennbarkeit im Sozialraum. Für manche drückt sie eine Einstellung aus, dient als Schutz vor Ausgrenzung und als Aufwertung des Sozialstatus, andere tragen sie vorwiegend aus modischen Gründen.[10]

Das öffentliche Zeigen der eigenen Einstellungen geht weiter: Neben Kleidung und Haarschnitt sind Tätowierungen mit ideologischem Inhalt (Doppel-Sig-Rune, das Wort HASS, sowie weitere Symbole) keine Seltenheit, und auch der fahrbare Untersatz bietet Möglichkeiten: Das amtliche Kennzeichen XX-OI 88 gehörte zu einem Auto eines deutschen Herstellers; die Insassen waren zwei kurz geschorene junge Männer.[11]

Längst verbreitet sich die rechtsextreme Symbolik über die Skinheadszene hinaus in andere jugendliche Subkulturen. Ein Aussteiger aus einer brandenburgischen Kameradschaft formulierte es so: „Egal wie ihr ausseht,

---

[10] Ray Kokoschko: Unveröffentlichter Vortrag. 2000.
[11] Zur Anonymisierung steht hier anstelle der ersten beiden Buchstaben „XX"; „Oi" ist ein Kampfruf der Skinheadszene; 88, also zweimal der 8. Buchstabe des Alphabets (HH), hat in der rechtsextremen Kommunikation die Bedeutung „Heil Hitler".

Am Stadiongebäude Teil eines Spruches aus der Zeit des Nationalsozialismus (dunkel) mit „Erwiderung" (hell).

Hauptsache, ihr denkt wie wir". Die Übergänge sind fließender geworden. „Ganz normale" Jugendliche übernehmen Teile der rechtsextremen Symbolik, ohne rechtsextrem sein zu müssen: Jugendliche, die ihren Clubraum neu gestalteten, malten die nordische Gottfigur Odin mit seinen zwei Raben Hugin und Munin, das Logo der US-Amerikanischen Rapper-Crew „G Unit" sowie die Worte Ehrlichkeit, Liebe, Glück, Gesundheit, Harmonie neben einer Messlatte aus japanischen Schriftzeichen. Praktizierte Multikulturalität? Wichtiger wäre wohl die Frage nach dem, was diesen Jugendlichen wichtig ist, nach ihren Wertevorstellungen, um somit eventuell vorhandene rechtsextreme Ansichten aufzudecken oder andernfalls darüber aufzuklären, dass sie sich als Nicht-Rechtsextreme einer rechtsextremen Symbolik bedient haben.

Für die meisten jungen Menschen, die tatsächlich zur rechtsextremen Szene neigen, geht es nicht um die Umsetzung einer Strategie, die den meisten ohnehin unbekannt sein dürfte. Ihnen geht es um die Identitätsfindung als junger Mensch, um die Zugehörigkeit zu einer Gruppe außerhalb der eigenen Familie, und dabei auch um den Spaß, Geheimcodes zu nutzen, die ein Großteil der Erwachsenenwelt nicht kennt, und um einiges mehr. Für rechtsextreme Kader stellt die Praxis dieser Jugendlichen einen Erfolg dar; die Symbole stehen immer auch für die rechtsextreme Botschaft, für die Ablehnung der Demokratie und der Menschenrechte.

Skateanlage

utzung der Anlage erfolgt ausschließlich zur Ausübu
katesports. Andere Nutzungen sind nic

ng in d bis 22.00 Uhr.
sruhe s von 13.00 bi

utzung eigene Gefahr.

(Hunde usw.) sind von der Anlage fernzuhalten.

nlage ist sauber zu Abfall in die bereitgestellt
ter zu entsorgen.

Nutzerordnung einer Skateanlage mit rechtsextremen Aufklebern

Erfahrungen aus der Beratungs- und Bildungsarbeit des MBT zum Thema

Eine der häufigsten Anfragen an das MBT ist der Wunsch nach Informationen über den Rechtsextremismus in der Form eines Referates oder einer Fortbildung. Nicht selten wird dabei ausdrücklich nach den Zeichen und Symbolen, nach der bei Rechtsextremen beliebten Mode und Musik, also nach den Erscheinungsformen gefragt. Das ist auch sinnvoll, denn man muss den Rechtsextremismus dort erkennen, wo er erscheint. Es sollte aber nicht dabei bleiben: Nicht die äußere Erscheinungsform ist entscheidend, sondern die dahinterliegenden menschenverachtenden Einstellungen. Häufig wird auch nach Handlungsmöglichkeiten gefragt. Ob wir tatsächlich ein Referat halten und anschließend Fragen beantworten oder die gefragten Themen eher in der Form eines Workshops bearbeiten, variiert. Jede Veranstaltung wird auf den Teilnehmerkreis und seine Bedürfnisse sowohl inhaltlich als auch methodisch zugeschnitten.

Nach wie vor erhalten wir die meisten solcher Anfragen aus dem sozialen Bereich: aus Jugendhilfe, Schule und Bildung, Vereinen und Verbänden, aber auch aus der Kommunalverwaltung, zum Beispiel den Ordnungsämtern. In Vorbereitung auf die brandenburgischen Kommunalwahlen 2008 haben wir viele Veranstaltungen mit Mitgliedern der demokratischen Parteien durchgeführt. Anfragen aus der Wirtschaft sind eher selten und beziehen sich meistens auf den Ausbildungsbereich, also wieder die Arbeit mit jungen Menschen.

Da die Teilnehmenden nicht immer selbst das Thema der Veranstaltung ausgesucht haben, kann ihr bisheriger Erfahrungsschatz, ihre Motivation und ihr Interesse am Thema sehr unterschiedlich sein, auch bei Mitgliedern von Berufsgruppen, für die der Umgang mit dem Rechtsextremismus zum Standardrepertoire gehören sollte. Die Erwartungshaltung der Teilnehmenden, vor allem derjenigen, die das Thema nicht selbst gewählt haben, variiert ebenfalls sehr stark. Die einen wünschen sich einfache Handlungsanweisungen – „Was tun, wenn ...?" – während andere die Behandlung des Themas als äußere Pflicht ansehen. Wieder andere lassen sich zum Thema gar nicht ansprechen, schweigen und bringen sich nicht in die Diskussion ein. Es ist meistens nur eine kleine Minderheit, die eigene Erfahrungen in der Auseinandersetzung mit dem Rechtsextremismus oder eigene Fragen mitbringen.

Diese Erfahrungen als Referenten sind gewiss nicht anders als bei vielen anderen Themen, die in Fortbildungen behandelt werden. Aus unserer systemischen Sichtweise auf das Themenfeld Rechtsextremismus stellen diese Verhaltensweisen dennoch ein Problem dar: Die Aussichten auf eine erfolgreiche Überwindung des Rechtsextremismus in einem Bereich sind gering, wenn nur wenige Einzelkämpfer und nicht das ganze „Team" aktiv werden. Das trifft übrigens auf eine Schule, einen Träger oder auch auf das Gemeinwesen eines Ortes zu. Insofern streben wir nicht einfach die Information der Teilnehmenden an, sondern die Beteiligung aller am gemeinsamen Lernprozess und an der Entwicklung der eigenen Handlungsoptionen.

Wir müssen auch mit unterschiedlichen Voraussetzungen bei den Teilnehmenden umgehen. Vor einem Kreis qualifizierter SozialpädagogInnen in der Jugendsozialarbeit, der sich regelmäßig trifft, können wir die Fragestellung auf einem hohen Niveau behandeln und weiterführende Inhalte einbringen. Bei BetreuerInnen von Jugendclubs und -räumen im dörflichen Kontext, die im Rahmen von Programmen der Agentur für Arbeit beschäftigt sind und bestenfalls von einem Jugendkoordinator angeleitet werden, müssen wir aufpassen, dass wir sie nicht mit zu vielen Fachbegriffen „erschlagen". Da die Beschäftigungsmaßnahmen befristet sind, können selten Folgetermine mit demselben Teilnehmendenkreis realisiert werden. Das bekannte Motto, die Menschen dort abzuholen, wo sie sind, trifft hier zu. Wir nehmen sie so weit mit wie möglich.

Aufgrund der Tatsache, dass der Rechtsextremismus ein mit vielen Ängsten besetztes Thema ist, müssen wir auch darauf achten, dass Vorschläge für Handlungsmöglichkeiten keine Überforderung darstellen. Wenn die Söhne des Nachbarn in der rechtsextremen Szene sind oder wenn der eigene

Freundeskreis Ärger mit gewaltbereiten Rechtsextremen bekommt, ist eine Zurückhaltung nachvollziehbar. Wir dürfen von den Teilnehmenden nicht das große zivilgesellschaftliche Engagement fordern, wollen sie aber nicht komplett aus der gesellschaftlichen Verantwortung entlassen.

„Was ist verboten"?

Die Frage „Ist es verboten?" ist oft die erste, die uns im Zusammenhang mit dem Auftauchen rechtsextremer Symbole gestellt wird. Die Frage, welche Bedeutung das Symbol bzw. seine Verwendung im spezifischen Kontext haben könnte, wird allenfalls an zweiter Stelle gestellt. Noch unsicherer wird man bei der Frage, wie sich der Fortgang einer Auseinandersetzung mit den Symbolverwendern gestalten könnte.

Hinter der Frage „Ist es verboten?" können unterschiedliche Motivationen liegen. Wenn etwas verboten werden kann, ist es schnell „weg", das heißt, man kann das Problem zumindest kurzfristig erfolgreich verdrängen. Diese Tendenz wird durch die Erfahrungen und Denkmuster aus der DDR verstärkt: „In der DDR wäre so was gleich verboten worden", ist eine Aussage, die ich in diesem Kontext mehrmals gehört habe, interessanterweise auch von Menschen, die in der DDR unter dem System gelitten haben. Die Verdrängung des Problems durch Verbot kann aber auch weniger Aufwand bedeuten, oder man gibt die Verantwortung für die Durchsetzung des Verbotes an andere ab – Polizei, Einrichtungsleiter usw. Eine aktive Auseinandersetzung mit dem Rechtsextremismus über die Verbotsfrage hinaus bedeutet, dass man sich selbst positionieren muss. Das kann Ängste hervorrufen, so dass das Verbieten auch deshalb zur attraktiveren Option wird.

Die Diskussionen, die wir an dieser Stelle unserer Veranstaltungen immer wieder erleben, werden auch durch den öffentlichen Diskurs zum Rechtsextremismus geprägt. Immer wieder erheben Politiker die Forderung nach einem Verbot der NPD, so dass die Verbotsfrage im Zusammenhang mit dem Rechtsextremismus periodisch verstärkt wird.

Das Handlungsfeld von Politikern ist die Gesetzgebung, so dass sie fast automatisch nur in rechtlichen Kategorien denkt. Ein Verbot ist eine konkrete Maßnahme, die zum gängigen Handlungsrepertoire von Politikern gehört und die auch öffentlichkeitswirksam sein kann. Selbst die Forderung reicht aus, um den eigenen Handlungswillen in dieser Frage zu demonstrieren. Die Auswirkung auf den öffentlichen Diskurs zum Umgang mit dem Rechtsextremismus sollte aber nicht unterschätzt werden: Wie oft hat die Debatte um ein Verbot der NPD im politischen Diskurs zum Rechtsextremismus in den letzten Jahren eine Rolle gespielt und welche anderen Fragen wurden zum Thema Umgang mit dem Rechtsextremismus diskutiert? In meiner Wahrnehmung des öffentlich geführten Diskurses dominiert das Verbot als Mittel gegen den Rechtsextremismus und so wundert es nicht, wenn diese Frage im Beratungsalltag des MBT immer wieder eine Rolle spielt.

Man sollte aber „bei sich bleiben" – Politiker bei der Gesetzgebung, Pädagogen bei der Pädagogik. Denn unsere Erfahrung zeigt, dass die Denkweise „verboten – nicht verboten" in den sozialen Bereichen selten zu einer Handlungssicherheit führt.

Wenn man die Zeichen und Symbole des Rechtsextremismus als Indizien für entsprechende Einstellungen wahrnimmt, wird deutlich, dass eine Auseinandersetzung, die sich nur mit den Zeichen und Symbolen befasst, auf der Oberfläche bleiben wird. Sie kann höchstens als Einstieg in eine Auseinandersetzung mit den rechtsextremen Inhalten dienen. Eine Veränderung der Oberfläche kann keine Überwindung des Rechtsextremismus erreichen, wie das geschickte Umgehen der Verbote zeigt („mit deutschem verbotenem Gruß" und anderes). Aber gerade die sichtbaren Zeichen und Symbole bieten die Chance, ein Problem zu beschreiben und somit eine Auseinandersetzung mit den Inhalten zu beginnen. Damit ergibt sich eine Reihenfolge für die wichtigen Fragen zum Auftauchen von rechtsextremen Zeichen und Symbolen.

Was hat uns dieses Zeichen, Symbol usw. in diesem Kontext zu sagen, wie ist es zu verstehen? Welche Symbole wurden verwendet? Dazu kann der Ansatz des Netzwerks Sachsen (siehe oben) hilfreich sein (hier für einen allgemeinen Kontext in abgewandelter Form):

– „Unklare Indizien" (keine Straftaten) – können auf eine rechtsextreme Bedeutung hinweisen, müssen aber nicht, wie zum Beispiel Kleidungsmarken, die zwar gerne von Rechtsextremen getragen werden, aber nicht von rechtsextremen Herstellern stammen (Fred Perry, Alpha Industries und andere).

– „Klare Indizien" (keine Straftaten) – von einem Bezug zum Rechtsextremismus ist auszugehen, wie zum Beispiel Kleidungsmarken aus der rechtsextremen Szene oder Aufkleber mit nicht strafbaren rechtsextremen Inhalten.

– „Klare Indizien" (Straftaten) – eindeutige Hinweise, die auch strafrechtlich relevant sind, wie zum Beispiel die Doppel-Sig-Runen der SS, das Horst-Wessel-Lied usw.

Das einfache Schema zwingt zum Nachdenken, wobei auch hier zum Beispiel darauf zu achten ist, dass das Malen eines Hakenkreuzes eine einfache Provokation ohne inneren Zusammenhang mit dem Rechtsextremismus

Der Aufkleber der rechtsextrem beeinflussten Hooliganszene in Frankfurt (Oder) formuliert einen Machtanspruch.

sein kann, obwohl es strafrechtlich relevant ist – eine Differenzierung ist wichtig!

Was weiß man über die Vergangenheit – ist die Verwendung tatsächlich neu oder wiederholt sie sich schon und wird erst jetzt wahrgenommen oder „gemeldet"?

Bei seltener auftretenden Zeichen und Symbolen oder bei einer Symbolik, die einen rechtsextremen Hintergrund vermuten lässt, lohnt sich etwas Recherche, um herauszufinden, ob gerade ein neues Logo oder ein neuer Code oder ähnliches entstanden ist.

Erst nach dieser Analyse der bekannten Fakten kann überlegt werden, wie am besten zu reagieren ist. Selbstverständlich gibt es Situationen, in denen eine sofortige Reaktion nötig ist – aber auch dann helfen die genannten Fragen.

Jetzt ergeben sich neue Fragen. Welche Auseinandersetzung mit dem angezeigten Problem ist möglich und könnte sinnvoll sein? Setzt man sich zum Beispiel mit dem Urheber des rechtsextremen Zeichens auseinander? Oder mit dem Umfeld, das ein geringes Problembewußtsein hat? Mit welchem Ziel und mit welchen Mitteln könnte die Auseinandersetzung geführt werden?

Diese Fragen sollen dazu dienen, die Palette der Möglichkeiten zu erweitern. Demgegenüber führt die Frage, ob etwas verboten ist, nicht zur Öffnung des Blicks, nicht zu pädagogischer Kreativität, sondern zu einer Schließung – es kann ja nur zwei Möglichkeiten geben.

Handlungsmöglichkeiten

Damit die bisher eher allgemein gehaltenen Überlegungen konkreter vorstellbar werden, soll anhand einiger Beispiele dargestellt werden, welche Vielfalt an Reaktionsmöglichkeiten existieren. Zeichen und Symbole werden dabei als Problemindikatoren verstanden: Ausgehend von der Tatsache ihrer Verwendung kann man auf Probleme von Identitätsfindung, von sozialer Abgrenzung und Zugehörigkeit, aber eben auch auf ideologisch gefestigte Haltungen stoßen.

Wenn rechtsextreme Symboliken von jungen Menschen verwendet werden, sind zunächst Fragen angesagt. In jedem Fall sollte man versuchen, mit ihnen darüber ins Gespräch zu kommen. Wie in dem oben genannten Beispiel der Jugendclubgestaltung müssen Indizien wahrgenommen und Informationen gesammelt werden. Im Gespräch mit den jungen Menschen wird sich herausstellen, was dahinter steht. Wenn klar wird, dass man mit rechtsextremen Orientierungen zu tun hat, können bewährte sozialpädagogische Ansätze greifen, zu denen man sich vorher beraten lassen sollte.[12] Im Falle der Grundschüler, die Hakenkreuze ausprobiert haben und dabei sicher provozieren wollten, reichen meistens einige Gespräche aus, in denen ihnen mit Begründungen erklärt wird, warum sie solche Zeichnungen in Zukunft unterlassen sollten. Einfach durchgehen lassen sollte man es keinesfalls. Wenn die Eltern solcher Schüler aber selbst Rechtsextreme sind, wird man wohl längerfristig wachsam bleiben müssen.

Auf der präventiven Seite führt die Polizei Informationsveranstaltungen für junge Menschen (in der Schule, im Jugendclub oder in ähnlichen Einrichtungen) durch, um über die verbotenen Zeichen und Symbole und deren Inhalte aufzuklären und vor den Folgen zu warnen – auch abzuschrecken.

Es gibt viele Möglichkeiten, im Rahmen einer Hausordnung bestimmte Erscheinungsformen des Rechtsextremismus zu unterbinden, so zum Beispiel das Tragen von „Springerstiefeln" oder anderen mit der rechtsextremen Szene verbundenen Kleidungsstücken. Ebenso notwendig ist es, dass man die Regelungen auch durchsetzt, das heißt, das Personal (einer Schule, Einrichtung) muss in die Entwicklung einer solchen Hausordnung einbezogen und entsprechend geschult und motiviert werden.

Im Rahmen der Vertragsgestaltung können ebenfalls bestimmte rechtsextreme Symboliken unterbunden werden. Das sollte man zum Beispiel bei Verträgen mit Sicherheitsdiensten für Stadt- oder Dorffeste in Betracht

---

[12] Zum Beispiel verfügt die Landesarbeitsgemeinschaft Mobile Jugendarbeit/Streetwork Brandenburg e.V. über mehrjährige Erfahrung auf diesem Arbeitsfeld. Adresse: Schopenhauerstr. 32, 14467 Potsdam. E-Mail: streetwork-brandenburg@web.de.

ziehen – wenn die Sicherheitsleute offensichtlich mit den rechtsextremen Besuchern befreundet sind, wird kaum ein Gefühl der Sicherheit auf der Veranstaltung bei denjenigen entstehen, die zu den potenziellen Opfergruppen rechtsextremer Übergriffe gehören. Der Veranstalter ist in der Pflicht, für die Sicherheit *aller* Besucher zu sorgen.

Entsprechend geschulte Mitarbeiter der Verwaltung – Ordnungsamt, Grünflächenamt oder ähnliches – können das Vorkommen rechtsextremer Zeichen und Symbole (zum Beispiel Graffitis, Aufkleber) melden, dokumentieren und diese entfernen. Die Analyse sowie die Entscheidung, ob weitere Maßnahmen nötig sind, gehören in solchen Situationen auf die politische Ebene – die Verwaltung sollte entsprechend zuarbeiten. In der Praxis dürfte eine solche Verfahrensweise relativ wenig Arbeit (und Kosten) bedeuten, weil selbst in rechtsextremen „Hochburgen" dem Vorkommen von Zeichen Grenzen gesetzt sind und trotzdem als effektives „Frühwarnsystem" genutzt werden können.

Zum Schluss ist es wichtig festzuhalten: Es gibt keine Patentrezepte. Für jedes genannte Beispiel gibt es ein ähnlich gelagertes, das anders behandelt werden muss. Wer aber die richtigen Fragen zu stellen weiß und keine schnellen Antworten verlangt, wer sich mit anderen austauscht und vernetzt, ist wohl in der Lage, mit der rechtsextremen Zeichen- und Symbolsprache umzugehen.

Karin Dörre, Jürgen Lorenz

Keine Erklärungen in Goldpapier, aber ein geradliniger Weg. Welche Konsequenzen wurden in Templin aus dem Mord an Bernd Köhler gezogen?

Im Juli 2008 töteten zwei junge Männer in Templin einen 55-Jährigen, mit dem sie zuvor gemeinsam gezecht hatten. Die beiden Täter gehörten zur rechtsextremen Szene der Stadt und waren wegen Gewaltdelikten und rechtsextremer Parolen bereits früher mit dem Gesetz in Konflikt gekommen. Der 19-jährige Täter wurde vom Landgericht Neuruppin im Mai 2009 wegen Mordes zur Höchststrafe von zehn Jahren Jugendstrafe verurteilt. Der zweite, 22-jährige Täter wurde wegen Beihilfe zum Mord durch Unterlassen zu neun Jahren und drei Monaten Haft verurteilt. Revision ist durch die Verteidigung beantragt, eine Entscheidung dazu steht noch aus.

Mit Karin Dörre und Jürgen Lorenz vom Mobilen Beratungsteam Angermünde (MBT) sprach Michael Kohlstruck. Im Mittelpunkt des Gespräches steht weniger der Mordfall selbst. Thema sind die Veränderungen, die in Templin in der Auseinandersetzung mit der Tat in Gang gekommen sind.

I: Die Entwicklung in Templin setzt ein mit dem Mordfall im Juli 2008. Können Sie zu Beginn unseres Gesprächs die Tatumstände zusammenfassen?

MBT: Das Opfer, ein 55-jähriger alkoholkranker Mann, hatte mit den zwei jungen Männern, der eine 19 Jahre, der andere 22 Jahre, schon den Tag über zusammen getrunken. Sie zogen gemeinsam durch die Stadt, am Anfang wohl noch ohne größere Spannungen; nach einem Sturz von Bernd K. trieb der 22-jährige Täter das Opfer vor sich her und beschimpfte ihn als „Penner" und „Vieh". Von den beiden Jüngeren war ein „Heil Hitler"-Gruß zu hören, den hätten eigentlich viele Leute hören können, wenn sie ihn hätten hören wollen. Vor Gericht konnte nicht geklärt werden, wer genau gerufen hatte. In den Zeugenaussagen vor Gericht wurde deutlich, dass der Weg der drei durch die Stadt zumindest nicht unbemerkt geblieben war. In der Tischlerwerkstatt des Opfers, wo man weitertrinken wollte, begann die Eskalation. Mit brutalster Gewalt wurde auf Bernd K. eingetreten – die massiven Kopfverletzungen führten zu diversen Schädelbrüchen. Oberstaatsanwältin Lodenkämper aus Neuruppin sagte, es habe sich um einen „Exzess" gehandelt. Einer der beiden

Täter habe versucht, den Getöteten anzuzünden. Der Staatsanwalt hatte später die Anklage wegen „Mord aus niedrigen Beweggründen" erhoben.

Aus unserer Sicht ist es bemerkenswert, dass dieser Prozess des Quälens auch hier sehr lange dauerte. Die Angaben sprechen von 23.30 bis 4.30 Uhr nachts, also ganzen fünf Stunden. Wenn wir zu dem Mord an Marinus Schöberl aus dem Jahr 2002 irgendwelche Parallelen ziehen, dann sind da sicher die lange Dauer des Tathergangs, der Weg durch die Stadt und das Verhalten von Teilen der Bevölkerung zu nennen.

I: Man hat den Eindruck, die Täter hätten ihre Überlegenheit gegenüber dem Opfer regelrecht ausgekostet. Sie haben ihn nicht im Affekt vor den Kopf geschlagen, sondern sie wollten ihn spüren lassen, dass er der Unterlegene ist.

MBT: Vor Gericht wurde festgehalten, dass der Tötungsverlauf mit einer enormen und hemmungslosen Härte verlief. Die Rede war von Schnittwunden und von Trittwunden gegen den Kehlkopf, gegen den Kopf, und das sehr gezielt. Die Aggressivität der Täter muss sehr hoch gewesen sein. Sie müssen geradezu berauscht gewesen sein vom Gefühl der eigenen Macht über einen Menschen, bar jeden Mitgefühls, voller Lust an brutaler Gewalt. Ihre starke Alkoholisierung hat sie zusätzlich enthemmt. Gleichzeitig wissen wir, beide Täter kommen aus dem rechtsextremen Spektrum. Sie können sich auch ermächtigt gefühlt haben, auf ihr Opfer herabzuschauen und ihm diese Qualen anzutun. Dazu würde auch gehören, dass sie sich mit ihrer Weltsicht moralisch im Recht gefühlt hatten, das zu tun, was sie dann getan haben.

I: Die Tat ereignete sich in der Nacht vom 21. auf den 22. Juli 2008. Was würden Sie an dem Mordgeschehen selbst noch hervorheben?

MBT: Wie seinerzeit in Potzlow hatten Täter und Opfer zunächst wie Kumpel zu dritt zusammen gesessen und getrunken. Viel getrunken. Das waren Zechkumpane. Und auf einmal ist es möglich, dass dieser Eskalationsprozess beginnt, der nicht nur mit einer normalen Prügelei endet, sondern in diese unglaubliche Brutalität, in Mord ausartet. Das ist bemerkenswert. Anfangs sitzt man halbwegs friedlich zusammen, auch über einen längeren Zeitraum, und dann diese Explosion der Gewalt. Das Zweite, was wir hervorheben möchten, ist das Milieu: Man hatte sich anfangs in der Nähe des Obdachlosenheims getroffen und dort getrunken. Das spätere Opfer war nicht obdachlos, es hatte eine Wohnung am Rande der Stadt. Aber man hatte sich eben im Umfeld des Obdachlosenheimes getroffen, das ist bezeichnend für das Milieu, mit dem wir es hier zu tun haben. Drittens: Man ist gemeinsam durch die Stadt gezogen, rechtsextreme Sprüche wurden gerufen. Das können beziehungsweise müssen auch andere Templiner gehört haben, es gab aber keine Reaktionen darauf.

I: Ist denn das Opfer gegen seinen Willen mitgenommen worden?

MBT: Nein. Die drei sind gemeinsam als Trinker durch die Stadt gezogen und haben gelärmt. Ihr Ziel war die alte Tischlerei, die dem Opfer gehörte. Dort wollten sie weiter trinken. Man nahm einfach einen Ortswechsel vor, so, wie andere vielleicht das Lokal wechseln.

I: Im Unterschied zu dem Mordfall Marinus Schöberl ist das Opfer sehr schnell, nämlich am nächsten Tag gefunden worden. Man hat auch bereits unmittelbar nach der Entdeckung von einer rechtsextremen Tat gesprochen.

MBT: Die Staatsanwaltschaft hat sofort ihre Vermutung präsentiert, dass es sich um ein Tötungsdelikt mit rechtsextremem Hintergrund handelt. Der erste Presseartikel stammt vom 24. Juli. In der Märkischen Oderzeitung lautete die Titelzeile „Templiner Neonazis töten 55-Jährigen". Das Motiv war zwar noch unklar, aber die Staatsanwaltschaft hatte schon darauf hingewiesen, dass die Beschuldigten aus dem rechtsextremen Spektrum kommen. Sie waren einschlägig vorbestraft.

I: Damit haben wir nun die Tat selbst etwas erläutert. Wie hat nun die Stadt, wie hat der Bürgermeister, wie haben andere Akteure darauf reagiert?

MBT: Unmittelbar nach dem Tötungsdelikt war innerhalb der Bevölkerung eine Grundstimmung verbreitet, die die Tat einfach dem Trinkermilieu zurechnete. Etwa nach dem Motto „Pack schlägt sich, Pack verträgt sich". Man solle da nicht so viel Aufhebens drum machen. Drei Wochen später aber kam es zu einem weiteren schweren Gewaltdelikt, das nach unserer Meinung die Bevölkerung wirklich beunruhigt, wachgerüttelt hat. Ein 16-jähriger Jugendlicher wurde von einem 19-Jährigen aus der rechtsextremen Szene angegriffen und schwer verletzt. Ihm wurde der Unterkiefer gebrochen. Das hat das Nachdenken erheblich vorangetrieben. Jetzt konnte man das Thema Rechtsextremismus nicht mehr in irgendein Trinkermilieu abschieben.

Die Frage ist: Müssen hinter einer brutalen Straftat oder einem barbarischen Mord erst rechtsextreme Täter stehen, ehe die Bürgergesellschaft aufmerksam wird und sich das Klima in ihrer Kommune genauer anschaut? Genauso stellt sich die Frage für die Medien: Hätte es eine ähnliche Öffentlichkeit gegeben ohne den rechtsextremen Hintergrund der Straftäter?

I: Bleiben wir noch etwas bei dieser allerersten Zeit nach dem Mord.

MBT: Wir hatten den Eindruck einer enormen Hilflosigkeit. Wir sind nicht auf Abwehr gestoßen. Wir haben eher eine Überforderung erlebt. Der

Bürgermeister und andere politisch Verantwortliche waren zunächst schlichtweg sprachlos. Die externen Diagnosen und ihre Kenntnis über die eigene Stadt standen in einer starken Diskrepanz. Und über allem stand natürlich eine berechtigte Sorge um das Image der Stadt. Die Schlagzeilen in den Medien waren nicht dazu angetan, Touristen anzulocken. Die Befürchtung war, dass durch die Medien eine Stigmatisierung der Stadt als Hort des Rechtsextremismus stattfindet.

I: In den Medien wurde Templin als Hochburg rechtsextremer Aktivitäten dargestellt?

MBT: Zu der Überforderung hat beigetragen, dass die Behauptung, Templin habe eine starke rechtsextreme Szene, ja nicht auf die Recherchen der Medien zurückging. Es waren Aussagen von Staatsanwaltschaft und Polizei, auf die sich die Medien in ihrer Diagnose stützen konnten. Die politisch Verantwortlichen konnten das nicht als Versuch der Medien abtun, das Sommerloch zu stopfen.

Altes Rathaus auf dem Templiner Marktplatz

I: Verstehe ich das richtig, dass die anfängliche Überforderung auf die Diskrepanz zwischen der Wahrnehmung der eigenen Stadt durch die Kommunalpolitik auf der einen Seite und der Beschreibung durch Polizei und Staatsanwaltschaft auf der anderen Seite zurückging?

MBT: Das war zunächst ein ganz schwieriger Prozess, ein Findungs- und Klärungsprozess, wie man sich gegenüber vermeintlichen Angriffen und Informationen „von außen" verhalten soll. Zweitens war auch die Frage zu klären, wie weit man sich für Beratungsangebote öffnet, die letztlich ja auch von außen gekommen sind. Es war für die Betroffenen wirklich nicht leicht, sich in dieser Spagatsituation zu sortieren. Auch der Bürgermeister brauchte diese Zeit für sich, ehe er unser Beratungsangebot wahrnehmen konnte. Er kannte uns ja nicht, konnte er uns vertrauen? Etliche seiner Kommentierungen aus dieser ersten Phase sind nach seiner Meinung in der Tat auch recht unglücklich ausgefallen. Wir finden, dass diese Irritationsphase des Anfangs für den weiteren Verlauf förderlich war. Vergleicht man den Vorgang mit anderen Fällen aus unserer Beratungspraxis, trifft man oft auf politisch Verantwortliche, die schnell in der Lage sind, ihr eigenes Handeln und auch das Handeln der Bürgergesellschaft sehr gut darzustellen, gewissermaßen in Goldpapier zu verpacken. Sie erwecken den Eindruck, über eine klare Handlungsstrategie zu verfügen und positionieren sich mit viel Aufwand gegen rechtsextreme Straftaten. Nimmt man dann aber dieses Goldpapier wieder ab, sieht man, dass da nicht allzu viel Nachhaltiges vorhanden ist. Das war nun in Templin deutlich anders. Nach einer Phase des Zuhörens und gegenseitigen Kennen- und Verstehenlernens besann sich die Stadt auf ihre Eigenverantwortlichkeit, in der wir sie immer bestärkt haben. Die Motivation und die Beteiligung im Umgang mit dem Thema Rechtsextremismus stiegen. Alle Beteiligten haben sich dem Problem und seiner Bearbeitung mit allen Schwierigkeiten gestellt. Das war gut.

I: Wie würden Sie das Bild von Rechtsextremismus beschreiben, das der Bürgermeister damals hatte? Er hatte ja, so wurde es jedenfalls in der Presse berichtet, im Juli 2008 bestritten, dass es in Templin eine rechtsextreme Szene oder rechtsextreme Aktivitäten gebe.

MBT: Für uns war die Aussage des Bürgermeisters immer nachvollziehbar, dass er selber auf den Straßen und auch bei Veranstaltungen nicht mit rechtsextrem Agierenden konfrontiert gewesen war. Das war für ihn nicht Bestandteil des Straßenbildes. Und er hatte auch nach unserer Einschätzung einen ungenügenden Informationsstand, so dass er es nicht wissen konnte.

I: Könnte man sagen, dass er „Rechtsextremismus" in seiner Art der Realitätswahrnehmung immer mit Parteien und Organisationen assoziiert hat?

MBT: Wir würden das noch ein bisschen anders beschreiben. Für ihn war Rechtsextremismus als solcher einfach kein sichtbares Thema in der Stadt. Mit Rechtsextremismus hat er NPD, DVU oder Freie Kameradschaften assoziiert; darum hatten sich Staatsanwaltschaft, Polizei und Staat zu kümmern. Und darauf muss man sich – so hat er es einmal formuliert – als Bürgermeister auch verlassen können.

I: Er hatte den „großen Rechtsextremismus" im Blick, der an den Grund-
     festen der politischen Ordnung rüttelt, und für den natürlich primär der
     Verfassungsschutz zuständig ist?

MBT: Ja. Und letztendlich auch „seine" Polizei, also die Kollegen von der
     Wache. Und man muss auch sagen, dass er wirklich viele Informationen
     einfach nicht hatte. Andererseits gibt es auch bei ihm die Fokussierung
     auf den Wirtschaftsstandort und das interessierte Ausblenden möglicher
     Beeinträchtigungen des Wirtschaftsstandortes.

I: Wie ist die Situation hinsichtlich des Rechtsextremismus in den Dörfern,
     die seit der Gemeindegebietsreform zur Stadt gehören, und wie in den
     schwierigen Gebieten der Stadt?[1]

MBT: Da waren weiße Flecken. Andererseits ist er aber jemand, der Pro-
     bleme direkt angeht, wenn er sie wahrgenommen hat. Dann stellt er sich
     den Herausforderungen, kann auf Menschen zugehen und weicht Dis-
     kussionen nicht aus. Daran wird deutlich: Das Thema Rechtsextremismus
     musste für ihn erst sichtbar werden. Er hat später selbst einmal formuliert,
     dass er in dieser Frage viel lernen musste und immer noch lernt.

I: Wie waren die ersten Reaktionen bei den Stadtverordneten?

MBT: Es gab vielleicht den einen oder die andere, die eine höhere Sen-
     sibilität hatten, aber letztendlich teilten sie die Sicht des Bürgermeisters.
     Wir hatten zwei Wochen nach der Tötung einen Anruf von einer Stadt-
     verordneten bekommen, die total irritiert war, dass so ein Verbrechen in
     ihrer Stadt passiert ist. Sie hatte das im Urlaub in der Zeitung gelesen
     und konnte es nicht glauben. Lesen zu müssen, dass es in ihrer Stadt eine
     Szene des rechtsextremistischen Spektrums gibt, das ist bei vielen am
     Anfang auf eine große Ablehnung gestoßen.

I: Wie würden Sie denn diese Szene vor dem Juli 2008 beschreiben?

MBT: Es gab Jugendcliquen, vorrangig junge Männer, mit einer hohen
     Gewaltbereitschaft. Auch der Leiter der Templiner Polizeiwache hatte im
     Juni 2008 vor einer zunehmenden gewaltbereiten rechtsextremen Clique
     in der Stadt gewarnt, die mit Hilfe von Spezialkräften der Polizei genauer
     ins Visier genommen worden war.
     Wir gingen damals von ca. 40 gewaltbereiten Rechtsextremen aus. Auch
     junge Frauen, größtenteils aus der Stadt, vereinzelt aus den Dörfern, ge-

---

[1]   Ziel der Gemeindegebietsreform war die Bildung größerer Strukturen in jedem Land-
     kreis. Das „Gesetz zur Refom der Gemeindestruktur und zur Stärkung der Verwaltungs-
     kraft der Gemeinden des Landes Brandenburg" trat im März 2001 in Kraft. Vgl. Christi-
     ane Brückner/ Jochen Franzke: Das Land Brandenburg. Kleine politische Landeskunde.
     4. Aufl. Potsdam 2005.

hörten zur Szene. Viele aus der Szene verfügten über keinen Berufsabschluss und stammen aus sogenannten Patchwork-Familien.

I: Wie war denn die Jugendsozialarbeit in der Stadt aufgestellt?

MBT: Die Stadt verfügt über ein gutes Netz an Jugendsozialarbeit. Insgesamt gibt es sechs Einrichtungen, davon zwei in Trägerschaft der Stadt. Etwa seit 2006 gibt es aber keine Straßensozialarbeit mehr. Jugendsozialarbeit fand fast ausschließlich in den einzelnen Einrichtungen statt, in den Dörfern rings um die Stadt gab es einen Ansprechpartner, der inzwischen auch weg ist.

Nach dem Mord war vielfach zu hören: Wer sehen wollte, hätte sehen können. Aber die jeweiligen Wahrnehmungen und Auseinandersetzungen mit dem Thema Rechtsextremismus wurden kaum nach außen sichtbar gemacht. Ein Problembewusstsein war und ist vorhanden. Die in der Stadt tätigen Sozialarbeiter hatten sich in einem Forum zusammengeschlossen, um über gemeinsame Handlungsstrategien nachzudenken, Kräfte zu bündeln. Aber der Alltag mit den Eigeninteressen der vielfältigen Träger, der Fülle an Aufgaben und Erwartungen, der Sorge, das Image der Stadt zu beschädigen, und vermeintliche Ängste um die Sicherheit des eigenen Arbeitsplatzes beförderten das Deckeln und hinderten an der klaren Beschreibung.

I: Man hat also aus verschiedenen Gründen die eigenen Beobachtungen und das Wissen zu diesen Szenen nicht weitergegeben.

MBT: Dazu haben, wie gesagt, ganz viele Umstände beigetragen.

I: Eigene Einschätzungen und Bewertungen von Polizei und Verfassungsschutz klafften in Templin ja offenbar ziemlich auseinander.

MBT: Ja, den Schwarzen Peter konnte niemand einfach als Medienschelte weitergeben. Die Stadt musste sich mit ihren eigenen Angelegenheiten selbst beschäftigen. Dazu gehörte auch das Hinterfragen dessen, was wie gelaufen ist oder eben auch nicht. Der Schutzbereichsleiter hat sich voll hinter seine Kolleginnen und Kollegen gestellt, die gesagt haben „Wir haben das immer rechtzeitig angezeigt, wir haben versucht, Problembeschreibungen in die Stadt reinzubringen, und entweder wurde uns nicht zugehört oder es wurde eben halt irgendwo gedeckelt". Politisch Verantwortliche wussten trotzdem nichts oder zu wenig. Der Tote war da, und die Beschreibungen der Polizei und der Staatsanwaltschaft waren da. Gegner des Rechtsextremismus hatten eine Liste zusammengestellt mit den Vorfällen innerhalb der Stadt in den letzten Jahren. Auch diese Liste war da. Daraus mussten Konsequenzen gezogen werden.

I: Das zeigt nun, dass die Informationsweitergabe über die Existenz rechtsextremer Szenen an verschiedenen Stationen scheitern kann. Das Erste ist überhaupt die entsprechende Beschreibung. Aber in dem Fall scheint es auf der unmittelbaren Wahrnehmungs- und Beschreibungsebene kompetente Beobachter gegeben zu haben; es war dann ein Problem im Kommunikationsfluss innerhalb der Stadtverwaltung, etwa von der Polizei zur kommunalpolitischen Spitze oder von den Jugendarbeitern über die Träger zum Jugendamt.

MBT: Wir hatten auf Wunsch des Bürgermeisters eine Veranstaltung organisiert, gemeinsam mit Verfassungsschutz, Polizei und Stadtverordneten. Sie stand unter der Frage: Welche Einschätzungen liegen vor vom Verfassungsschutz und von der Polizei? Wie konnte es dazu kommen, dass die Informationen nicht weitergeflossen sind? In dieser Veranstaltung entstand beim Schutzbereichsleiter ein großes Unverständnis darüber, dass die polizeilichen Informationen nicht in der Stadtverwaltung angekommen sind. Umgekehrt ging es dem Bürgermeister genauso. An dem Punkt war eine große Distanz zwischen Polizei und Politik spürbar. Wichtig aber war das Ergebnis. Man wurde sich einig, solche Lücken in Kommunikationsverläufen nicht mehr zuzulassen. Und es wurde auch sofort verändert.

I: Die Bereitschaft in der Stadt Templin, das Problemfeld Rechtsextremismus wahrzunehmen und nachhaltig zu bearbeiten, hat erheblich zugenommen. An welchen Aktivitäten lässt sich das verdeutlichen?

MBT: Der Bürgermeister setzt sich ernsthaft mit den Zuständen innerhalb seiner Stadt auseinander. Er hat anerkannt, dass es Handlungsbedarf gibt. Er will informiert sein und erwartet das auch von den Beschäftigten der Verwaltung und den Stadtverordneten. Der Bürgermeister hat in der Verwaltung das Amt eines Demokratiebeauftragten installiert. Denn es geht beim Umgang mit dem Thema Rechtsextremismus vor allem darum, die Demokratie vor Ort zu stärken und unterstützen. Als wichtigste Präventionsmaßnahme sozusagen. Wo Demokratie stark ist, wird Rechtsextremismus der Boden entzogen. Natürlich bedarf es eines Prozesses der inhaltlichen Ausgestaltung und der Anerkennung, sowohl innerhalb der Belegschaft als auch innerhalb der Stadt. Die Initiierung einer Steuerungsgruppe für die Durchführung des Demokratiefestes in Templin durch den Demokratiebeauftragten war dazu ein erster Schritt. Für den 18. März 2009 hatte der Bürgermeister alle Mitarbeiterinnen und Mitarbeiter der Stadtverwaltung zu einer Fortbildung zum Thema „Demokratie probieren" eingeladen und dafür auch einen Teil der Arbeitszeit zur Verfügung gestellt. „Ich brauche Sie", warb er in seiner Eröffnung um jeden einzelnen Beschäftigten. Nach einer Informationsrunde mit der Polizei und mit uns als MBT wurde ein Meinungsaustausch unter den Teilnehmern nach der Methode des „World Café" durchgeführt, moderiert gemeinsam von uns als MBT und von Sozialarbeitern der Stadt und einer Kollegin der

Verwaltung. Diskutiert wurde darüber, was ist an diesen Vorträgen für uns wichtig gewesen oder auch eben weniger relevant? Was bedeutet das für unsere eigene Arbeit? Woran möchte ich mich selbst beteiligen – in der Rolle als Beschäftigter oder auch als Eltern- oder Großelternteil? Dieser Austausch wurde von allen Beteiligten als Gewinn beschrieben, auch als neue Erfahrung einer Betriebsversammlung. Alles wurde dokumentiert und den Teilnehmenden zur Kenntnis gegeben. Jetzt geht es darum, gemeinsam mit dem Personalrat zu schauen, wie an diesen Ergebnissen weitergearbeitet wird. Auch für diesen Prozess ist der Demokratiebeauftragte verantwortlich.

I: In mehreren Zeitungsartikeln war die Rede von einer Sozialraumanlyse. Was hat es damit auf sich?

MBT: Bürgermeister und Stadtverordnete sind sich einig, genauer wissen zu wollen, welche Probleme und Wünsche die Menschen vor Ort haben, was förderlich oder auch hemmend für das Klima in der Stadt ist. Und daran sollen möglichst viele Menschen beteiligt werden, um Handlungsmöglichkeiten und -strategien neu- und weiterzuentwickeln. Zum Beispiel ist ein Element der Sozialraumanalyse die Frage, wie die Menschen das Klima des Miteinanders beschreiben. Welche Wünsche und Bedarfe existieren, für die die Stadt verantwortlich zuständig ist; wo sehen sie Möglichkeiten, selbst zuständig zu sein? Da wird es sicher auch um die Ausgestaltung von Sozialarbeit gehen und um die Wohngebietsarbeit. Diese Sozialraumanalyse, mit der die Universität Potsdam beauftragt ist, wird zum größten Teil, das heißt mit 20.000 Euro, über den lokalen Aktionsplan (LAP) aus dem Bundesprogramm „Vielfalt tut gut" finanziert. Die Stadt Templin hat zusätzlich weitere 10.000 Euro zur Verfügung gestellt. Damit wird, so meinen wir, die Ernsthaftigkeit des Vorhabens unter Beweis gestellt. Übrigens vertritt der Demokratiebeauftragte die Stadt Templin jetzt auch im Begleitausschuss des LAP.

I: In diesem Jahr gab es ja zum zweiten Mal in Templin ein Demokratiefest.

MBT: Die Veranstaltung im Jahr 2008 ist weitgehend von der Jugendinitiative organisiert worden, die mit Jugendsozialarbeitern und mit anderen Bereichen, wie Kirche und Sportvereinen, kooperiert hat. Neben dem „Toleranten Brandenburg" hatte auch die Stadt Templin das Vorhaben unterstützt und mitfinanziert. Im Jahr 2009 wurde eine Steuerungsgruppe eingerichtet, in der auch Verantwortliche der Parteien mitgearbeitet haben. Ein Großteil der Finanzen kam über den LAP. Aus der Jugendinitiative hat sich damit etwas entwickelt, was Wellen schlägt und auch einen größeren Teil der Bevölkerung mit einbezieht. In Templin selbst, aber auch in der Uckermark. Auch Menschen und Initiativen aus ande-

103

ren Städten der Uckermark haben das Demokratiefest unterstützt. Dabei hat sich niemand persönlich in den Vordergrund gespielt, sondern es ging um die Beteiligung vieler. Toll ist, dass dieses Fest auch in Zukunft jährlich stattfinden soll.

I: Wie muss man sich diese Demokratiefeste vorstellen? Was passiert da eigentlich? Wer wirkt mit, wie viele kommen?

MBT: Für alle Bevölkerungsgruppen wird etwas angeboten – für Familien mit kleineren Kindern, für Ältere, für größere Kinder und Jugendliche, für die Sprayer oder Fußballer, für Diskussionsfreudige, für Fans unterschiedlicher Musik usw. Die „Opferperspektive", die von Anfang an die Familie des Opfers begleitet hat, stellte zum Beispiel auf dem ersten Fest ihre Arbeit vor.

Natürlich geht es auch darum, kreativ sichtbar zu machen, wofür man steht. 2008 wurde unter der Überschrift „Templin zeigt Gesicht" ein Plakat gestaltet mit den Fotografien der Festteilnehmer. Es wurde ein Transparent erstellt, wo alle mit ihrer Unterschrift bekräftigen konnten: „Demokratie stärken, Rechtsextremismus abwehren, Templin ist dabei". Dieses Transparent hing danach an der Stadtverwaltung. In diesem Jahr wurde es mit rechtsextremistischen Sprüchen beschmiert. Daraufhin hat man beim Fest 2009 ein neues Transparent produziert.

In beiden Jahren wurden themenbezogene Gesprächsrunden eingebaut, bei denen Sozialwissenschaftler und Historiker ihre Thesen zu Rechtsextremismus, zu Demokratie und zu den Schwierigkeiten im kommunalen Leben vorgestellt und diskutiert haben.

I: Bürgermeister und Stadtverwaltung haben eine deutliche Kursveränderung vorgenommen. Kann man das auch von anderen Akteuren in Templin sagen?

MBT: Hervorheben möchten wir die Bereitschaft der beiden Kirchen, sich innerhalb ihrer Gemeinden intensiv mit dem Thema zu beschäftigen, aber auch ihre Gemeindezentren zu öffnen und mit Leuten ins Gespräch zu kommen, die eben nicht zu den Gemeinden gehören. Das war etwas ganz, ganz Wichtiges. Anlässlich des Jahrestages des Mordes wurde ein Gottesdienst veranstaltet. Das war etwas, das auch andere ermutigt hat, etwa die Stephanus-Stiftung, die in der Stadt ein großes Behindertenzentrum betreibt. Auch dort haben wir beraten zu den Fragen, wie erkenne ich bestimmte politische Positionen, wie kann ich damit umgehen, wie kann ich bestimmte Konfliktlösungen angehen. Das Spektrum derer, die sich mit den Themen Rechtsextremismus und Gewalt beschäftigen und sich gründlich informieren wollen, ist größer geworden. Ebenso gab es bei den Jugendsozialarbeitern den ausgeprägten Wunsch, sich intensiver damit zu beschäftigen und nach Möglichkeiten zu suchen, ihre Erkennt-

„Demokratie stärken" –
Das Plakat vom Demokratiefest an der Stadtverwaltung Templin

nisse in die Trägerlandschaft wirksam werden zu lassen. Es gab auch Situationen, wo gegen die Wahlwerbung der NPD – wir befanden uns in der Vorbereitung der Kommunalwahl 2008 – aus der SPD oder von der Partei Die Linke, aber auch mit Unterstützung der Jugendsozialarbeiter sofort, spontan und öffentlich protestiert wurde. Auch daran war zu spüren, dass sich im politischen Klima der Stadt viel verändert hat. Das wurde nicht einfach hingenommen oder sich versteckt, sondern man ist reingegangen in die Diskussion.

I: Das sind jetzt Beispiele für Veränderungsprozesse innerhalb der Zivilgesellschaft. Und der Bürgermeister, welche äußeren Einflüsse wirkten auf ihn?

MBT: Auch ein Bürgermeister ist Teil der Zivilgesellschaft. Aber auf ihm liegt natürlich der Fokus des öffentlichen Interesses, besonders auch der Medien. Letzere hatten ja vehement immer wieder den Mord thematisiert. Das hatte natürlich in gewissem Maß auch mit dem Sommerloch zu tun. Und die anfänglichen unglücklichen Formulierungen aus dem Rathaus haben manchen vielleicht geradezu herausgefordert, sich auf den Bürgermeister „einzuschießen". Wir hatten ja schon gesagt, auch er brauchte Zeit, sich zu sortieren und zu informieren. Und er hat sich Beratung und Unterstützung organisiert, hier vor Ort.
Es gab ja von außen eine große Solidarität mit der Familie des Opfers, die sich in dem Plan niederschlug, ein Benefizkonzert durchzuführen.

Was sich daraufhin in Templin formiert hat, bezeichnen wir als eine Art von produktiver Wagenburgmentalität. Verantwortliche der Kirche und der Stadt haben sich zusammengetan und gesagt: „Wir werden selber so eine Veranstaltung durchführen, dafür brauchen wir keine Anleitung oder Moderation aus Berlin oder Eberswalde." Es entwickelte sich eine hohe Motivation, aus der eigenen Kraft heraus etwas zu gestalten und solidarisch zu sein mit der Opferfamilie. Das war der zweite Punkt. Drittens existiert seit Bestehen des erwähnten Lokalen Aktionsplans (LAP) die Website „www.gegenrede.info". Auf dieser Website werden alle rechtsextremistischen Straftaten in der Uckermark dokumentiert und zur Diskussion gestellt. Damit gibt es eine andere Öffentlichkeit, eine, die nicht „von außen" gekommen ist und nicht diese Bedrohlichkeit ausstrahlt, sondern die „von innen" entstanden ist und gestaltet wird. Darüber ergab sich ein leichterer Zugang zu den Menschen in Templin, die dann auch selber berichtet haben. Zugleich ist damit eine ziemlich umfassende Dokumentation über die Ereignisse entstanden; dazu gehören auch Vorfälle und Vorgänge, die nicht unbedingt zu Anzeigen bei der Polizei geführt haben.

Viertens schließlich haben wir in der Uckermark seit mehreren Jahren ein den ganzen Landkreis umfassendes Bürgerbündnis. Das hat sich gebildet aus Bürgerbündnissen in Prenzlau, Schwedt und Angermünde. Templin war weniger beteiligt gewesen. Die Bündnisse hatten sich zusammengeschlossen, weil die Initiativen wie zum Beispiel in Angermünde und Prenzlau kleiner geworden waren. Die „Kameraden" aus dem rechtsextremen Spektrum sind eben halt nicht mehr trommelnd durch die Straßen gezogen, da schien für manche die Notwendigkeit eigener Gegenaktivitäten nicht mehr ganz so sichtbar zu sein. Die Verbindung der Website und dieses Uckermarkbündnisses hatte zusätzlich einen starken Einfluss auf das Umdenken in Templin. Dieses Bündnis hatte sich häufiger in Templin getroffen, man hatte verstärkt den Demokratiebeauftragten in Gesprächsrunden eingebunden. Das hat auf die politisch Verantwortlichen und auf die Bevölkerung ausgestrahlt. Sie haben gemerkt, dass da etwas in Gang kommt und dass sie sich auch aktiv mit einbringen können. Auch Templiner arbeiten jetzt in diesem Bündnis mit.

I: Sie sind mehrfach auf die Situation der Jugendarbeit in Templin eingegangen. Sind da in der Folge des Mordes strukturelle Veränderungen eingeleitet worden?

MBT: Die Jugendsozialarbeit, die in Trägerschaft der Stadt ist, soll gezielt neu strukturiert werden. Das ist eine Forderung der Stadtverordneten, es ist aber auch der politische Wille des Bürgermeisters. Auch deshalb ist die Sozialraumanalyse auf den Weg gebracht worden. Für die Koordinie-

rung der städtischen Jugendsozialarbeit im Raum Templin hat die Stadtverwaltung eine Stelle ausgeschrieben, die seit dem 1. Oktober 2009
besetzt ist. Aufbauend auf der Sozialraumbeschreibung soll mit Beginn
des Jahres 2010 die Jugendsozialarbeit in Kooperation mit allen Trägern
und besonders dem Forum der Jugendsozialarbeiter der Stadt neu ausgerichtet werden. Auch unter Berücksichtigung der Dörfer, die zur Stadt
Templin gehören. Dies geht einher mit einer fachlichen Beratung durch
das sozialpädagogische Institut (SPI).

I: Es scheint sich auf der Ebene der symbolischen Politik wie der konkreten
     Arbeit tatsächlich etwas verändert zu haben in Templin.

MBT: Es scheint nicht nur so, es ist so. Der Bürgermeister wird selbst weiter
     um unmittelbare Kontakte zur Bevölkerung bemüht sein, gerade auch in
     solchen Wohngebieten, die vielleicht als soziale Brennpunkte bezeich-
     net werden können. Er betrachtet die rechtsextremen Orientierungen
     als Symptom, als Ausdruck und Folge von sozialen Verwerfungen und
     ist deshalb der Auffassung, dass die Verbesserung der Lebensumstände,
     die Vermittlung von Ausbildungs- und Arbeitsplätzen und das Ende von
     Hartz-IV-Karrieren die Wahrscheinlichkeit von Rechtsextremismus ver-
     ringert. Dafür sieht er sich in der Verantwortung und dafür nimmt er sich
     auch selbst in die Verantwortung und ringt um die Beteiligung aus der
     Bevölkerung.

I: Vielen Dank für dieses Gespräch.

Entlang der Templiner
Stadtmauer führt ein Weg

Mario Feist

Das „Fürstentum Germania" – „Nicht rechts, nicht links, sondern vorne"?

Zu Beginn des Jahres 2009 gründete sich im Schloss Krampfer in der Gemeinde Plattenburg überraschend das „Fürstentum Germania". Als wir, das Mobile Beratungsteam Neuruppin (MBT), davon erfuhren, hatten wir Schwierigkeiten, auf den üblichen Wegen an Informationen zu gelangen. Was ist das „Fürstentum" und welche Ziele verfolgt es? Wer sind die AkteurInnen und in welchen Zusammenhängen agieren sie? Wie ist das „Fürstentum" einzuschätzen? – Auf unsere Fragen konnte niemand eine Antwort geben. Die einzige Quelle war das Internet. Dort fanden wir bald erste Hinweise und anschließend eine Fülle unterschiedlicher und widersprüchlicher Informationen, Homepages, Foren und Videos, mit denen sich die AkteurInnen selbst im Netz präsentierten und die es aufzubereiten und zu systematisieren galt. Nach der Gründung von „Germania" gingen die ProtagonistInnen offensiv in die Öffentlichkeit, so dass es uns nicht schwer fiel, weiter am Ball zu bleiben.

Eine kurze Geschichte des „Fürstentums"

Im Sommer und Herbst 2008 geriet das etwas heruntergekommene Schloss im Ort Krampfer in den Blick der zukünftigen NutzerInnen, die sehr unterschiedliche und widersprüchliche Interessen verfolgten, aber ein gemeinsames und überraschendes Projekt auf den Weg bringen wollten: das „Fürstentum Germania". Es schien ihnen geeignet, ihre Vorstellungen von einer vollständig autarken Lebensweise umsetzen zu können. Der Kauf von Grundstück und Schloss Ende des Jahres 2008 durch Michael Freiherr von Pallandt verfolgte das Ziel, die materiellen Bedingungen für das Experiment zu sichern: ein bewohn- und nutzbares Gebäude für eine größere Anzahl von Menschen, zu bewirtschaftendes Land und mit dem Grundbesitz ein Territorium für die Gründung des „Fürstentums".

Im Januar und Februar 2009 unternahmen von Pallandt und die zwei Verschwörungstheoretiker Jessie Marsson und Jo Conrad mit einer Reihe weiterer InteressentInnen wiederholt den Versuch, das „Fürstentum" zu gründen, ihm eine Verfassung zu geben und somit das Projekt aus der Welt der Ideen in die Praxis zu überführen. Parallel dazu zogen die ersten jungen, aus alternativen Milieus stammenden BewohnerInnen ins Schloss und machten einige Räume bewohnbar. Sie dokumentierten eine Vielzahl ihrer Tätigkeiten in Internetforen, in Videos und schließlich in einem der zahlreichen Internetfernsehsender und warben für das „Fürstentum" als Staat und für die Idee einer Lebensweise „außerhalb der BRD" und ihrer Realitäten. Ihre Rechnung ging zunächst auf: Einer umfangreichen medialen Beachtung im Internet folgte alsbald die der Presse. Dieses Echo und das Interesse an den Hintergründen des seltsamen „Fürstentums" lockte etliche Neugierige und Interessierte aus alternativen Milieus, aus der Esoterikszene, VerschwörungstheoretikerInnen und sogenannte „Reichsbürger" an. Diese heterogene Gesellschaft tat sich allerdings relativ schwer, das Abenteuer des Ausstiegs aus der Gesellschaft der BRD und den Einstieg in eine selbst organisierte, autarke „Gemeinschaft" konkret werden zu lassen. Große Interessenwidersprüche zwischen den Beteiligten, der unrealistische Ansatz der „Fürstentum"-Gründung, undemokratische Abstimmungs- und Mitbestimmungsregeln unter den AkteurInnen und ein Führungskult um die beiden Hauptakteure Marsson und Conrad sorgten für zunehmende Lähmung und Unzufriedenheit unter den MitstreiterInnen. Diesen konnte zeitweilig durch die Feindbilder Staat, Gemeinde, Polizei, Presse und gegnerische InternetaktivistInnen begegnet werden. Der anhaltende Realitätsverlust, das Beharren auf einer „eigenen Staatlichkeit" verbunden mit der Weigerung baurechtliche Auflagen zu erfüllen, führte jedoch schließlich dazu, dass die Verwaltung des Landkreises das Schloss räumen ließ und das Gebäude versiegelte. Das „Fürstentum" zerfiel umgehend und die wenigen verbliebenen ProtagonistInnen gaben Schloss und Projekt im Sommer 2009 auf.

In den folgenden Abschnitten möchte ich auf einige wesentliche Voraussetzungen des Projektes etwas genauer eingehen und dessen Zustandekommen und Scheitern erklären.

In den unterschiedlichen und widersprüchlichen Gründungsmotivationen finden wir die zentralen Konflikte bereits angelegt, die vor allem die Kommunikation mit dem Gemeinwesen, in dem die Akteure des „Fürstentums" agierten, erschwerten oder unmöglich machten. Ein Blick auf die ProtagonistInnen wird deren widersprüchliche Interessen, Bedürfnisse und Handlungsstrategien vor Ort verdeutlichen. Und schließlich werde ich darauf eingehen, warum das „Fürstentum" häufig als nur virtuelle Wirklichkeit wahrgenommen wurde und welche Funktion damit verbunden war.

Gründungsmotive

Die gesellschaftliche Pluralität der Bundesrepublik ermöglicht eine Vielfalt von Denk- und Lebensweisen in ganz unterschiedlichen sozialen Aggregatsformen. In Milieus, Szenen, Netzwerken, Interessengruppen usw. werden jeweils bestimmte Themen in einer spezifischen Art und Weise verhandelt. Sie fungieren als Kristallisationspunkte für weitere Interessierte.

Die Gründung des „Fürstentums Germania" sprach eine Klientel an, die zuvor nur locker miteinander verbunden war. Etliche jüngere Erwachsene aus alternativen Milieus – manche mit Facharbeiterabschlüssen, wenige ohne einen Beruf, einige ohne einen Job – waren unzufrieden mit ihren Lebensverhältnissen. Sie begaben sich auf Sinnsuche und waren für entsprechende Angebote empfänglich. Sie wollten ganz konkret neue, alternative Lebensweisen erproben. Einige von ihnen zogen im Schloss ein; sie waren die einzigen, die sich über den gesamten Zeitraum von einem halben Jahr dort aufhielten. Sie machten einige Schlossräume bewohnbar, säten und pflanzten im großen Garten und lernten das Dorf und seine BewohnerInnen kennen. Vom ersten Tag an erfuhr die interessierte Öffentlichkeit im Forum einer eigens eingerichteten Homepage, später in Videobeiträgen und Livestreams von ihrem Alltag: ihren Sorgen, Erfolgen, Freuden und neuen FreundInnen.

Weit weniger Präsenz vor Ort zeigten die VertreterInnen aus der Esoterikszene und AnhängerInnen von Verschwörungsideologien. Dafür waren sie seit vielen Jahren medial überaus präsent. Ihre Funktion im neuen „Fürstentum" bestand darin, ein bestimmtes Wissen einzubringen und somit einen ideologischen Überbau zu verankern, der handlungsleitend werden sollte: Es ging dabei um alternatives, geheimes oder bislang ungenutztes Wissen über Lebensführung, Landwirtschaft, Technik, Medizin, Geschichte, Politik und vieles mehr sowie dessen Anwendung in einer neuen Gemeinschaft Gleichgesinnter. Diskussionen zum Beispiel über Permakultur, einen baureifen Wassermotor, die Germanische Neue Medizin oder über Laokratie statt Demokratie brachten vielfältige Ideen und Vorhaben zu Tage. Man wollte alles anders und besser machen, einschließlich des Umgangs miteinander und mit der Umwelt und vor allem friedlich miteinander und mit anderen Staaten leben. Deshalb wurde in der Präambel des „Fürstentums" einer radikalen, wenn auch substanzlosen Friedensidee Ausdruck verliehen. Bei der Mehrzahl der AkteurInnen existierte die Sehnsucht nach einer heilen einfachen Welt ohne alle Konflikte. Später führte dieser regressive Wunsch zu einer internen Diskussionskultur, in der Entscheidungen oder der Ausschluss von DiskussionsteilnehmeInnen mittels gefühlter „positiver und negativer Energien" getroffen wurden. Zu einem gemeinschaftlichen Grundverständnis der Realität trugen Phänomen- und Welterklärungen bei, die weitgehend vom Wirken geheimer Mächte im Alltag ausgehen und denen man sich auf der Spur wähnte: Chemtrails und Haarp sind zwei Beispiele dieser Sichtweise auf Alltagserscheinungen.[1]

Schließlich gesellte sich noch eine weitere Strömung hinzu; die sogenannten „Reichsbürger". Sie vertreten die geschichtsrevisionistische Idee, Deutschland sei in seiner heutigen staatlichen Verfasstheit nicht völkerrechtlich legitimiert. In Wirklichkeit bestünde die innere Ordnung des „Deutschen Reiches" und zwar seit 1871 weiter. In Verbindung mit Autarkievorstellungen sahen sie im „Fürstentum" die Chance, ein neues kleinstaatliches Gebilde unabhängig von der bestehenden Bundesrepublik zu etablieren, das die Keimzelle für viele kleine autarke staatliche Gemeinschaften bildet und so den feindlichen Staat gleichsam unterläuft und von innen aushöhlt. Die recht realitätsfremde Sichtweise auf die deutsche Geschichte geht bei etlichen VertreterInnen der Strömung einher mit zum Teil antisemitischen Verschwörungsannahmen und tendenziell mit einer Holocaustrelativierung und -leugnung. Ihre Themen veranlassten eine Reihe von BeobachterInnen und SympathisantInnen aus alternativen Szenen, sich mit dem „Fürstentum" und seinen AnhängerInnen auch unter dem Blickwinkel rechtsextremer Einflüsse sehr kritisch auseinanderzusetzen.

Die Motivation, einen eigenen Staat zu gründen, speiste sich bei allen AkteurInnen aus einer Unzufriedenheit mit den bestehenden gesellschaftlichen Bedingungen und dem Wunsch, die komplexen Bedingungen der eigenen Lebensweise und -existenz überschaubarer zu machen und selbst zu gestalten. Dabei wurde das Modell einer autarken Lebensweise zum Leitbild. Dieses Modell erschien den AnhängerInnen tragfähig genug, unterschiedliche Lebensentwürfe, Interessen und Lebensweisen neu zu vereinen und als ein zukunftsfähiges Modell für eine ganze Gesellschaft autarker Gemeinschaften praktisch zu erproben. Das „bestehende Herrschaftssystem" zu unterlaufen, bot aus Sicht der Anhänger die Chance, alternatives und unterdrücktes Wissen, eigene Glaubensbekenntnisse und ein Handeln außerhalb etablierter gesellschaftlicher Normen zu befördern.

---

[1] Chemtrails sind langlebige Kondensstreifen am Himmel. Sie werden als Werk von Geheimdiensten gedeutet, die damit das Wetter und die Gesundheit beeinflussen. Ähnlich abenteuerlich ist die Behauptung einer direkten Willensbeeinflussung über elektromagnetische Wellen, an denen das sogenannte Haarp-Projekt eines US-Geheimdienstes arbeite. Für beide Behauptungen gibt es keine Belege. Sie werden dennoch für wahr gehalten.

Politik- und Demokratieverdrossenheit

Die Unzufriedenheit mit den gesellschaftlichen Verhältnissen, unter denen sie lebten, und die Bereitschaft, daran etwas zu ändern, einigte die verschiedenen Strömungen innerhalb des „Fürstentums". Dieser Zustand wurde kaum theoretisch begründet, sondern eher als allgemeines und diffuses Gefühl beschrieben, aus komplexen und als unübersichtlich erlebten Vorgängen in Gesellschaft und Politik ausgeschlossen zu sein und undemokratisch regiert zu werden. In diesem Zusammenhang wurden zum Beispiel aktuelle Krisensymptome als Ende einer Epoche gedeutet und ein bevorstehender Umbruch und der Beginn einer „neuen Ära" erwartet.

Aus der Erfahrung der Unzufriedenheit und des Unbehagens erwuchs bei vielen eine Distanz, bei manchen Feindschaft gegenüber gesellschaftlichen und demokratischen Institutionen und die Beschäftigung mit mehr oder weniger realistischen Alternativen. Aber was sollte auf einen Ausstieg folgen? Hier kamen nun Ideen wie alternative Lebensweisen, Autarkie oder der Aufbau einer anderen, neuen Weltordnung zum Zuge, die ideologisch gestützt wurden durch esoterische Ideen und verschwörungstheoretische Annahmen.

Autarkie, Esoterik und Verschwörungstheorien

Zentrales Ziel war ein autarkes Gemeinwesen, das alles selbst erzeugt, was seine BewohnerInnen benötigen. Es sollte neue Formen der Zugehörigkeit, neue Handlungsmöglichkeiten und vor allem eine hohe Unabhängigkeit begründen. Nun sind alternative und auch mehr oder weniger autarke Gruppen und Kommunen in Deutschland zwar keine sehr häufige, aber doch durchaus gelebte Praxis. Die ProtagonistInnen des „Fürstentums" erweiterten den Gedanken der Autarkie allerdings. Sie gaben sich nicht damit zufrieden, autarkes Leben innerhalb der bestehenden bundesdeutschen Gesellschaft zu erproben, sondern erdachten sich ein rechtliches Konstrukt, das ihnen eine politische Unabhängigkeit garantieren soll: das „Fürstentum" als eigener Staat, die Sezession als Grundlage einer perfekten Autarkie. In dieser Sichtweise trafen sich die esoterischen, autarkieorientierten und die „reichsbürgerlichen" Strömungen und übernahmen wechselseitig ihre Denk- und Argumentationsmuster. Es bleibt das Geheimnis der ProtagonistInnen, wie sie annehmen konnten, ein solcher Prozess sei realistisch und in der bestehenden gesellschaftlichen Ordnung umsetzbar.

Doch auch die praktischen Fragen autarker Lebensweise im Alltag einer Gemeinschaft spielten für viele Mitglieder des Fürstentums eine Rolle. Hier ging es zum Beispiel um entsprechende Wirtschafts- und Produktionskreisläufe, landwirtschaftliche Verfahren usw. Aber auch in diesen Diskussionen blitzten Irrationalitäten, Merkwürdigkeiten und Extreme auf, wie der Bau und die Produktion eines Wassermotors oder die Gewinnung von Blutserum aus Hanf, Themen also aus der „angewandten" Esoterik.

Das Vorhaben eines Gegenentwurfs zur bestehenden Gesellschaft, der rationales Denken und Handeln in Frage stellt, brachte esoterisches Wissen und dessen weitgefächerten Diskurs als Bausteine des „Neuen" ins Spiel. Die Umsetzung dieser Ideen ließ natürlich sehr zu wünschen übrig. Neben der grünen, biologisch orientierten Gartenwirtschaft im ehemaligen Schlosspark wurden alle anderen, zum Teil großspurigen Ideen und Projekte nicht einmal ansatzweise in Angriff genommen. Interessant waren die Reaktionen von Conrad und Marsson, die auf Nachfragen beispielsweise von geheimen Projekten und Verhandlungen mit Investoren oder von Störversuchen der „feindlichen BRD" redeten und so das Volk des „Fürstentums" bei Laune hielten. Das Ineinandergreifen von Esoterik und verschwörungstheoretischen Interpretationen der Umwelt entsprach dem Bedürfnis vieler AkteurInnen, sich eine einfache, heile Welt zu bauen, in der alles möglich ist. Für den Fall des Scheiterns boten Verschwörungsansätze die Möglichkeit, willkürlich nach Erklärungen zu suchen. Kausalitäten spielten dabei keine Rolle. In diesem Zusammenhang erinnern wir uns der ernsthaft vertretenen These etlicher „Fürstentümler": Die BRD ist eine GmbH und kein Staat. Nun war diese These nicht neu, aber kaum im Gespräch. Sie wurde von einigen wenigen ins Spiel gebracht und sie erreichte AdressatInnen, für die sie vorher kein Thema war, weil sie sie wahrscheinlich als Unsinn abgetan hätten. Die Binnenkommunikation ließ aber eine solche „systemnahe" Interpretation nicht zu, sondern aktivierte irrationale Glaubensbekenntnisse. Es wäre für alle ein leichtes gewesen, in Erfahrung zu bringen, dass es sich bei der angegebenen Quelle für diese These um die „Bundesrepublik Deutschland Finanzagentur GmbH" handelte, eine ausgelagerte Dienstleistungseinrichtung des Bundes. Niemand aus dem internen Kreis aber äußerte einen Zweifel oder überprüfte die Behauptungen. Die ideologische Bedeutung der Aussage für die AkteurInnen ergab sich aus der Assoziation, Deutschland werde von auswärtigem Finanzkapital gesteuert. In seiner antisemitischen Ausformung handelte es sich um jüdisches Kapital, dem alles zuzutrauen ist, was der eigenen Machterweiterung diene. Demokratie ist nach diesem Verständnis eine Maske, derer sich das Kapital eigennützig bedient. Sie ist demzufolge bloßes Werkzeug, substanzlos und ohne Wert. Mit dieser Basisinterpretation lassen sich alle möglichen Erscheinungen, Ereignisse und Entwicklungen beliebig deuten.[2]

---

[2] Dazu gehören unter anderem die oben genannten Chemtrails und das Haarp-Projekt.

Finanzielle und wirtschaftliche Interessen

Die ProtagonistInnen des „Fürstentums" wollten autark wirtschaften. In die Diskussionen wurde mal diese und mal jene alternative Wirtschaftsform, je nach Interessenlage des Akteurs eingebracht. Sie bezogen sich zumeist auf landwirtschaftliche und handwerkliche Kleinerzeugung. Gerne berichteten vor allem Marsson und Conrad von obskuren geplanten Projekten, in denen technisch revolutionäre Wunder-Produkte erzeugt werden sollten. Ich erwähnte bereits den Wassermotor. Die wirtschaftlichen Real-Aktivitäten der SchlossbewohnerInnen beschränkten sich jedoch auf die Gartenwirtschaft, die Haltung von ein paar Tieren und die unbezahlte Teilinstandsetzung des Schlosses. Von einem konsistenten Plan keine Spur.

Ein wenig anders entwickelten sich die Aktivitäten im Internet. Hier preschte ein offensichtlich besonders ehrgeiziges Mitglied des „Fürstentums" mit einem „Internetkaufhaus" vor und wurde dafür sofort im Forum verbal angegriffen, bis er seinen Handel aufgab. Einige andere TeilnehmerInnen im Forum warben vor allem für esoterisch inspirierte Produkte oder Dienstleistungen in kleinen Anzeigen unter ihren Beiträgen.

Das „Fürstentum" selbst formulierte in seiner „Verfassung" das Recht, Gebühren und Steuern von seinen BürgerInnen einzufordern, unter anderem mit dem Ziel, den „Fürsten" und andere Auserwählte zu alimentieren.

Die AkteurInnen

Aufgrund seiner wenig entwickelten Strukturen in der Entstehungszeit erfuhren nicht nur erstaunte ZuschauerInnen und BeobachterInnen, sondern auch die AkteurInnen und Gäste vor Ort wesentliche Entwicklungsschritte des „Fürstentums" nur von wenigen Personen. Sie waren die „Macher" des Projektes und vertraten es in der Öffentlichkeit. Andere agierten eher im Hintergrund und nahmen nach innen Einfluss.

Zentrale Akteure waren „Fürst" Michael Freiherr von Pallandt und die unter den AnhängerInnen über lange Zeit unangreifbaren und fast kultartig verehrten Jessie Marsson (alias Jessie Marsson-Dumanch, Julian Dumanch, Frank Büntert usw.) und Johannes „Jo" Conrad.

Von Pallandt trat als Käufer und Besitzer des Schlosses auf. In der Ideenwelt des „Fürstentums" spielte er die Rolle des Regenten ohne Macht, der seinen Titel für einen „guten Zweck" hergibt: einen von den ProtagonistInnen als rechtswirksam erklärten Anspruch auf die Eigenstaatlichkeit des „Fürstentum" (Sezession) zu begründen. In der ersten Zeit gab es Zweifel an seiner Identität als Angehöriger der Familie von Pallandt, die mittlerweile als zerstreut gelten. Von Pallandt hielt sich nach dem Gründungsakt im öffentlichen Auftreten auffällig zurück und trat lediglich bei einigen wenigen Anlässen in Erscheinung.

Jessie Marsson ist zweifellos die schillerndste, aber auch dubioseste Figur unter allen Akteuren. Marsson über sich:

> „Für den jungen Mann mit dem Namen Jessie Marsson stand zunächst eine andere Sache im Vordergrund. Da er am eigenen Leib den Kindesmißbrauch erlebt hatte und wußte, daß täglich Jungens und Mädchen nicht nur sexuell missbraucht, sondern teilweise grausam getötet werden und höchste Kreise aus Politik, Kirchen, Polizei und Justiz daran beteiligt sind und sich gegenseitig decken, suchte er eine Zufluchtsmöglichkeit für Kinder, die dieser Hölle entkommen wollten. Die Ritter der Menschenrechte entstanden."[3]

Seine in vielen Variationen erzählte und in sich sehr widersprüchliche Leidens- und Lebensgeschichte sorgte dafür, ihm jede noch so wirre, antisemitische und zynische Äußerung durchgehen zu lassen und ihn für unkritisierbar zu halten.

Marsson trat sehr sendungsbewusst und mit dem Nimbus des Märtyrers auf, der trotz schlimmster Kindheit und steter Verfolgung uneigennützig stets das Gute will. Dass diese Selbstpräsentation zahlreiche Zweifel hervorrief und diese reichlich Nahrung fanden, sei hier nur am Rande erwähnt. In seinen Statements mischte Marsson alles, womit sich die „herrschenden Verhältnisse" heftig gegen den Strich bürsten ließen: obskures, esoterisches Wissen, Geschichtsrevisionismus sowie schrille, krude und antisemitische Verschwörungserzählungen, die ihn als Außenseiter erscheinen lassen und seine Gegnerschaft gegenüber Polizei, Staat, Gesellschaft unter Beweis stellen sollten. Marsson verfügte unter anderem über Kontakte zu rechtsextrem orientierten VerschwörungsideologInnen, EsoterikerInnen und sogenannten „Reichsbürgern". Er sorgte einige Male durch provozierende öffentliche antisemitische Äußerungen für reichlich Verwirrung unter den AkteurInnen des „Fürstentums" und für Aufsehen und eine sehr kritische Wahrnehmung in den regionalen Medien. Aus dem Alltag der SchlossbewohnerInnen hielt er sich ebenso weitgehend raus wie aus den einschlägigen Diskussionsforen im Internet. Trotz seines punktuellen Auftretens gelang es ihm nachhaltig, seine Anhänger mit Hoffnungsparolen zu beeindrucken und gleichzeitig durch seine extremen Statements zu verunsichern. Nach außen schadete er dem

---

[3] http://fuerstentum-germania.org/index.php?lang=de&mct=Informationen [zuletzt aufgerufen am 15.2.2009].

Ansehen der sich nur langsam bildenden Gemeinschaft wirkungsvoll. Mit dem Verfall des „Fürstentums" trat Marsson immer weniger in Erscheinung.

Johannes „Jo" Conrad ist als Autor esoterischer und verschwörungstheoretischer Themen und als Moderator von Internet-Fernsehsendungen in den einschlägigen Kreisen kein Unbekannter. In seinen Büchern schreckte auch er nicht vor antisemitischen Aussagen zurück und musste sich mit diesbezüglicher Kritik auseinandersetzen. Im „Fürstentum" übernahm er die Rolle des sich seriös gebenden Mediensprechers und agierte darüber hinaus als Moderator, Ideengeber und Netzwerker integrierend und mitunter auch korrigierend. Conrad äußert sich im Laufe der kurzen „Fürstentum"-Geschichte nur vorsichtig antisemitisch und vermied eindeutige Aussagen mit dem Hinweis, nicht zur Rechenschaft gezogen werden zu wollen. Auch er umgab sich mit der Aura des Verfolgten, der gerne die ganze Wahrheit sagen würde, wenn er denn könnte. Durch seine eloquente Art und guten Kontakte zu allen Seiten gelang es ihm zeitweise, die widerstrebenden Interessen innerhalb der sich im Schloss einfindenden Gruppen auszugleichen und zu bündeln. Vor allem aber zeichnete er für die Kommunikation nach außen verantwortlich. So moderierte er zum Beispiel die „Germania"-Sendungen in Jeet-TV, einem Online-Kanal für interaktive Fernsehsendungen, produzierte einige Beiträge für das Internet, äußerte sich gelegentlich im Internet-Forum des „Fürstentums" und in dem von ihm betriebenen eigenen Forum. Auch Conrad konnte sich, ebenso wie von Pallandt und Marsson nicht entschließen, im Schloss zu wohnen und zu leben, sondern erschien stets nur zu Besuch.

Anders die wechselnde und nicht sonderlich große Zahl von überwiegend jungen Erwachsenen, die „Pioniere" des halbverfallenen Schlosses und des imaginären „Fürstentums", die man dem Anschein und ihrem Habitus nach eher alternativen Szenen zuordnete. Zwei von ihnen bezogen zunächst das Gebäude und erhielten bald Verstärkung. Eine Handvoll EnthusiastInnen leistete unentgeltlich Aufbauarbeit und musste unter sehr eingeschränkten Bedingungen leben, auf die sich die anderen Hauptakteure nicht einließen. Die Aufgabe der „Pioniere" bestand also darin, die Schlossinfrastruktur und Kontakte ins Dorf aufzubauen sowie Ressourcen vor Ort zu erschließen. Alles dies gelang den jungen und zum Teil unerfahrenen Leuten nur rudimentär. Aber sie wirkten zunächst harmlos, sympathisch und abenteuerlustig. Zugleich warben sie mit einem Online-Tagebuch, eigenen Videofilmen und einem Online-Forum, dessen Mitgliederzahl innerhalb kurzer Zeit nach oben schnellte, authentisch und geschickt um Mithilfe, Sachspenden und neue BewohnerInnen. So sympathisch ihre mehr oder weniger zupackende Umsetzung alternativer Ideen beim Bauen und Pflanzen und in der Lebensführung in Filmen, Berichten und Erzählungen zunächst wirkte, so befremdlich gerieten die allmählichen Veränderungen in ihrem Auftreten. Mit dem Einfluss von Marssonschem Verschwörungswahn und von Conrads Sprachregelungen verlor sich die anfängliche Authentizität und Glaubwürdigkeit dieser Gruppe.

Schließlich sei noch eine weitere Strömung erwähnt, die AnhängerInnen der sogenannten „Reichsbürger", die unter anderem in „Kommissarischen Reichsregierungen" (KRR) oder in „Runden Tischen" aktiv sind. So zählten Vertreter des „Runden Tischs Berlin" zu den Unterstützern des „Fürstentum Germania". Diese AkteurInnen vertreten die Auffassung, das Deutsche Reich bestehe in seiner Verfasstheit von 1871 und in den Grenzen von 1937 fort. Demnach sei die heutige Bundesrepublik kein völker- und verfassungsrechtlich legitimer und souveräner Staat, gehöre abgeschafft und durch das Deutsche Reich ersetzt. Sie untermauern ihre These durch meist recht bizarre „rechtliche Gutachten" und zahlreiche verschwörungstheoretisch inspirierte Schriften.[4] Einige brachten Autarkievorstellungen in die Diskussionszirkel der Szene ein. Diese boten ihnen die Möglichkeit, an die Vorstellungen anderer AkteurInnen des „Fürstentums" anzuschließen und ideologische Grundlagen und Begründungszusammenhänge für den Kleinstaat „Germania" bereitzustellen, die von vielen übernommen wurden. Die VertreterInnen dieser Gruppe hielten sich zunächst im Hintergrund, wirkten dort aber von Beginn an mit und waren zum Beispiel an der Erarbeitung der „Verfassung" beteiligt. Erst nach einer gewissen Anlaufzeit traten sie stärker öffentlich auf und übernahmen, wie zum Beispiel Thomas Patzlaff oder Toni Haberschuss Funktionen innerhalb von „Germania". Mit ihrer geschichtsrevisionistischen Realitätsverweigerung sorgten die VertreterInnen dieser Strömung für den Ruf einer rechtsextremen Ausrichtung des „Fürstentums".

So groß die Differenzen zwischen den AkteurInnen mitunter waren, so hatte sich mit der Gründung des Fürstentums eine Gruppe von Menschen gefunden, die sich in vielem einig war: in der Unzufriedenheit mit und der Distanz zur Demokratie, im Gefühl, ausgeschlossen zu sein, und in der Bereitschaft, neue, möglichst konfliktlose und pseudodemokratische Formen eines Miteinanders zu gestalten, das sich von der bestehenden Gesellschaft radikal abgrenzt. Es war der Versuch einer kleinen Gruppe endlich umzusetzen und auszuprobieren, was seit langem in unterschiedlichen realitätsverweigernden Szenen diskutiert wurde.

---

[4]   Mehr zu „Reichsbürgern" und ihren Aktivitäten auch im Beitrag von Andrea Nienhuisen und Jan Kasiske in diesem Band.

Das „Fürstentum" vor Ort

Wie trat das „Fürstentum" nun vor Ort in Erscheinung? Sichtbar waren vor allem die SchlossbewohnerInnen und ihre Arbeiten am Gebäude und im Garten. Die ersten BewohnerInnen zogen im Februar 2009 nach Krampfer und errichteten umgehend eine Tafel, die PassantInnen informierte. Die Arbeiten am Schloss begannen nur allmählich und wurden nie professionell ausgeführt, weil es trotz Spendenappellen auf den Homepages des Fürstentums bzw. des Schlosses an Geld, Material, Personal und fachlichen Kompetenzen fehlte. Die SchlossbewohnerInnen nahmen aktiv den Kontakt ins Dorf auf und stellten ihr Vorhaben dar. Die Anteilnahme hielt sich jedoch in Grenzen. Wenige EinwohnerInnen unterstützten die neuen SchlossbewohnerInnen mit Sachspenden.

Insbesondere an Wochenenden erschienen mitunter zahlreiche Gäste aus der ganzen Bundesrepublik, um am Gründungsakt des „Fürstentum" oder an Versammlungen teilzunehmen und wieder abzureisen. Ihr Auftreten erzeugte bei den EinwohnerInnen ein gewisses Unbehagen. Zu den ersten Treffen erschienen noch einige EinwohnerInnen, um sich ein Bild über die „Zugezogenen" und ihre Gäste zu machen. Die Selbstdarstellung der „Fürstentümler" war zwiespältig. Einerseits galten sie als harmlos, als Spinner, andererseits wurden sie als rechtslastige Außenseiter bezeichnet, deren nebulöse Informationspolitik, deren Geltungsdrang und interne Diskussionskultur abstoßend wirkte. Auch später gelang es den AkteurInnen nicht, das Dorf und seine BewohnerInnen für ihre diffusen Ziele zu erwärmen.

Das „Fürstentum" manövrierte sich Zug um Zug in eine paradoxe Situation: Es betrachtet sich selbst als eigenstaatliches Gebilde. Das Schlossgrundstück stellte nach diesem Verständnis ein exterritoriales Gebiet dar, für das die Gesetze der Bundesrepublik keine Geltung besaßen. Der Zugang staatlicher Organe und Institutionen sollte in jeder Hinsicht der Genehmigung bedürfen. Aus rechtlicher Sicht hingegen handelte es sich um ein privat erworbenes Grundstück, auf dem selbstverständlich alle bundesdeutschen Gesetze galten. Der neue Eigentümer stand demzufolge in unterschiedlichen Rechten und Pflichten, die der Erwerb eines Grundstücks nach sich zieht. Mit ihrer ignoranten Haltung gegenüber dem bestehenden Recht lavierten sich die AkteurInnen durch die ersten Wochen der Existenz. So wurden die Bauarbeiten im Schloss ohne Genehmigung begonnen, deren Einholung aus ihrer Sicht nicht erforderlich war. Andererseits wollten oder konnten sie nicht vollkommen davon absehen, dass sie in einer Gemeinde siedelten, die vor dem Hintergrund geltenden Rechts Forderungen stellte. So meldeten zum Beispiel einige BewohnerInnen ihren Wohnsitz in der Gemeinde an.

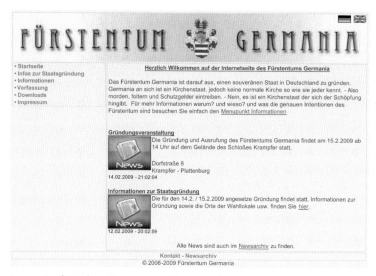

Internetauftritt des „Fürstentums Germania"
(http://fuerstentum-germania.org; Screenshot vom 15.2.2009)

Internetauftritt der Nu Era „Operation Krampfer" mit Forum
(http://krampfer.yooco.de/beta; Screenshot vom12.2.2009)

Die BetreiberInnen des „Fürstentums" ließen sich einige Male auf Konflikte ein, die sie nur verlieren konnten: Polizei und Bauamt mussten sich aus unterschiedlichen Anlässen den Zutritt verschaffen, nachdem er zunächst verwehrt wurde. In beiden Fällen argumentierten die angetroffenen BewohnerInnen mit dem imaginierten Status des exterritorialen Gebietes.

Nachdem das Projekt nach wenigen Monaten aufgrund innerer Widersprüche in die Krise geriet, verließ eine Gruppe die SchlossbewohnerInnen und bezog ein Objekt in einem Nachbardorf, hielt sich dort aber nicht mehr lange auf. Da der Eigentümer des Schlosses seine baurechtlichen Pflichten anhaltend vernachlässigte, veranlasste das zuständige Bauamt die Räumung und die Versiegelung des Schlosses. Mit der internen Krise des „Fürstentums", dem schlechten öffentlichen Ruf und der Räumung war das Ende des Experiments „Fürstentums Germania" vor Ort beschlossen. Die meisten ZuzüglerInnen verließen Krampfer.

Nicht weniger wichtig als die Präsentation vor Ort waren die Internet- und Öffentlichkeitsauftritte im Schloss. Erst sie erzeugten die mediale Aufmerksamkeit. Dabei ging es um die Mobilisierung von zwei Zielgruppen: über das Internet in die einschlägigen und bereits beschriebenen Szenen hinein und über Berichte in Presse, Rundfunk und Fernsehen in die Welt der interessierten BürgerInnen.

Die Verbindung zwischen virtuellem und realem „Fürstentum" stellten zwei unterschiedliche Internetseiten und der Online-TV-Sender „Jeet-TV" her.

Während die eine Homepage als einfach gestaltetes und recht schwerfälliges Informationsmedium diente, etablierte sich die andere als schnelles und flexibles Forum mit zahlreichen Themen und lebendigen Diskussionen. Dieses Forum wurde von AkteurInnen aus dem Schloss betrieben. Hier veröffentlichten sie zunächst ihre Tagebucheintragungen und kleine Videobeiträge über den Alltag in Krampfer. Seine eigentliche Bedeutung erhielt dieser Internetauftritt jedoch durch die zahlreichen und zum Teil sehr kritischen und heftigen Diskussionen zu unterschiedlichen Themen.[5]

Das „Jeet-TV" des Esoterikers Jeet Liuzzi berichtete zeitweise mehrere Male in der Woche und oft live aus dem Schloss. Die jungen Erwachsenen vor Ort berichteten über ihren Alltag und Erlebnisse untereinander. Sie weckten Interesse für das Abenteuer „Fürstentum". Der Online-Fernsehsender übertrug aber auch Versammlungen der ProtagonistInnen im Schloss, Diskussionen der Hauptakteure mit Gästen und bot Jo Conrad Raum, sich und seine Gedankenwelt ausführlich in Szene zu setzen. Mit dem Ende der

---

[5]   Vgl. Abschnitt: Das virtuelle „Fürstentum".

Übertragungen bei Jeet-TV nahm die öffentliche Präsenz des „Fürstentum" in diesem Medium deutlich ab. Es erschienen nur noch ein paar Beiträge auf „Vimeo", einer Video-Plattform. Conrad stellte auch diese Beiträge mit dem Scheitern des Projektes ein.

In der Anfangszeit war die Berichterstattung von Presse, Rundfunk und Fernsehen bei den „Fürsten" erwünscht. Oft bildete das Schloss und einige seiner alternativen BewohnerInnen die Kulisse. In den Beiträgen der überwiegend regionalen und Landesmedien stellten Conrad, Marsson und einige SchlossbewohnerInnen deren Gemeinschaft, die Offenheit gegenüber allen potenziellen MitstreiterInnen und die Chance des Projekts in den Vordergrund, häufig genug in schwammigen und nebulösen Beschreibungen. Kritischen Fragen, wie zum Beispiel der nach MitstreiterInnen aus dem rechtsextremen Umfeld, gingen sie aus dem Weg oder qualifizierten sie als Angriffe auf das „Fürstentum" ab.

Die Berichte entsprachen allerdings meist nicht den Intentionen der Interviewten. Neben der Unklarheit über die Ziele der „Fürstentümler" dominierte in der Berichterstattung von Anfang an der gegen sie gerichtete Verdacht, für rassistisches und antisemitisches Gedankengut offen zu sein. Conrad und noch viel stärker Marsson konnten mit derartigen Fragen kaum souverän umgehen und wirkten in ihren Antworten unglaubwürdig. Marsson verstieg sich vor laufender Kamera mehrfach zu zynischen antisemitischen Äußerungen, die den oben genannten Befürchtungen neue Nahrung lieferten und den Ruf des Projektes weiter ruinierten.

Das virtuelle „Fürstentum"

Seine größte Lebendigkeit entfaltete das „Fürstentum" im Internet. Manche meinten gar angesichts seiner bescheidenen Ergebnisse in der Realität, es handele sich ausschließlich um eine virtuelle Gemeinschaft.

Das moderne, internetbasierte, interaktive und umfangreiche „Nu Era Netzwerk" beteiligte sich von Beginn an mit dem Projekt „Operation Krampfer" am Leben im „Fürstentum". Es verstand sich bis zu einem gewissen Grad als eigenständig, bedurfte aber der Kooperation mit anderen Netzwerken und AkteurInnen, um sein Ziel umzusetzen. Mit „Operation" war die gemeinschaftliche Schaffung neuer Realitäten gemeint – unabhängig von ihrem Sinn und ihrem Inhalt. Mit diesem Anspruch konnten die Mitglieder der „Operation Krampfer" eine Wegstrecke lang zusammen mit den schon vorgestellten AkteurInnen des „Fürstentums" gehen. Das „Nu Era Netzwerk" präsentierte sich auf seiner Homepage wie folgt:

„Der nächste Schritt in der Evolution ist ein spirituelles, ein geistiges Erwachen, und es findet rings um uns herum statt. Das ist ein FAKT! Nu Era verfolgt kein weiteres Ziel, als die Menschen darauf aufmerksam zu machen, damit sie wissen, daß die Zeit des Träumens vorbei ist. Die Zeit ist gekommen, zu LEBEN!! Jeder, der das alte Spiel satt hat und ein neues beginnen will findet hier reichlich Denkanstöße. Das Nu Era-Logo soll allen nützlich sein, die Flagge für eine freie Menschheit zeigen wollen. Setzt es auf Eure Webseiten, klebts in Eure Autos und schmierts an jede Wand! Es wird Zeit, daß alle erfahren, daß wir angefangen haben, eine schönere Zukunft zu schaffen als die häßliche Gegenwart, die wir bisher geschaffen haben. […]
AUF DIE STRASSE, DEUTSCHLAND! Steht auf!"[6]

„Nu Era" vermittelt den Eindruck, alternativ, esoterisch, radikal handlungs- und veränderungsorientiert, messianisch und verschwörungsideologisch ausgerichtet zu sein und befand sich damit im Einklang mit anderen AkteurInnen von „Germania". Grub man ein wenig tiefer, traf man auch auf antisemitisch grundierte Beiträge, insbesondere von einem der Betreiber der Seite, Georg Berres (alias Darth Bauch alias Bauchi).

Ein weiterer Akteur von „Nu Era" war zugleich einer der Pioniere im Schloss Krampfer, der für das Forum des „Fürstentums" auf der Homepage der „Operation Krampfer" verantwortlich zeichnete. Dieses Forum wurde zum Mittelpunkt der virtuellen Auseinandersetzung über das Geschehen in Krampfer und über das „Fürstentum". Zunächst bot es der zeitweise rasch wachsenden Anhängerschar einen Ort, ihre Themen zu diskutieren. Dies blieb sowohl SympathisantInnen und Interessierten aber auch KritikerInnen nicht lange verborgen. Letztere stellten deutlich andere Fragen, zum Beispiel die nach der von AnhängerInnen des „Fürstentums" propagierten, unwissenschaftlichen und in einem antisemitischen Kontext stehenden Germanischen Neuen Medizin. Andere Forumsmitglieder beschäftigten sich differenziert mit dem Thema Autarkie und daraus resultierenden praktischen Problemen. Wieder andere, zunächst durchaus wohlgesonnene TeilnehmerInnen hinterfragten die postulierte Eigenstaatlichkeit, zweifelten deren Begründung an und wiesen auf die damit verbundene Gefahr hin, Gesetze zu missachten. Andere kritisch Interessierte machten die Offenheit des Projekts gegenüber antisemitischen und den Holocaust leugnenden Positionen einiger AkteurInnen zum Thema.

In den Diskussionen trat die argumentative Schwäche auf Seiten der esoterisch und verschwörungstheoretisch orientierten AnhängerInnen und ihr

---

[6] http://nuera.yooco.de/beta/p.was_ist_nu_era.html [zuletzt aufgerufen am 24.2.2009].

unsouveräner Umgang mit Kritik deutlich zu Tage. Sie waren den gut informierten, umfassend recherchierenden und prägnant schreibenden KritikerInnen selten gewachsen. Diese wiederum nutzten die Auseinandersetzung, um der Mobilisierung im Netz durch das „Fürstentum" etwas entgegenzusetzen und um auf die Gefährdungen und Gefahren aufmerksam zu machen, die mit der unkritischen Übernahme beliebiger Denk-, Erklärungsund Handlungsmuster verbunden sind. Vor allem in den kritischen Blogs von „Esowatch", „KRR-FAQ" und „geistig-befreit" fanden weitere, zum Teil ernsthafte und mitunter sehr polemische und ironische Diskussionen über das „Fürstentum", sein Personal und dessen Statements statt.

Während es den AkteurInnen im Schloss gelang, sich gegen Außeneinflüsse und Kritik zu immunisieren, bot das Internet-Forum diesen Schutz zunächst nicht. Dies änderte sich als die AnhängerInnen des „Fürstentums" ihre Defensive aufgaben. Sie machten aus dem offenen Forum ein internes und sorgten für den Ausschluss der externen KritikerInnen. Später wurde dieses Forum geschlossen, die „Operation Krampfer" aufgegeben und einige „Nu Era"-AnhängerInnen verließen das Schloss.

Die andere, recht schlichte „Fürstentum"-Website übernahm nun dessen virtuelle Vertretung. Sie verfügte über keinen öffentlichen Raum für Kommunikation und war nicht annähernd so mobilisierungswirksam wie das Forum von „Nu Era".

„Nicht rechts, nicht links, sondern vorne"?

„Nicht rechts, nicht links, sondern vorne?", wurde in der Tagespresse gefragt.[7] Das „Fürstentum Germania" war gewiss nicht links und ist auch nicht als eindeutig rechtsextrem zu fassen. Es bot sich vielmehr als Sammelbecken von Demokratieverdrossenen und VertreterInnen unterschiedlicher Strömungen aus Esoterik, Verschwörungstheorie und sogenannten „Reichsbürgern", aber auch aus alternativen Szenen an. Der Anspruch einer politischen Neutralität war nicht glaubwürdig. Einige angeblich unpolitische Strömungen innerhalb des „Fürstentums" hatten längst Tuchfühlung zu antisemitischen, rassistischen, revisionistischen und den Holocaust leugnenden Versatzstücken des Rechtsextremismus aufgenommen.

Ihre Chance sahen die AkteurInnen im Aufbau einer neuen Form von Gemeinschaft. Ihr hermetischer Kreis wurde intern von widerstrebenden Interessen aufgerieben und zerbrach an ihrer Unfähigkeit, sich mit externen Anforderungen realitätsgerecht auseinanderzusetzen.

---

[7] Frank Nordhausen: Finstere Mächte. In: Berliner Zeitung, 7.4.2009, S. 3.

Gabriele Schlamann

Die Auseinandersetzung mit dem „Fürstentum Germania" in der Gemeinde Plattenburg 2009

Die ländliche Gemeinde Plattenburg in Brandenburg hatte im Frühjahr 2009 zum zweiten Mal innerhalb von zwei Jahren mit einer erheblichen Beunruhigung von außen zu tun: Im Februar 2009 wurde das „Fürstentum Germania" ausgerufen, ein Autarkie-Projekt, das sich als eigener Staat verstand. Ein Projekt dieser Art mit der Ausrufung eines eigenen Staates innerhalb der Bundesrepublik hatte es bisher im Land Brandenburg nicht gegeben.

In diesem Beitrag stelle ich die Auseinandersetzung des Gemeinwesens mit dieser erheblichen Irritation dar; im Einzelnen frage ich dabei, inwieweit Erfahrungen der ersten ähnlich gelagerten Herausforderung aus dem Jahr 2007 genutzt wurden, wie verschiedene Akteure mit der Problematik umgingen, wie die Angelegenheit schließlich gelöst wurde und wie der Beratungsansatz des Mobilen Beratungsteams (MBT) umgesetzt wurde.

Die Gemeinde Plattenburg, die Vorgeschichte aus dem Jahr 2007 und das Dorf Krampfer

Die Gemeinde Plattenburg in der Prignitz hatte zu Beginn des Jahres 2009 mit einer besonderen Herausforderung zu tun. Im Dorf Krampfer wurde das sogenannte „Fürstentum Germania" ausgerufen. BürgerInnen, die Gemeindeverwaltung, die Gemeindevertretung, die Polizei, die Kreisverwaltung und die Medien waren beunruhigt: Was hatte es mit diesem „Fürstentum" auf sich? Was bedeutete dies für die ländliche Gemeinde Plattenburg und das Dorf Krampfer?

Die Gemeinde Plattenburg liegt mitten im Landkreis Prignitz, im Nordwesten des Landes Brandenburg und grenzt an die nordwestlich gelegene Kreisstadt Perleberg. Die Gemeinde umfasst eine Fläche von rund 200 Quadratkilometern und hat knapp 4.000 EinwohnerInnen in 22 Dörfern. Sie wird in der Mitte von der vielbefahrenen Bundesstraße 5 durchschnitten; nördlich der B 5 liegen die kleineren Ortsteile, südlich die Gemeindeverwaltung und das große Dorf Glöwen mit der weiterführenden Schule. Die Plattenburg ist der touristische Anziehungspunkt in der Kommune, hier findet alljährlich ein großes Burgfest mit vielen tausend BesucherInnen statt.

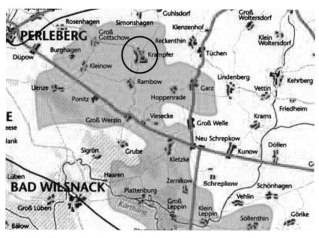

Der Ort Krampfer, Gemeinde Plattenburg im Landkreis Prignitz

Die Gemeinde wird vertreten von der alteingesessenen hauptamtlichen Bürgermeisterin Gudrun Hoffmann, die im Sommer 2009 in einer Direktwahl von den BürgerInnen wiedergewählt worden ist. Die Gemeindeverwaltung befindet sich in Kletzke.

Zu Beginn des Jahres 2007 wurde die Gemeinde Plattenburg mit dem Gerücht konfrontiert, der bekannte, mittlerweile verstorbene rechtsextreme Anwalt Jürgen Rieger wolle in dem Dorf Kleinow ein Grundstück kaufen. Innerhalb kürzester Zeit waren die Bürgermeisterin und ihre Verwaltung, die BürgerInnen, die Polizei, die Landkreisverwaltung, der brandenburgische Verfassungsschutz, verschiedene Ministerien, die Koordinierungsstelle Tolerantes Brandenburg und die Medien auf den Plan gerufen. Die Mobilisierung aller Kräfte mündete im März 2007 in eine eindrucksvolle Kundgebung gegen Rechtsextremismus in Kleinow. Zu dem Grundstücksverkauf ist es nicht gekommen; im Nachhinein verlautete, Rieger habe nie ernsthaft einen Kauf erwogen.

Bereits damals konnte die Gemeinde wertvolle Erfahrungen im Umgang mit einer als rechtsextrem geltenden Herausforderung sammeln. Das MBT hatte von Beginn an diesen Prozess in der Gemeinde beraten und begleitet; dabei wurde der Grundstock für die gute Beziehung zwischen Gemeindeverwaltung und dem MBT gelegt.

Das Dorf Krampfer und das Schloss

Krampfer liegt nördlich der B 5, zwei Kilometer östlich von Kleinow. Seine Geschichte ist geprägt durch die Geschichte der Familie von Möllendorf,

Die Dorfkirche in Krampfer

die dem altmärkischen Uradel angehörte und „die sich bis 1945 im Ort behauptet" hat.[1] Nachfahren leben noch heute in Krampfer.

Die Hauptstraße führt mitten durch das Dorf. Hier liegt – direkt neben dem „Schloss" genannten ehemaligen Gutsbesitzerhaus – die alte Feldsteinkirche, in der sich die kleine und rege Kirchengemeinde zusammenfindet. Die Freiwillige Feuerwehr hat ihren Stützpunkt schräg gegenüber dem Schloss, auch der Fußballplatz und der ehemalige Kindergarten, heute Gemeindehaus, liegen gegenüber. Die Bäckerei am Ende der Hauptstraße wird gut frequentiert. Die Aufteilung des Friedhofs erinnert an die vordemokratischen Zeiten des Dorfes: „Eine Hälfte für die Dorfbewohner, die andere Hälfte für die Familie von Möllendorf mit einem eigenen Eingangstor."[2] Windräder im Dorf zählen für etliche BürgerInnen zur unerfreulichen Realität, ebenso leerstehende Wohnungen in ehemaligen Tagelöhnerhäusern, die einem West-Investor gehören. Eine zweite Reihe von Häusern liegt mit Abstand parallel zur Hauptstraße. Es gibt eine Busverbindung nach Perleberg.

Im Dorf leben alteingesessene BürgerInnen und nach 1989 neu Hinzugezogene. Zu Beginn des Jahres 2009 gab es im Dorf keine direkte Jugendarbeit, Jugendliche waren zum Teil im Anglerverein, in der Freiwilligen Feuerwehr oder der Kirche aktiv. Immer wieder aber waren Versuche gestartet worden, Jugendarbeit im Dorf zu etablieren. Der zuständige Revierpolizist hatte und hat sehr gute Kontakte zu den BürgerInnen in Krampfer. Treffpunkte für Bür-

1 http://plattenburg.verwaltung-brandenburg.de/verzeichnis/objekt.php?mandat=18602 [zuletzt aufgerufen am 7.10.2009].
2 Ebd.

gerInnen sind der Gemeinderaum, die Kirche, die Straße oder die Bäckerei. Einige BürgerInnen in Krampfer haben die Sorge, dass ihre noch bestehende Eigenständigkeit, zum Beispiel ihre Freiwillige Feuerwehr, von den größeren Orten südlich der B 5 absorbiert werden könnte.

Das Schloss

Das Schloss wurde als Gutshaus von der Familie von Möllendorf gebaut. Nach der Enteignung 1945 wurde es bis 1990 von der Gemeinde als Schule, Bankfiliale, Materiallager der DDR-Zivilverteidigung, Kinderkrippe und Wohnraum genutzt. Nach 1990 hatte das Schloss diverse Eigentümer, ohne dass sichtbar etwas mit dem Gebäude passierte. Das Schloss war zu Beginn des Jahres 2009 unbewohnbar, einige Teile waren einsturzgefährdet; es gab keine Heizung, kein fließendes Wasser und keinen Anschluss an die Kanalisation. Von außen sah das Schloss marode aus, es verfiel immer stärker und war für viele BürgerInnen ein Schandfleck im Ort. Ursprünglich gehörte ein großer Park zum Schloss; er befindet sich heute zum großen Teil in Gemeindebesitz.

Schloss Krampfer im Herbst 2009

Die Auseinandersetzung mit dem „Fürstentum"

Die Gemeinde Plattenburg wurde Anfang 2009 vom Mobilen Beratungsteam über die angekündigte Ausrufung eines „Fürstentums Germania" im Schloss Krampfer informiert. Die Bürgermeisterin unterrichtete daraufhin ihrerseits sofort alle relevanten Stellen wie Gemeindeverwaltung, Kreisverwaltung und Polizei und bat um Unterstützung bei der Einschätzung und einer eventuell notwendigen Bearbeitung. Die Gemeindeverwaltung begann, sich über die Vorgänge mit dieser Immobilie eingehender zu informieren. Sie war, wie in solchen Fällen der privaten Grundstücksveräußerung üblich, von dem zuständigen Notar über den Verkauf unterrichtet worden. Bekannt war lediglich der neue Besitzer; ein Konzept für die Nutzung lag noch nicht vor; lediglich auf einer Seite im Internet wurden das Vorhaben skizziert.

Als durch Recherchen klar wurde, dass vom „Fürstentum Germania" eine Gefährdung für den inneren Frieden der Gemeinde ausgehen könnte, musste sich die Gemeindeverwaltung damit befassen. BürgerInnen, die Gemeindeverwaltung, die Polizei, LokalpolitikerInnen und auch wir befürchteten, dass sich in Krampfer ein Projekt mit rechtsextremer Ausrichtung etablieren könnte. Dies traf – eben aufgrund der Erfahrungen mit Kleinow aus dem Jahr 2007 – einen sensiblen Punkt in der Gemeinde Plattenburg. Die Erwartung, dass die Gemeindeverwaltung dem sofort etwas entgegensetzen müsse, nahm bei BürgerInnen, PolitikerInnen und den Medien stark zu. Die Gemeindeverwaltung kam zunächst ihrer Informationspflicht gegenüber der Gemeindevertretung, dem Ortsvorsteher aus Krampfer und dem Gemeinderat nach.

Die Bevölkerung

Die BürgerInnen hatten mitbekommen, dass im Schloss etwas vor sich ging und waren zunächst einfach nur neugierig. Die jungen Männer, die sich als Erste im Schloss aufhielten, suchten regen Kontakt in den Ort. Sie sprachen DorfbewohnerInnen an, erzählten von ihrem Vorhaben, im Schloss ein Projekt verwirklichen zu wollen, in dem sie beabsichtigten „autark", im Einklang mit der Natur und nach eigenen Regeln leben zu wollen. Jede/r sei herzlich willkommen, dabei mitzumachen.

Einige DorfbewohnerInnen waren befremdet vom Gebaren der Schlossbewohner und ihrer Besucher. Verstörend wirkte das äußere Auftreten der Projektbeteiligten, die sich teils als flippige Aussteiger präsentierten, teils als Schlips- und Anzugträger, die zu den Wochenenden mit Autos aus dem gesamten Bundesgebiet anreisten. Merkwürdige Darstellungen und Diskussionen im Internet taten ein Übriges. Das Gefühl, dass „hier etwas Komisches passiert", verbreitete sich und mündete in die Einschätzung: „Die bringen Ärger."

Aus dieser Sorge heraus begannen einige BürgerInnen, im Internet zum „Fürstentum Germania" und zu Namen der Protagonisten zu recherchieren. Da die Einordnung des Vorhabens sowohl von der Struktur als auch vom Inhalt her schwierig war, kamen Leute im Ort darüber miteinander ins Gespräch. Einige nahmen auch an der sogenannten Ausrufung des „Fürstentums" teil. Die Befürchtungen, was mit und in dem Schloss entstehen könnte, wurden dadurch noch größer. Die Leute im Dorf wollten nun noch genauer wissen, was sich hinter dem „Fürstentum Germania" verbirgt, erste Vermutungen über eine rechtsextreme Gruppe machten die Runde, die Recherche wurde intensiviert.

Andere Akteure

Zur Verwaltung des Landkreises gehört das Bauamt, das sich wegen des baulichen Zustands des Schlosses eingeschaltet hatte.

Die Polizei recherchierte zu dem Vorgang, stand in engem Kontakt mit der Gemeindeverwaltung und verrichtete ihre Arbeit im Rahmen der gesetzlichen Aufgaben.

Zunächst berichteten die örtlichen Zeitungen von der Veränderung im Schloss Krampfer. Nach einiger Zeit hatten auch überregionale Printmedien, das Radio und das Fernsehen ihre BerichterstatterInnen vor Ort. Man führte Interviews mit den jungen Männern im Schloss, befragte die BürgerInnen, die Bürgermeisterin, die Polizei und das MBT.

Die demokratischen Parteien hatten die Vorgänge im Rahmen ihrer politischen Arbeit im Blick, informierten sich und standen im Austausch mit der Kommune.

Die Koordinierungsstelle Tolerantes Brandenburg stand unter anderem in Kontakt mit dem MBT, um die Situation unter dem Aspekt der Gefährdung von Demokratie einschätzen und gegebenenfalls in der Abwehr unterstützen zu können.

Der Brandenburgische Verfassungsschutz war informiert, hatte sich aber nicht eingeschaltet.

Zur den Aufgaben des MBT gehört die Beobachtung von Entwicklungen, die auf lokaler Ebene Demokratie in Gemeinwesen gefährden können. Die Wahrnehmung, Beschreibung und die Beratung von örtlichen Akteuren bei möglichen Gegenstrategien sind weitere Schritte der MBT-Arbeit.

Konfliktlinien, Bearbeitung und Lösung des Konfliktes

Die Erfassung und Beschreibung des Problems war in diesem Fall nicht einfach. War es eine Gruppe von Aussteigern, die die Idee eines naturnahen Lebens verwirklichen wollten? War es eine Gruppe von abgehobenen

Esoterikern mit kosmischer Orientierung? War es eine Gruppe von Rechtsextremen, Holocaustleugnern und „Reichsbürgern", die ihre Ideologie endlich in einem „eigenen Staat" verwirklicht sehen wollten? Oder war es eine Gruppe von jenen Spinnern, die sich für jede Art von Weltanschauung begeisterten und sie praktisch erproben wollten?

Allein bei der Beschreibung dessen, was das „Fürstentum Germania" ausmachte, gab es unterschiedliche Auffassungen und daraus abgeleitete Handlungsoptionen. Der eine hielt Maßnahmen für notwendig, die andere als völlig übertrieben einstuften; es gab unterschiedliche Einschätzungen zum Gefährdungspotenzial; die Verwaltungsebenen mussten sich in ihren Zuständigkeiten vertrauen; es gab die Gratwanderung zwischen Datenschutz und Informationspflicht gegenüber der Öffentlichkeit; die Bearbeitung brauchte Zeit, auch weil Gesetze eingehalten werden mussten. Und es gab – wie üblich – immer auch diverse Nebenkonflikte, die sich aus alten Reibereien der Beteiligten speisten.

Einig waren sich die Akteure, dass die Konfliktlinie zwischen ihnen und dem „Fürstentum" verlief. Differenzen entzündeten sich allerdings an der Frage, welche Bearbeitung die richtige sei; daraus ergaben sich Folgekonflikte zwischen den Beteiligten, die ebenfalls bearbeitet werden mussten.

Die Gemeindeverwaltung

Für die Entwicklung von Handlungsstrategien war die Gemeindeverwaltung angewiesen auf Information zum „Fürstentum Germania", sowohl der Aktivitäten, die dem Internet zu entnehmen waren, als auch zum Geschehen vor Ort. Die Internetrecherche war zeitraubend, da der Ort Kletzke und damit auch die Gemeindeverwaltung nicht über einen DSL-Anschluss verfügte.

Für die Gemeindeverwaltung war bald klar, dass das Konstrukt „Fürstentum" eine Gemengelage von ganz unterschiedlichen Interessen und Personen darstellte. Die identifizierbaren Interessen reichten von artikuliertem sozialen Engagement (Einrichtung für sexuell missbrauchte Jungen) über den Wunsch nach „autarkem" ökologisch ausgerichteten Leben bis zur Etablierung eines Staates im Staate unter rechtsextremen Vorzeichen. Diese differenzierte Beschreibung war ein Ergebnis der Recherchen der Gemeindeverwaltung und zeigte, dass man das „Fürstentum"-Projekt nicht nur als rechtsextremes Vorhaben bewerten konnte, wie dies andere sehen wollten. Die Bürgermeisterin sah sich deswegen des Öfteren mit dem Vorwurf aus der Dorfbevölkerung konfrontiert, nicht genau genug hinzusehen, die Gefährdung durch Rechtsextremismus nicht ernst genug zu nehmen und nicht genügend für die Abschaffung des „Fürstentums" zu tun. Dieser Konflikt begleitete die Auseinandersetzung bis zum Ende des Projekts.

Bürgermeisterin Hoffmann war hinsichtlich des „Fürstentums Germania" immer ansprechbar und wurde insbesondere durch den Leiter des Ordnungsamtes sehr unterstützt. Beide setzten sich auch mit diversen Vertretern des „Fürstentums" in verwaltungsrechtlichen Belangen auseinander. Nicht alle BürgerInnen konnten das verstehen und äußerten Kritik daran, dass man sich „mit denen" überhaupt an einen Tisch setzte.

Eine weitere Konfliktlinie betraf die Erwartung aus der Bevölkerung, dass *alle* Vorgänge im Zusammenhang mit dem „Fürstentum" von der Verwaltung auf Nachfragen nach außen kommuniziert werden müssten. Derartige Forderungen lassen allerdings die rechtlichen Regelungen des Datenschutzes außer Acht, die eine vollständige Transparenz nicht möglich machen. Die Gemeindeverwaltung hat zu keiner Zeit das „Fürstentum" als Tabuthema behandelt, sondern stand im Rahmen ihrer Möglichkeiten für Gespräche zur Verfügung. Dieser Weg wird nicht von allen Kommunen begangen! Die Erfahrung zeigt aber, dass nur dieser Weg auf Dauer zum Erfolg führt.

Manche haben sich gewünscht, die Bürgermeisterin hätte bereits früher zu einem öffentlichen Gespräch mit den BürgerInnen eingeladen. Aus Sicht der Bürgermeisterin hätte das Gespräch eine Woche später stattfinden sollen, um es mit allen Beteiligten – BürgerInnen, PolitikerInnen, Polizei, Kirche, MBT – gut vorbereiten zu können. Die Terminfrage war ein sehr heikler Punkt, weil hier zwei Interessenslagen kollidierten. Einzelne BürgerInnen hatten zwar mit der Bürgermeisterin und auch dem MBT über eine anvisierte Informationsveranstaltung gesprochen, hatten dann allerdings ohne weitere Absprachen einen früheren Termin gesetzt und dazu bereits öffentlich eingeladen. Hier drohte für einen kurzen Moment ein Machtspiel zwischen Gemeindeverwaltung und BürgerInnen.

Die Bürgermeisterin hat sich dann auf den von den BürgerInnen gesetzten Termin eingelassen, ihn aktiv mit vorbereitet und zu einem Informationsgespräch nach Krampfer eingeladen. Dieses Gespräch hat mit sehr großer Beteiligung und als gemeinsame Veranstaltung von Bürgermeisterin und BürgerInnen im März 2009 stattgefunden. Hier wurden Fragen beantwortet und Einschätzungen zum „Fürstentum" durch Bürgermeisterin Hoffmann, BürgerInnen, den Schutzbereichsleiter der Polizei, die politischen Parteien, die Kirche und das MBT gegeben. Anwesend waren auch die Hauptprotagonisten des „Fürstentums" selbst; die Fragen der Dorfbevölkerung konnten sie aber nicht zufriedenstellend beantworten. Für die meisten Anwesenden war nach diesem Abend klar, dass es keine einfache und schon gar keine schnelle Lösung für das „Fürstentum" geben konnte. Deutlich wurde an dem Abend auch, dass jeder Mensch das Recht auf freie Meinungsäußerung, auf

Demonstrationsfreiheit, auf ein Leben in einer Umgebung seiner Wahl und geschützt in seinem Wohnraum hat – solange es nicht zu strafbaren Handlungen kommt. Die Ausrufung des „Fürstentums" war und ist an sich keine strafbare Handlung und auch kein Grund für das Einschreiten des Verfassungsschutzes, auch wenn einige sich dies zur „Abschaltung" des „Fürstentums Germania" gewünscht hatten.

Dorfstraße in Krampfer

Die BürgerInnen

Ein Teil der BürgerInnen informierte sich über das „Fürstentum Germania" direkt bei den Bewohnern im Schloss und umfassend über das Internet, auch über Personen, die im Zusammenhang mit dem „Fürstentum" in Erscheinung getreten waren. Das Internet war sicher sehr nützlich, da das „Fürstentum" dort intensiv präsent war. Manche fassten die Ergebnisse ihrer Recherchen zu Dossiers zusammen.

Es ist an dieser Stelle die Frage zu stellen, wann die Zusammenstellung und Verbreitung von Informationen über Personen mit den Persönlichkeitsrechten in Konflikt gerät. Welche Informationen erlauben die seriöse Prognose einer Gefahr? Können personenbezogene Informationen als Handlungsgrundlage dienen? Sollten anstelle der biographischen Daten nicht vielmehr die Absichten, Interessen und Ziele im Zentrum von Recherchen stehen? Sollen Personen angeprangert werden oder geht es um die Abwehr einer möglicherweise die Demokratie gefährdenden Ideologie? Einige BürgerInnen wollten im Projekt „Fürstentum" nur die rechtsextreme Gruppe sehen und versuchten, diese Einschätzung zu kommunizieren. Sie leiteten aus ihren privaten Recherchen eine Verpflichtung für die Verwaltung, die Polizei und die Justiz ab, repressiv tätig zu werden.

Einige BürgerInnen sahen eine Gefährdung für ihren Ort, was durch die Intransparenz des „Fürstentum Germania" Nahrung erhielt. Zudem sahen sich die BürgerInnen unmittelbar mit dem Treiben im Schloss konfrontiert. Der Wunsch, dass endlich mit dem Schloss etwas Sinnvolles passiert, ein wichtiges Gebäude im Dorf erhalten und genutzt wird, wich zusehends der Besorgnis und bei manchem auch einem Entsetzen über die mögliche politische Ausrichtung oder die Ansiedlung von Esoterikern und „Ausgeflippten". Das Schloss ist ein markanter Ort im Dorf, jede/r konnte die Aktivitäten beobachten, vor allem die Invasion an manchen Wochenenden einschließlich der sie begleitenden Polizeikontrollen.

Manche im Dorf waren irritiert, dass der eine oder die andere die jungen Schlossbewohner unterstützte, mit ihnen in einem Tauschhandel stand oder den Standpunkt vertrat, es handele sich doch um nette Menschen, die niemandem etwas Böses wollten. Diese Konfliktlinie zeigte sich auch bei der Veranstaltung für die BürgerInnen, konnte aber dort nicht behandelt werden.

Eltern äußerten die Sorge, dass ihre Kinder aus Neugier in den Sog des „Fürstentum" geraten könnten. An einem Abend für Eltern, zu dem die Bürgermeisterin Jugendliche, Eltern, JugendarbeiterInnen und VertreterInnen von Vereinen eingeladen hatte, war die Resonanz jedoch eher gering. Immerhin hatte diese Veranstaltung zur Folge, dass die bis dahin weitgehend brachliegende Jugendarbeit, zunächst begrenzt auf ein halbes Jahr, durch die Kommune und die Kirche wieder aufgenommen wurde.

Für einige BürgerInnen war es schwer zu ertragen, dass es keine „Lex Fürstentum" geben würde, auch nicht dann, wenn sich tatsächlich herausstellen würde, dass von den Hauptprotagonisten eine Gefährdung für das Gemeinwesen ausgehen würde. Dies mündete bei einigen in den Vorwurf an Polizei und Gemeindeverwaltung, zu wenig zu tun.

Hier könnte man einen Mangel an Kenntnissen über den Rechtsstaat beklagen und eine schwache Verankerung rechtsstaatlich-demokratischer Werte, was viel weiter verbreitet ist als man gemeinhin annimmt.

Die Landkreisverwaltung

Die Landkreisverwaltung hat umfassendere Aufgaben als die Gemeindeverwaltung. In diesem Fall ging es um baurechtliche Maßnahmen, die zwischen Gemeinde- und Landkreisverwaltung abgestimmt werden mussten. Das Baurecht sieht Auflagen vor, die für jedes Objekt gelten, zum Beispiel die

Überprüfung hinsichtlich der baulichen Substanz, der Bewohnbarkeit oder der Abwasserentsorgung. Diese Prüfungen und die daraus resultierenden Verwaltungsmaßnahmen kosteten Zeit und konnten nicht für alle BürgerInnen transparent gemacht werden. Nicht jede/r wollte einsehen, dass Gesetze und Datenschutz für alle Objekte und Personen gleichermaßen gelten.

Innerhalb der Landkreisverwaltung befürchtete man eine Klage von seiten des „Fürstentums". Diese Sorge konnte in unterstützenden Gesprächen durch die Gemeindeverwaltung abgemildert werden, indem die Gemeindeverwaltung eng mit der Verwaltung des Landkreises zusammenarbeitete, die innere Verfasstheit des „Fürstentums" verdeutlichte, alle erforderlichen Informationen zur Verfügung stellte und nach Kräften die Handlungen vor Ort unterstütze.

Die Polizei

Auch die Polizei sah sich im Laufe der Zeit im Kreuzfeuer der Kritik. Sie tat ihre Arbeit – eben für alle gleich, zum Beispiel bei den Kontrollen an den Wochenenden, wenn die Protagonisten des „Fürstentums" wieder bundesweit eingeladen hatten. Betroffen von den Kontrollen waren dann auch die BewohnerInnen des Dorfes, was mit der Zeit einigen Unmut auslöste. Einige BürgerInnen wünschten sich von der Polizei ein „härteres Vorgehen" gegenüber dem „Fürstentum", ohne dass sie dies näher beschreiben konnten. Sie wollten das Objekt „schließen lassen"; dafür aber hatte die Polizei keine rechtliche Handhabe.

Die Lösung

Das seltsame Projekt „Fürstentum" wurde schließlich auf Grundlage des Baurechts beendet. Das als „Schloss" bezeichnete Gebäude war nach dem Urteil der Bauaufsicht schlichtweg unbewohnbar. Die Auflagen des Bauamts wurden von „den Fürsten" nicht zur Kenntnis genommen, weil sie für ihren Staat die Gesetze des fremden Staates Bundesrepublik Deutschland nicht gelten lassen wollten. Folglich wurde nach Zustellung der Räumungsklage das Schloss im Mai 2009 geräumt.

Einige Aktivisten, die zum Teil schon in Wohnungen in Krampfer oder Kleinow lebten, blieben noch eine Weile. Im November 2009 hatten nahezu alle Protagonisten die Gemeinde Plattenburg verlassen. Das Projekt ist nicht mehr wahrnehmbar, und der letzte Rest der Anhänger hat sich als Bürger in den Ort eingefunden. Das Gebäude ist weiterhin versiegelt; neue Nutzungspläne gibt es nicht – in einem Satz: „Still ruht der See." Eine Sanierung des inzwischen als „historisches Gebäude" eingestuften Schlosses kann nur noch unter Auflagen erfolgen und dürfte viel Geld kosten.

Die Beratungsarbeit des MBT in der Gemeinde Plattenburg

Das MBT arbeitet gemäß eines systemischen Beratungsansatzes, das heißt, alle Beteiligten sollen in den Blick kommen und einbezogen werden. Wenn sich in einem System, zum Beispiel in einem Dorf, etwas Neues ereignet, hat dies Auswirkungen auf das bisherige Gleichgewicht im Dorf. Diese Unruhe bzw. Destabilisierung kann sich wellenartig in die umgebenden Systeme fortpflanzen, etwa in die gesamte Gemeinde, den Landkreis oder auch das Bundesland. Je weiter entfernt die anderen Systeme sind, umso schwächer wirkt sich naturgemäß die Unruhe aus. Zu solchen Systemen, die nach ihren eigenen Regeln funktionieren, gehören auch die Gemeindeverwaltung, die Landkreisverwaltung oder die Polizei. Auch das Zweierteam des regionalen MBT kann als ein solches System begriffen werden, das wiederum mit dem Gesamtteam im Brandenburgischen Institut für Gemeinwesenberatung (Demos) zusammenhängt.

Wir hatten bei der Beratung der Gemeindeverwaltung den Vorteil, dass wir uns bereits aus der Beratung im Jahr 2007 kannten und darauf gut aufbauen konnten.

Neu für uns, auch im Gesamtteam, war das Phänomen, besser gesagt das Phantom einer „Staatsgründung"; in diesem Spezialfall konnten wir auf keine Erfahrungen für die Beratungsarbeit zurückgreifen.

Die Recherche zum „Fürstentum Germania" war für diese Beratung unabdingbar und nahm sehr viel Zeit in Anspruch. Hier sind wir weit über das übliche Maß unserer Recherchearbeit hinausgegangen, um überhaupt eine fundierte Einschätzung geben zu können. Im Ergebnis dieser Arbeit konnten wir die Vielschichtigkeit des „Fürstentums Germania" präziser fassen; sichtbar wurde eine Gemengelage, innerhalb derer „Rechtsextremismus" lediglich eine Problemanzeige neben anderen darstellte.

Nachdem wir die Information über die Gründung des „Fürstentums" erhalten hatten, haben wir unverzüglich die Gemeindeverwaltung informiert, unsere Beratung angeboten und waren zwei Tage später vor Ort. Ziel dieses ersten Gesprächs war der Abgleich aller vorhandenen Informationen, der Beginn einer Erarbeitung von Handlungsstrategien für die Verwaltung und die Aufgabenverteilung für die nächsten Schritte. Zur Bürgermeisterin bzw. zum Leiter des Ordnungsamtes hatten wir ständigen Kontakt, entweder direkt vor Ort, sehr viel häufiger jedoch telefonisch oder per Mail, nicht selten auch mehrmals täglich. Diese enge Beratung bzw. Begleitung war für die Gemeindeverwaltung ein stabilisierender Faktor, den die Bürgermeisterin und der Ordnungsamtsleiter im Abschlussgespräch der Beratung als sehr hilfreich einstuften: „Wir konnten uns darauf verlassen, dass Sie immer da waren."

Die Bürgermeisterin war die Auftraggeberin für unsere Beratung, also stand sie auch im Zentrum der Beratung. Mit ihr und dem Ordnungsamtsleiter konnten Ideen, Strategien, Gefährdungen, mögliche Fallstricke und Unterstützungen ausgelotet werden. Dabei war es nicht immer leicht, den Überblick zu behalten, wer sich gerade aus welchen Beweggründen und mit welchen Folgen mit dem „Fürstentum" beschäftigte und was sich innerhalb des „Fürstentums" selbst entwickelte. Als MBT konnten wir die Übersichtlichkeit zum Beispiel durch die Erstellung eines Organigramms zum „Fürstentum" erhöhen.

Schwierig war es immer wieder, die Möglichkeiten der Transparenz für die BürgerInnen auszuloten. Einige BürgerInnen wollten, wie oben bereits beschrieben, alles über Personen und Aktivitäten im Zusammenhang mit dem „Fürstentum" wissen und unterstellten der Bürgermeisterin „Nichtstun", weil diese nicht über alles Auskunft geben konnte bzw. durfte. Anfang März 2009 drohte die Situation zwischen BürgerInnen und Bürgermeisterin zu eskalieren, als einzelne BürgerInnen, wie oben ebenfalls beschrieben, einen Alleingang zur Information der DorfbewohnerInnen planten. Diese Situation konnte nur durch das besonnene Handeln der Gemeindeverwaltung und die Beratung einer Bürgerin durch das MBT entschärft werden.

Für uns wurde an diesem Punkt sehr deutlich, dass sich die erheblichen Irritationen, die es zu diesem Zeitpunkt innerhalb des Systems „Fürstentum" gab, zum Beispiel wohin das Projekt steuerte und wer der/die Macher waren, auf das Dorf (und als Folge auch die Gemeindeverwaltung) übertragen hatte. Folgendes war in beiden Systemen zu beobachten: Ankündigung der gleichberechtigten Einbeziehung aller und Vorpreschen Einzelner; gegenseitige Beschuldigungen, sich nicht angemessen für die Sache einzusetzen; Differenzen über den „richtigen" Weg; Ruf nach ExpertInnen von außen; erschwerte Kommunikation bis zum Abbruch.

Unser Konzept an diesem Punkt war, Ruhe in das System Gemeinde zu bringen, zwischen BürgerInnen und Gemeindeverwaltung zu vermitteln, Zuständigkeiten zu klären und transparent zu machen sowie den Fokus auf das gemeinsame Anliegen innerhalb der Gemeinde zu richten. Rückblickend waren diese Tage die für uns anstrengendsten in der gesamten Beratung von ca. sechs Monaten.

Die Medien stellen ein eigenes System dar, das manchmal hilfreich ist, manchmal aber auch störend sein kann. Es will sensibel behandelt werden, was uns – trotz aller Bemühungen – vielleicht nicht immer gelungen ist. Die örtliche Presse und die Gemeindeverwaltung arbeiteten gut zusammen. Die Lokalpresse arbeitete sich sehr gründlich in das Thema ein, war sehr gut informiert und berichtete differenziert. Das galt allerdings nicht für alle Medien; andere mussten ad hoc kurz vor Interviews überhaupt erst über den Stand der Dinge informiert werden. Die vielen Einschätzungen, die wir auf Anfrage gegenüber den Medien geäußert hatten, wirkten als Berichterstattung über das Dorf natürlich auch auf die Gemeinde zurück. Wir wurden nicht immer korrekt zitiert, so dass wir manchmal in der Beratung einiges klarstellen mussten.

Eine Beratung mit dieser Problemstellung war für uns Neuland. Als regional zuständige BeraterInnen haben wir die Kooperation mit unseren KollegInnen und der Leitung genutzt, um uns beraten zu lassen. Dadurch konnten wir den Blick auf das Wesentliche behalten und uns etwa auch im Umfang der Recherche begrenzen. Wir wussten, dass die KollegInnen immer ein offenes Ohr für uns haben und uns stützen. Auch hier galt und gilt der Satz: „Wir wissen, dass sie immer für uns da sind!" Das war für uns hilfreich und notwendig, funktionierte aber nur auf der Grundlage eines kollegialen Vertrauens.

Erkenntnisse und Fazit

Oberste Priorität in unseren Beratungen hatte die Strategie: „Besonnenheit und Ruhe bewahren" – auch wenn das manchmal schwer fiel angesichts der Intransparenz und Aktivität des „Fürstentums Germania".

Es war notwendig, möglichst viele Fakten zusammenzutragen, um eine fundierte Einschätzung geben zu können. Mindestens so wichtig wie der Austausch aller demokratischen Kräfte und die enge Kooperation untereinander war die Bereitschaft der Gemeinde Plattenburg in Person der Bürgermeisterin, sich beraten und unterstützen zu lassen. So konnten Handlungsmöglichkeiten ausgelotet werden, die der Problemstellung gerecht wurden. Es wurde immer wieder nach Wegen gesucht, das „Fürstentum" in den Griff zu kriegen, auch wenn das viel Zeit und Energie beanspruchte. Der ganz normale Verwaltungsbetrieb musste als Hauptaufgabe ja weitergehen.

Ein großes Plus war auch, dass die Bürgermeisterin und der Ordnungsamtsleiter nicht die Kommunikation nach außen scheuten, sondern sie aktiv betrieben und damit die Handelnden blieben.

Innerhalb der Gemeinde Plattenburg verlief die Bearbeitung der Irritation als ein umfassender Lernprozess. Verwaltung funktioniert manchmal anders als BürgerInnen das in einem speziellen Fall gern hätten; BürgerInnen übernehmen Verantwortung, auch wenn sie in manchen Augen dabei etwas übers

Ziel hinaus schießen; Jugendarbeit fand und findet im Dorf Krampfer wieder angeleitet statt; BürgerInnen lernten sich in ihren Einstellungen Fremdem gegenüber besser kennen. Und alle haben die Erfahrung gemacht, dass jeder an seinem Platz etwas bewegen kann, das für alle nützlich ist.

Susanne Kschenka, Anett Müller

Rechtsextreme Parteien und ihre Vertreter in den Kreistagen und Stadtverordnetenversammlungen der kreisfreien Städte in Brandenburg

Die Kommunalwahl 2008 im Land Brandenburg hat die politische Arbeit kommunaler Mandatsträger in den Kreistagen und Stadtverordnetenversammlungen ein Stück weit verändert. In dreizehn von vierzehn Landkreisen und in zwei von vier kreisfreien Städten in Brandenburg sind rechtsextreme Mandatsträger in die kommunalen Gremien eingezogen. Damit wurden einige neue Fragen aufgeworfen. Von der Sitzordnung bis hin zur Hausordnung wurde vieles durchdacht.

Mit der folgenden Darstellung geben wir einen Überblick über das Agieren rechtsextremer Mandatsträger. Wir vergleichen DVU und NPD und beleuchten die Arbeit einzelner Abgeordneter dieser Parteien. Weiter behandeln wir die Veränderungen des politischen Klimas in den Kommunalvertretungen seit dem Einzug von Rechtsextremen und die damit verbundene Arbeit der Kreistagsbüros und der Büros der Stadtverordnetenversammlungen. Wir hoffen, dass die Analysen mithelfen, die kurz- und langfristigen Strategien von Rechtsextremen in kommunalen Vertretungen zu erkennen und die Wichtigkeit einer kontinuierlichen Auseinandersetzung zu verdeutlichen. All das soll dazu dienen, Klarheit und Handlungssicherheit im Umgang mit rechtsextremen Abgeordneten und den dahinter stehenden Parteien zu gewinnen.[1]

Rechtsextreme Parteien und ihr Agieren in Brandenburg

Seit der politischen Wende 1989 ist auch Ostdeutschland in den Fokus rechtsextremer Parteien gerückt. Sowohl die DVU als auch die NPD bauen seit der Wende zielstrebig ihre Strukturen in Ostdeutschland und somit

---

[1] Wir bedanken uns bei allen engagierten und diskussionsfreudigen Personen, die uns bei unseren Recherchen zu diesem Artikel unterstützt und weitergebracht haben. Besonders den Mitarbeiterinnen und Mitarbeitern aller Kreistags- und Stadtverordnetenbüros gebührt ein großer Dank für die tiefen Einblicke, die wir durch sie gewinnen konnten.

auch in Brandenburg aus. Zu Beginn werden wir beide rechtsextreme Parteien näher beleuchten und ihr Wirken in Brandenburg beschreiben, um einen Überblick zu verschaffen und eine Grundlage für die Einordnung des Agierens in den Kommunalen Vertretungen zu geben.

Die DVU in Brandenburg

Die DVU wurde 1987 auf eine Initiative des Münchner Verlegers Dr. Gerhard Frey gegründet, der bis 2009 – also 22 Jahre lang – ihr Vorsitzender war. Er trat aus gesundheitlichen Gründen zurück. Bis dahin finanzierte Frey Wahlkämpfe und die Landesstrukturen aus seinem Privatvermögen. Er spendete Gelder in großem Umfang und gab der DVU großzügige Kredite. An diesen Krediten zahlt die DVU bis heute und Frey verdient an den Zinsen, die diese Partei ihm einbringt. Die DVU-Mitglieder dankten ihm dies und bezogen das Presseorgan der DVU, die „National-Zeitung", sowie andere Produkte aus seinem DSZ-Verlag (Druckschriften- und Zeitungsverlags GmbH). Daran verdient Frey weiterhin.[2]

Neuer DVU-Vorsitzender ist Matthias Faust, der in der Vergangenheit schon einige andere Parteien durchlaufen hat. Er ist deutlich jünger und versucht nun, die Partei etwas auf Vordermann zu bringen und attraktiver und moderner zu gestalten. Neben Matthias Faust findet man auch zwei Brandenburgerinnen im Bundesvorstand der DVU: Birgit Fechner und Liane Hesselbarth, die einzigen Frauen im Bundesvorstand.[3] In Brandenburg sind sie nicht ganz unbekannt. Beide saßen bis September 2009 für die DVU im Brandenburger Landtag. Aber dazu später mehr.

Die DVU zählt nach eigenen Angaben momentan 6.500 Mitglieder bundesweit.[4] Seit der ehemalige Parteichef Gerhard Frey nicht mehr das Ruder der DVU führt, sieht die finanzielle Situation der DVU nicht wirklich rosig aus. Um die sehr dünnen Strukturen trotzdem weiter aufrechterhalten zu können, hat die DVU im Oktober 2009 Strukturbeauftragte ernannt. Diese haben die Aufgabe, den Aufbau von Gebietsverbänden zu unterstützen, bei organisatorischen Fragen zu helfen, und sie sollen die direkten Ansprech-

---

[2] Vgl. Ministerium des Innern des Landes Brandenburg, Abteilung Verfassungsschutz (Hg.): Verfassungsschutzbericht Land Brandenburg 2008. Potsdam 2009, S. 41, http:// www.verfassungsschutz.brandenburg.de/sixcms/media.php/4055/VS_Bericht%20 2008_web_24_03_09.pdf [zuletzt aufgerufen am 1.12.2009].

[3] http://www.die-rechte.info/wordpress/bundesvorstand/ [zuletzt aufgerufen am 29.10. 2009].

[4] http://www.die-rechte.info/wordpress/2009/10/arbeit-arbeit-arbeit/ [zuletzt aufgerufen am 13.10.2009].

partner vor Ort darstellen. Dafür hat die DVU ganze drei Personen ernannt. Für den mitteldeutschen Raum und somit auch für Brandenburg ist Bernd Zeise zuständig.[5] Er ist unter anderem Landesorganisationsleiter der DVU in Sachsen. Es bleibt abzuwarten, ob die drei Strukturbeauftragten als Ansprechpartner vor Ort wirklich vor Ort anzutreffen sind.

Seit 1991 agiert die DVU in Brandenburg.[6] Zur neuen Vorsitzenden des Landesverbandes wurde am 1. November 2009 die bisherige stellvertretende Landesvorsitzende Liane Hesselbarth gewählt, Norbert Schulze aus Sallgast (Landkreis Elbe-Elster) ist ihr Stellvertreter.[7] Die DVU verfügt in Brandenburg laut eigenen Informationen momentan über elf Kreisverbände und zwei Ortsverbände in Lauchhammer und Hänchen (bei Cottbus).[8] Nur zwei der insgesamt elf Kreisverbände verfügten über eine eigene Internetpräsenz: Nur der Kreisverband Potsdam und der Kreisverband Teltow-Fläming stellten sich bis Ende 2009 öffentlich im Internet dar. Etwa 220 Mitglieder der DVU werden in Brandenburg durch diese elf Kreisverbände verwaltet. Nur in sehr wenigen Orten agieren die Mitglieder öffentlich oder werden von den Bürgern vor Ort wahrgenommen. Nur zu Wahlen erscheint die DVU sichtbar in den Orten durch ihre Wahlplakate und vereinzelt durch Postwurfsendungen.

Zur Landtags- und Bundestagswahl 2009 hat die DVU einige Kundgebungen durchgeführt. Die Resonanz war sowohl bei der DVU-Anhängerschaft wie bei der Bevölkerung im Allgemeinen sehr schwach. Mit der Solidarität und dem Zusammenhalt innerhalb der Partei scheint es nicht weit her zu sein. Die DVU gilt auch nach dem Führungswechsel in ihrer Spitze immer noch als Phantompartei in den Regionen.

Die DVU im Brandenburger Landtag

Von 1999 bis 2009 war die DVU im Brandenburger Landtag vertreten. In der Legislaturperiode 1999 bis 2004 hat ihr Wahlergebnis von 5,28% dafür gesorgt, dass fünf Abgeordnete im Landtag sitzen durften. Die NPD schaffte es damals auf nur 0,74%. Für die darauf folgende Legislaturperiode von 2004 bis 2009 erlangte die DVU mit 6,08% sogar sechs Mandate im Landtag. Zur Landtagswahl 2004 trat die NPD wegen der Absprachen im Rahmen des Deutschlandpaktes nicht in Brandenburg an.

---

[5] Ebd.

[6] Ministerium des Innern des Landes Brandenburg, a.a.O., S. 210.

[7] http://www.dvu-brandenburg.de/2009/11/03/dvu-landesparteitag-waehlt-neuen-vorstand/ [zuletzt aufgerufen am 23.11.2009].

[8] http://www.dvu-brandenburg.de/partei/kreis-und-ortsverbaende/ [zuletzt aufgerufen am 1.12.2009].

In der letzten Legislaturperiode stellten die DVU-Abgeordneten ca. 114 Anträge im Landtag. Diese waren zum Teil deutlich ideologisch aufgeladen. Mit Anträgen zum Thema EU setzten sie sich für ein „Europa der Vaterländer" ein. Sie wetterten gegen „kriminelle Ausländer" und Initiativen sowie Programme, die sich für mehr Toleranz und Vielfalt im Lande einsetzen. Auch die deutsche Sprache war ihnen immer sehr wichtig. So stellten sie zum Beispiel einen Antrag zur Stärkung der deutschen Sprache in der EU. Im Bereich der Wirtschaftspolitik brachten sie Anträge ein, die deutlich im Sinne ihrer Zielgruppe waren: Sie stützen sich besonders auf die Gruppe der kleinen mittelständischen Unternehmer.

Zur Landtagswahl 2009 hatte die DVU gleich mehrere Probleme in Brandenburg zu bewältigen. Durch den Wechsel an der Spitze der Bundespartei standen der DVU für den Wahlkampf in Brandenburg weniger finanzielle Mittel zur Verfügung. Dazu kam, dass die NPD den Deutschlandpakt brach und entgegen den vorherigen Absprachen zur Landtagswahl mit einer eigenen Liste und eigenen Direktkandidaten in den Regionen antrat.

Im Mai 2009 verstarb der Potsdamer DVU-Stadtverordnete Günther Schwemmer aufgrund eines Autounfalls und im August 2009 der DVU-Landesvorsitzende Brandenburgs Sigmar-Peter Schuldt nach schwerer Krankheit. Beide Personen waren langjährige Parteimitglieder mit viel politischer Erfahrung. Für die DVU Brandenburg war dies ein herber Schlag.

Nach dem Wechsel in der Führungsspitze der Bundespartei polierte die Partei kurzerhand ihren Internetauftritt auf. Nach außen möchte man moderner und jünger erscheinen. Auf den Seiten findet man jetzt regelmäßig aktuelle Beiträge und Videos. Vermutlich will man damit besonders junge, politisch interessierte Menschen in die Partei bekommen. Von außen scheint es wie ein Ringen vor den Wahlen um die Wählerinnen und Wähler aus rechtsextremen Milieus und Wähler, die von der derzeitigen politischen Führung enttäuscht sind.

Zur Landtagswahl 2009 in Brandenburg hat die DVU eine eigens dafür gestaltete Internetseite ins Leben gerufen. Unter dem Motto „Pawel bleib Zuhause – Brandenburg braucht Arbeitsplätze!" wetterte die DVU öffentlich über polnische Arbeiter, Investoren und Zuwanderer und hoffte auf diese Weise noch einige Wählerstimmen zu ziehen.[9] Die breite Öffentlichkeit wird von dieser Internetseite nicht viel mitbekommen haben. So ist also fraglich, wen und wie viele Menschen die DVU damit außerhalb ihrer eigenen Parteistruktur überhaupt erreicht hat.

---

[9] http://pawel-bleib-zuhause.de/ [zuletzt aufgerufen am 5.10.2009].

Eine deutlich Rückmeldung von den Wählern hat die Partei im September 2009 erhalten: nur 1,1% der Zweitstimmen entfielen auf die DVU. Mit dem Auszug aus dem Landtag fehlt ihr ein weiterer Finanzierungsbaustein. Nach zwei Legislaturperioden kann die DVU nun nicht mehr auf Landesebene „mitspielen".

Die DVU in Kreistagen und Stadtverordnetenversammlungen
Bei den Kommunalwahlen 2008 konnte die DVU 13 Mandate in sieben Kreistagen und in der kreisfreien Stadt Potsdam erringen. Die Tabelle auf der folgenden Seite enthält nähere Informationen zu den jeweiligen Kreisen und der Anzahl der Mandate sowie die Namen der einzelnen Abgeordneten.

Die DVU konnte in keiner kommunalen Vertretung den Fraktionsstatus erringen. Die Möglichkeiten für fraktionslose Abgeordnete, in den kommunalen Vertretungen ihr Mandat wahrzunehmen, sind durch die Kommunalverfassung und die danach beschlossenen Geschäftsordnungen begrenzter als bei Abgeordneten, die einer Fraktion angehören. Dies soll – so die Begründung – die Arbeitsfähigkeit der Vertretungen gewährleisten.

Anhaltspunkte zur Beurteilung der Arbeit der DVU in den Kreistagen und der Stadtverordnetenversammlung Potsdam findet man an unterschiedlichen Stellen. Einmal kann man sich anschauen, wie die Abgeordneten praktisch in Erscheinung treten. Auf der anderen Seite muss man sehen, zu welchen Themen und mit welchen Positionen die Abgeordneten sich äußern und wie diese Äußerungen zu bewerten sind. Zudem ist spannend, wie die kommunalen Vertretungen auf das Auftreten der DVU-Abgeordneten reagieren.

Bei genauerem Hinschauen zeigt sich, dass in den meisten Kreistagen von praktischer Arbeit der DVU wenig sichtbar wird, wie in den Kreistagen der Landkreise Märkisch-Oderland, Prignitz, Potsdam-Mittelmark und Oberspreewald-Lausitz. Das passt sehr schlecht mit den großen, plakativen und kämpferischen Sprüchen im Wahlkampf zusammen, die Wählerinnen und Wähler dazu bewogen haben, der DVU ihre Stimme zu geben. Dieses Nicht-Agieren sollte durch die demokratischen Parteien immer wieder nach außen deutlich gemacht werden.

Wie sieht es nun konkret in einzelnen anderen Landkreisen aus? Im Landkreis Barnim fiel das auf der Liste der DVU in den Kreistag gewählte NPD-Mitglied Mike Sandow (früherer NPD-Kreisverbandsvorsitzender) nur damit auf, dass sich zwei seiner drei Anfragen darauf bezogen, wie viele „Stolpersteine gegen das Vergessen" mit welchen Kosten bisher verlegt worden seien; darüberhinaus wollte er wissen, welche Vereine und Gruppie-

Landkreise und kreisfreie Städte	Prozent für die DVU	Anzahl der Mandate	Personen
Elbe-Elster	5,1%	3	Michael Witschel (geb.1963), Forst-arbeiter Bernd Jugendheimer (geb. 1959), Raum-ausstatter Norbert Schulze (geb.1950), Elektro-monteur[10]
Oberspreewald-Lausitz	4,4%	2	Harald Heinze (geb.1958), Diplom-Wirt-schaftsingenieur (FH) Sylvia Zimmermann (geb. 1970), Kauffrau Groß- und Außenhandel[11]
Potsdam	2,0%	1	seit 2.6.2009: Marcel Guse (geb. 1980), Koch; Guse ist im Oktober 2009 zur NPD gewechselt zuvor: Günther Schwemmer (geb. 1962, gest. 2009), Diplom-Kaufmann[12]
Barnim	3,1%	2	Mike Sandow (geb. 1971), Handwerks-meister; Sandow ist gleichzeitig NPD-Mitglied Dietmar Lange (geb. 1956), Rinder-züchter[13]
Prignitz	2,5%	1	Jochen Grabow (geb.1960), Maler zuvor: Dietmar Krüll (geb. 1959), Tisch-ler[14]
Märkisch-Oderland	3,3%	2	Roland Schulz (geb.1959), Elektro-monteur Michael Claus (geb.1960), Landtags-abgeordneter[15]
Potsdam Mittelmark	2,4%	1	Sigmar-Peter Schuldt (geb. 1950, gest. 2009), Ökonom[16]
Teltow-Fläming	2,7%	1	Bärbel Redlhammer-Raback (geb.1954), Verkäuferin[17]

Tabelle 1: Kommunalwahl 2008 im Land Brandenburg, Ergebnisse für die DVU; DVU-Vertreter Stand: 15.12.2009

[10] Bekanntmachung des Ergebnisses der Wahl zum Kreistag des Landkreises Elbe-Elster am 28. September 2008. In: Amtsblatt für den Landkreis Elbe-Elster, Jg. 13, H. 16, 16.10.2008, S.5-9; Amtliche Bekanntmachungen des Landkreises Elbe-Elster. In: Amtsblatt für den Landkreis Elbe-Elster, Jg. 13, H. 15, 28.8.2009, S.1-7.

[11] Bekanntgabe des Wahlergebnisses zur Wahl der Vertretung des Landkreises Oberspreewald-Lausitz (Kreistag) am 28.9.2008. In: Amtsblatt für den Landkreis Oberspreewald-Lausitz, Jg. 15, H. 10, 2.10.2008, S. 2-11; Bekanntmachung der Wahlvorschläge zur Wahl

rungen sich mit dem „Kampf gegen rechts" beschäftigen. Die Anfragen sind nur schriftlich beantwortet worden.[18]

Die Vertreterin der DVU im Kreistag Teltow-Fläming, Frau Redlhammer-Raback, bereits seit 2003 im Kreistag, hat in der letzten Wahlperiode laut DVU-Internetseite[19] vier schriftliche Anfragen gestellt, von denen drei nicht Angelegenheiten des Landkreises betrafen. Für das Jahr 2009 liegen bisher sechs schriftliche Anfragen vor, die sich mit Themen wie: Anwendung des Smiley-Projektes des Bezirksamtes Pankow (Lebensmittelhygiene in Gaststätten), Durchführung einer Verbraucherschutzkonferenz, Vergabe von Stipendien und anderem sowie mit einer möglichen Einflugschneise des Asteroiden Apophis beschäftigten. Alle Anfragen sind durch die Kreisverwaltung schriftlich beantwortet worden. Auf der Internetseite des DVU-Kreisverbandes Teltow-Fläming berichtete Frau Redlhammer-Raback über ihre Aktivitäten im Kreistag. Sie taucht bei Kundgebungen der DVU auf und versucht dort, vor allem junge Leute anzusprechen. Auch bei anderen Veranstaltungen im Landkreis ist sie vor Ort und beteiligt sich an den Gesprächen, um dabei ihre politische Haltung als DVU-Mitglied deutlich zu machen.

des Kreistages am 28.9.2008. In: Amtsblatt für den Landkreis Oberspreewald-Lausitz, Jg. 15, H. 8, 29.8.2008, S. 2-18.

[12] Endgültige Ergebnisse zur Wahl der Stadtverordnetenversammlung und zu den Ortsbeiräten der Landeshauptstadt Potsdam am 28.9.2008. In: Amtsblatt für die Landeshauptstadt Potsdam, Jg. 19, H. 18, 21.10.2008, S. 7-14; Wahlvorschläge. In: Amtsblatt für die Landeshauptstadt Potsdam, Jg. 19, H. 15, 4.9.2008, S. 5-21.

[13] Öffentliche Bekanntmachung anlässlich der Wahl des Kreistages am 28.9.2008. In: Amtsblatt für den Landkreis Barnim, Jg. 10, H. 9, 8.10.2008, S. 5-28.

[14] http://www.landkreis-prignitz.de/wahlen/kommunalwahl_2008/_kommunalwahl_2008. htm [zuletzt aufgerufen am 1.12.2009]; http://www.landkreis-prignitz.de/wahlen/kommunalwahl_2008/bek1wvs.pdf [zuletzt aufgerufen am 1.12.2009].

[15] http://www.maerkisch-oderland.de/cms/front_content.php?idart=950 [zuletzt aufgerufen am 1.12.2009].

[16] Öffentliche Bekanntmachung des endgültigen Wahlergebnisses zur Wahl des Kreistages Potsdam-Mittelmark am 28.September 2008. In: Amtsblatt für den Landkreis Potsdam-Mittelmark, Jg. 15, H. 11, 8.10.2008, S. 1-6; Bekanntmachung über die zugelassenen Wahlvorschläge für die Wahl zum Kreistag Potsdam-Mittelmark am 28.9.2008. In: Amtsblatt für den Landkreis Potsdam-Mittelmark, Jg. 15, H. 9, 5.9.2008, S. 1-11.

[17] Wahl des Kreistages des Landkreises Teltow-Fläming am 28. September 2008. In: Amtsblatt für den Landkreis Teltow-Fläming, Jg. 16, H. 36, 8.10.2008, S. 2-27; Wahl des Kreistages des Landkreises Teltow-Fläming am 28. September 2008. Bekanntmachung vom 28. August 2008. In: Amtsblatt für den Landkreis Teltow-Fläming, Jg. 16, H. 29, 28.8.2009, S. 5-25.

[18] Quelle: Büro Kreistag Barnim.

[19] http://www.dvu-teltow-flaeming.de/kreistag.html [nicht mehr verfügbar].

Potsdam

Etwas näher möchten wir uns mit dem DVU-Vertreter in der Stadtverord-netenversammlung der kreisfreien Stadt Potsdam und mit zweien der drei Abgeordneten des Kreistages Elbe-Elster beschäftigen und uns anschauen, welche Themen in diesen beiden Gremien durch DVU-Vertreter angespro-chen wurden.

In der Stadtverordnetenversammlung von Potsdam saß bis zu seinem Tod durch einen Verkehrsunfall im Mai 2009 der im Jahr 1962 in Bayern gebo-rene Günther Schwemmer. Er war bereits 2003 in die Stadtverordnetenver-sammlung gewählt worden. Ihm wurde bei der Kommunalwahl 2008 noch einmal von einigen Bürgern das Vertrauen geschenkt. Schon in seiner Partei-biographie zeigt sich die Nähe zwischen NPD und DVU in Brandenburg.

Im Jahr 2003 war er auf der Liste der DVU angetreten. Im Jahr 2006 trat er zusätzlich fernab der Öffentlichkeit wieder in die NPD ein, deren Mitglied er nach eigenen Angaben schon einmal mit 18 Jahren geworden war.[20] Von diesem Zeitpunkt an verfügte er über eine Doppelmitgliedschaft. Die DVU und auch die NPD schließen das nicht aus. Der Diplom-Kaufmann verdiente sein Geld hauptsächlich als Unternehmensberater, war bis 2004 Pressespre-cher der DVU-Landtagsfraktion in Brandenburg[21] und deren Parlamentari-scher Berater[22] sowie Pressesprecher der Kontinent–Europa-Stiftung[23] – kurz gesagt – er war jemand, der zumindest in der DVU im Land Brandenburg eine Stimme hatte.

Auf der Internet-Seite der DVU Potsdam waren für September 2008 fünf mündliche Anfragen und eine schriftliche dokumentiert. Es ging hauptsäch-lich um Nachfragen zu kommunalen Entscheidungen und zweimal um die Behinderung des Wahlkampfes der DVU.

Sein revisionistisches Denken verdeutlichte Günther Schwemmer – für die WählerInnen weniger sichtbar – in Artikeln in der NPD-Parteizeitung „Deutsche Stimme", für die er mehrere Artikel verfasst hat. So schrieb er im Jahr 2006 zum Kampf der Rechtsextremen um ein nationales Gedenken in Halbe:

---

[20] Georg-Stefan Russew: NPD über die Hintertür im Stadtparlament. In: Berliner Morgen-post, 8.8.2008, http://www.morgenpost.de/printarchiv/brandenburg/article825017/NPD_ ueber_die_Hintertuer_im_Stadtparlament.html [zuletzt aufgerufen am 10.10.2009].

[21] http://www.dvu-fraktion-brandenburg.de/2004/03/01/neuer-pressesprecher/ [zuletzt auf-gerufen am 10.10.2009].

[22] http://www.dvu-frankfurt.de/2009/05/25/gunther-schwemmer-bei-autounfall-ums-le-ben-gekommen/ [zuletzt aufgerufen am 10.10.2009].

[23] Ebd.

„…daß sich zum diesjährigen Volkstrauertag 2006 noch mehr aufrechte deutsche Nationalisten zum Heldengedenken für unsere Tapfersten der Tapferen – unsere Helden der deutschen Wehrmacht und Waffen-SS – in Halbe einfinden."[24]

Im Kommunalwahlkampf 2008 machte er seine Nähe zur NPD deutlich und ging auf Stimmenfang mit dem Schüren von Angst vor Überfremdung und vor linken Jugendlichen. Das las sich dann auf der Potsdamer DVU-Seite unter anderem so:

„Für rot-rote Klientelpolitik, also beispielsweise für Asylheischende oder die Potsdamer Antifa, ist natürlich Geld da. So, liebe Potsdamerinnen und Potsdamer, kann es nicht weitergehen."[25]

In der Wahlperiode ab September 2008 wurde Günther Schwemmer dann deutlicher. Er beklagte in einer Kleinen Anfrage, dass es keine Jugendtreffpunkte für Potsdamer Jugendliche gäbe. Bei den bestehenden wurde unterstellt, dass sie fast ausschließlich von linksextremen Jugendlichen besucht worden seien, um dann eine schriftliche Anfrage nachzuschieben, in welcher von der Stadtverwaltung Treffpunkte für sogenannte nationale Jugendliche gefordert werden. Sein Ziel war es also nicht, alle Jugendlichen gleichermaßen zu fördern, wie es das Kinder- und Jugendhilfegesetz vorsieht, sondern „nationalen Jugendlichen" besondere Räume zu geben.

Der Oberbürgermeister antwortete mit einem ebenso klaren wie kurzen:

„Die Landeshauptstadt Potsdam wird keine Maßnahmen ergreifen, damit in Zukunft auch für nationale Jugendliche Jugendklubs zur Verfügung gestellt werden."[26]

Außerdem hat die DVU im Frühjahr 2009 viel Kraft darauf verwendet, massiv Stimmung gegen den Umzug des Asylbewerberheimes in das Wohngebiet „Am Schlaatz" zu machen, um Ängste zu schüren. Es gab mehrere schriftliche Anfragen, in denen Bewohnern des Asylbewerberheimes Straftaten unterstellt und zudem mögliche Risiken des Umzuges für die Bürgerinnen und Bürger diskutiert wurden. Die Anfragen wurden zusätzlich durch eine Unterschrif-

---

[24] Günter Schwemmer: Staatsmacht und Antifa die Stirn bieten. In Halbe muß weiter getrauert werden dürfen. In: Deutsche Stimme, 11/2006.

[25] http://www.dvu-potsdam.de/stvv.html [zuletzt aufgerufen am 15.10.2009, nicht mehr verfügbar].

[26] Landeshauptstadt Potsdam, Der Oberbürgermeister: Beantwortung der Anfrage „Kulturelle Angebote für nationale Jugendliche in Potsdam", Ds. 08/SVV/1066, 11.12.2008.

tensammlung unterstrichen, die dem Oberbürgermeister übergeben wurden. All dies wurde ausführlich auf der Internetseite der DVU ausgebreitet. Hier ein kurzer Auszug:

> „Potsdam darf nicht Kreuzberg werden! Wir wehren uns gegen die Überfremdung unserer Stadtviertel durch Afrikaner, Türken, Araber und sonstige kulturfremde Ausländer. Berlin sollte uns Potsdamern ein warnendes Beispiel sein."[27]

In einer weiteren Anfrage wurden die Kosten für den Bau einer Synagoge angefragt. Neben diesen Anfragen, in denen das Mandat dazu benutzt wurde, um fremdenfeindliche Stimmung zu machen, fallen die wenigen Anfragen, die sich um Sachpolitik – wie effektiver Winterdienst, Wartezeiten in Behörden, verschmutzte Sitze im Potsdamer ÖPNV und anderes – drehen, nicht mehr wirklich ins Gewicht. All diese Anfragen sind von der Stadtverwaltung kurz und präzise beantwortet worden. Die aus den Fragestellungen herauslesbaren Verallgemeinerungen („Viele Bürgerinnen und Bürger beklagen sich ...") und Unterstellungen sind, ohne näher darauf einzugehen, schon allein durch die Darstellung von Fakten zurückgewiesen worden.

Kreistag Elbe-Elster

Auf unsere Nachfrage bei verschiedenen Bürgern aus dem Landkreis Elbe-Elster, was denn die DVU im Kreistag tut, kam immer wieder die Antwort: „Die machen eigentlich nichts!"

Im Kreistag sitzen aber zwei Abgeordnete, die bei dem wenigen Personal, das die DVU in Brandenburg zu bieten hat, nicht ganz unbedeutend sein dürften: Bernd Jugendheimer, Vorsitzender des DVU-Kreisverbandes Elbe-Elster und Kandidat auf der Landesliste der DVU zur Landtagswahl 2009 auf Platz 13, und Norbert Schulze, inzwischen stellvertretender Landsvorsitzender und Vorsitzender des DVU-Kreisverbandes Oberspreewald-Lausitz, bis zur Abwahl im September 2009 Mitglied der DVU-Fraktion im Brandenburgischen Landtag und auf der Landesliste Platz 3.

Da die DVU bei der Kommunalwahl am 27. September 2008 im Landkreis Elbe-Elster 5,1% der Stimmen erreicht hatte, konnte sie mit einem weiteren Abgeordneten, Michael Witschel, in den Kreistag einziehen.[28] Sie ist nunmehr sogar mit drei Abgeordneten vertreten.

---

[27] http://www.dvu-potsdam.de/ [zuletzt aufgerufen am 15.10.2009, nicht mehr verfügbar].

[28] Amt für Statistik Berlin-Brandenburg: Statistischer Bericht B VII 3 – 4 – 5j/08. Kommunalwahlen im Land Brandenburg am 28.9.2008. Potsdam 2008, S. 55, http://www.statistik-berlin-brandenburg.de/publikationen/Stat_Berichte/2008/SB_B7-3-4_j05-08_BB.pdf [zuletzt aufgerufen am 1.12.2009].

Betrachtet man die Anfragen, die Bernd Jugendheimer und Norbert Schulze in der Wahlperiode 2003-2008 gestellt haben, so zielten fast alle auf Themen, die zu dieser Zeit für den Landkreis relativ aktuell waren: Ärztemangel, Gesundheitsbericht, Gemeindefinanzierung, Vogelgrippe, Tourismuskonzept, Leistungs- und Begabtenklassen, demographischer Wandel, Straßenbaufragen und anderes. Auch Anfragen zur Zahl der Asylbewerber[29] oder zum Asylbewerberleistungsgesetz[30] wurden ohne erkennbare Demagogie vorgetragen.

Anders sah es aus beim Änderungsantrag der DVU-Fraktion in der 10. Sitzung des Kreistages am 28. Februar 2005. Ursprünglich hatte die PDS-Fraktion folgenden Antrag eingebracht:

„Der Kreistag beschließt, seine 11. Sitzung am 18. April 2005 mit einer Feierstunde anlässlich des bevorstehenden 60. Jahrestages der Befreiung zu beginnen."[31]

Der Änderungsantrag der DVU-Fraktion dagegen lautete:

„Der Kreistag beschließt, seine 11. Sitzung am 18. April 2005 mit einer Feierstunde zum Gedenken an alle Opfer von Krieg und Vertreibung anlässlich des bevorstehenden 60. Jahrestages des Endes des Zweiten Weltkrieges zu beginnen."[32]

In der Formulierung der Begründung wird deutlich, worauf der Schwerpunkt des Gedenkens an die Opfer eigentlich gelegt werden sollte. Darin heißt es:

„Am 8. Mai jährt sich zum 60. Mal der Jahrestag der bedingungslosen Kapitulation Hitler-Deutschlands. Dieser Tag war zweifellos für viele Menschen ein Tag der Befreiung, insbesondere für ehemalige Häftlinge deutscher Konzentrationslager, alliierter Kriegsgefangener oder auch Zwangsarbeiter aus besetzten Ländern. Der 8. Mai 1945 war aber für große Teile des deutschen Volkes auch ein Tag des Elends, der Qual und der Trauer. Denn für Millionen von Deutschen, welche Opfer der Vertreibung aus den deutschen Ostgebieten, Opfer alliierter Lager in Ost- und West wurden oder als Kriegsgefangene oder Verschleppte oft jahrelang fern der Heimat als Zwangsarbeiter gequält und vielfach getötet wurden, begann eine Zeit der Hölle auf Erden."

---

29 Niederschrift der 2. Sitzung des Kreistages Elbe-Elster vom 15.12.2003.
30 Niederschrift der 5. Sitzung des Kreistages Elbe-Elster vom 21.6.2004.
31 Niederschrift der 10. Sitzung des Kreistages Elbe-Elster vom 28.2.2005.
32 Niederschrift der 5. Sitzung des Kreistages Elbe-Elster vom 18.4.2005.

Im Weiteren sollte auch noch der Opfer der kommunistischen Diktatur in der DDR gedacht werden. Mehrere Abgeordnete aus anderen Fraktionen äußerten sich dazu. Hier ein Auszug aus dem Protokoll der Sitzung:

> „Herr Kestin[33] äußert sich bestürzt, dass den Kreistag Elbe-Elster die Dinge von Dresden eingeholt haben. Er lehnt den Antrag der DVU-Fraktion öffentlich ab."[34]

Auch der Vorsitzende der PDS-Fraktion, Helmut Andrack, betonte, dass mit der Feierstunde der gemeinsame Wille dokumentiert wird, sich rechtem Gedankengut und Tun entgegenzustellen. Der SPD-Abgeordnete Leißner ergänzte:

> „(…) Denn wir sollten deutlich machen, dass im Elbe-Elster Kreis und in diesem Kreistag rechtes Gedankengut keinen Platz hat."[35]

Die von der DVU-Fraktion beantragte geheime Abstimmung ergab am Ende 34 Gegenstimmen und sieben Ja-Stimmen – vier Stimmen mehr, als die DVU-Fraktion zu bieten hat. Dies hat auch bei anderen Fraktionen für Beunruhigung und Diskussionen gesorgt.[36]

Ähnlich wie bei den hier zitierten Abgeordneten fällt auch die Bewertung der DVU durch den brandenburgischen Verfassungsschutz aus:

> „Die Partei vertritt häufig unterschwellig, teilweise aber auch kaum verhohlen, ein für Rechtsextremisten typisches Gemisch von Antisemitismus, Fremdenfeindlichkeit, und Rassismus. In geschichtsklitternder Weise wird eine Umdeutung der deutschen Geschichte versucht, dabei werden die vom nationalsozialistischen Deutschland verübten Verbrechen verharmlost oder gar in Frage gestellt."[37]

In der Arbeit der DVU-Abgeordneten im Kreistag Elbe-Elster zeigt sich sehr deutlich der Spagat, den beide versuchen und der zur Strategie der DVU gehört. Auf Landesebene gestalten und vertreten Norbert Schulze und Bernd Jugendheimer die rechtsextreme Ideologie der DVU als Partei mit. Vor Ort

---

[33] Fraktionsvorsitzender der Wählergemeinschaft Landwirtschaft, Umwelt, Natur (WG LUN).
[34] Niederschrift der 10. Sitzung des Kreistages Elbe-Elster 28.2.2005.
[35] Niederschrift der 10. Sitzung des Kreistages Elbe-Elster 28.2.2005.
[36] Simone Wendler: Die rechtsextreme DVU und der 8.Mai. In: Lausitzer Rundschau, 18.4.2005, S.3.
[37] Ministerium des Innern des Landes Brandenburg, a.a.O., S.40.

sollen die Leute sie aber nicht mit dieser Ideologie, sondern als Kümmerer um die Probleme der Menschen wahrnehmen.

Auch die Nähe zur NPD wird bei einzelnen Aktionen deutlich. Im November 2008 war es für den Abgeordneten Bernd Jugendheimer jedenfalls kein Problem, in Gröden (Elbe-Elster) und in Dörfern im angrenzenden Sachsen gemeinsam mit führenden NPD-Mitgliedern aus Sachsen und Brandenburg zum Volkstrauertag Kränze niederzulegen, jedenfalls wenn man den Veröffentlichungen des NPD Kreisverbandes Meißen glauben darf.

> „Fortgesetzt wurde diese fruchtbare Kooperation am zurückliegenden Volkstrauertrag, als 34 nationalgesinnte Sachsen und Brandenburger gemeinsam der Kriegstoten der deutschen Nation gedachten. Prominente Teilnehmer waren der DVU-Kreistagsabgeordnete aus dem Elbe-Elster-Kreis, Bernd Jugendheimer, der Meißener NPD-Kreistagsabgeordnete Jan Szabo sowie der stellvertretende Landesvorsitzende der Jungen Nationaldemokraten Sachsen, Daniel Sommer. Gemeinsam legten sie Gedenkkränze in Gröden, Lichtensee, Wülknitz, Gröditz, Spansberg und Stolzenhain nieder. NPD-Kreisverband Meißen"[38]

Wie sich diese „fruchtbare" Kooperation nach dem Bruch des Deutschlandpaktes durch die NPD vor der Landtagswahl 2009 weiter entwickeln und welchen Weg die DVU in Brandenburg einschlagen wird, bleibt abzuwarten. Auch wenn viele Anzeichen dafür sprechen, dass die DVU als Partei ihre einflussreichsten Tage gesehen haben dürfte, sollte dennoch das Wirken der Abgeordneten vor Ort im Auge behalten und die Auseinandersetzung mit der durch die DVU vertretenen Ideologie nicht vernachlässigt werden.

Die NPD in Brandenburg

Die NPD wurde 1964 gegründet und hat seitdem viele Höhen und Tiefen durchlebt. Seit 1996 wird sie von Udo Voigt geführt. Unter Voigt gelang der NPD der Wiederaufstieg.[39] Er formte die Partei zu einem deutlich verjüngten Apparat um. Momentan zählt die NPD laut Bundesamt für Verfassungsschutz bundesweit ca. 7.000 Mitglieder, etwa 500 Mitglieder mehr, als die DVU aufweisen kann. Sie sitzt in Sachsen und in Mecklenburg-Vorpommern im Landtag, wobei sie in Sachsen bei der Wahl im August 2009 nur sehr knapp

---

[38] http://www.npd-riesa-grossenhain.de/Seiten/archiv/08/12/6.html [zuletzt aufgerufen am 1.12.2009].

[39] Toralf Staud: Moderne Nazis. Die neuen Rechten und der Aufstieg der NPD. Köln 2005, S. 19ff.

mit 5,6% den Wiedereinzug in den Landtag schaffte.[40] Das Presseorgan der NPD ist die „Deutsche Stimme" mit ihrem Verlag in Riesa.

Die Partei selbst verfügt über mehrere Unterorganisationen. Dies sind die Jungen Nationaldemokraten (JN), die Jugendorganisation der NPD, die Kommunalpolitische Vereinigung (KPV), der Ring nationaler Frauen (RNF) und der Nationaldemokratische Hochschulbund e.V. (NHB). Auch in Brandenburg sind diese Organisationen mal mehr und mal weniger aktiv. Anfang 2008 veranstaltete der RNF ein Regionaltreffen in Brandenburg. Vom NHB ist in Brandenburg noch nicht wirklich etwas sichtbar geworden.

Auch Bürgerinnen und Bürger Brandenburgs sind in diesen Unterorganisationen tätig. Manuela Kokott, Kreistagsabgeordnete im Landkreis Oder-Spree, und Stella Hähnel aus der Gemeinde Am Mellensee in Teltow-Fläming engagieren sich im Ring nationaler Frauen.[41] Frau Hähnel fungiert als stellvertretende Bundesvorsitzende dieses Verbandes „nationaler Frauen". Ein weiteres Vorstandsmitglied ist die gelernte Kinderkrankenschwester Antje Kottusch aus Woltersdorf.[42]

Betrachtet man den Bundesvorstand der NPD, trifft man dort auch auf Brandenburger Gesichter. Klaus Beier, der NPD-Landesvorsitzende in Brandenburg, ist gleichzeitig Bundesgeschäftsführer und Pressesprecher der Bundespartei[43] – also ein Mann, der mitmischt in der NPD-Spitze. Jörg Hähnel, der Ehemann von Stella Hähnel, übt ebenfalls eine Funktion im Bundesvorstand aus. Er ist zuständig für das Amt für Öffentlichkeitsarbeit und ist gleichzeitig Landesvorsitzender der Berliner NPD.[44] Viele Aktivisten der NPD haben mehrere Ämter inne – dies zeigt, über wie wenig qualifiziertes Personal die Partei tatsächlich verfügt.

Die KPV ist – laut Eigenbeschreibung – der Zusammenschluss aller kommunaler Repräsentanten der Partei und darüberhinaus auch anderer „nationaler Mandatsträger".[45] Es könnte also durchaus sein, dass auch Abgeordnete der DVU die Unterstützung der Vereinigung nutzen.

---

[40] http://www.freistaat.sachsen.de/wahlen.htm [zuletzt aufgerufen am 1.12.2009].

[41] http://www.ring-nationaler-frauen.de/netzseiten/index.php?option=com_content& task=blogsection&id=7&Itemid=74 [zuletzt aufgerufen am 1.12.2009].

[42] http://www.bnr.de/content/npd-frauen-mit-neuem-vorstand [zuletzt aufgerufen am 1.12.2009].

[43] http://www.brandenburg-waehlt.de/kandidaten/spitzenkandidat/ [zuletzt aufgerufen am 1.12.2009].

[44] http://www.npd.de/html/241/personenprofil/detail/63/ [zuletzt aufgerufen am 1.12.2009].

[45] http://www.kpv-npd.de/index.php?option=com_content&view=article&id=1 [zuletzt aufgerufen 20.10.2009].

Die KPV will die Abgeordneten bei der Ausübung ihrer Mandate unterstützen und Kandidaten auf einen möglichen Antritt bei Wahlen vorbereiten. Sie sorgt für einen regelmäßigen Austausch unter den Mandatsträgern, dokumentiert Erfahrungen, die sie im Rahmen ihrer Arbeit gemacht haben, und schult die Abgeordneten zu allgemeinen und speziellen Themen der Kommunalpolitik. Außerdem erledigt sie die Zusammenführung und Dokumentation bereits erfolgter Aktivitäten von kommunalen Mandatsträgern der NPD zum Zweck der arbeitssparenden Übernahme in die eigene Arbeit. Vorsitzender der KPV ist Hartmut Krien, seit 2004 Stadtrat in Dresden und Mitarbeiter der NPD-Fraktion im sächsischen Landtag.[46] Als Beisitzerin wurde unter anderem die Brandenburgerin Lore Lierse gewählt, NPD-Gemeindevertreterin im Mühlenbecker Land (Oberhavel). Sie fungierte in der KPV als Organisationsbeauftragte für die Kreistagswahl in Brandenburg.[47]

Die JN verstehen sich als Jugendorganisation der NPD und fungieren oft auch als Bindeglied zu den sogenannten Freien Kräften im Land. Sie sorgt für den Nachwuchs der Partei. Bundesvorsitzender der JN ist Michael Schäfer aus Sachsen-Anhalt. Es ist davon auszugehen, dass insgesamt ca. 400 Personen bundesweit Mitglied in dieser Organisation sind.[48] Der brandenburgische Verfassungsschutz geht von einer Mitgliederzahl von etwa 50 Personen in Brandenburg aus. Auf den Internetseiten der JN findet man unter anderem diese Selbstbeschreibung:

„Die Jungen Nationaldemokraten verstehen sich als eine weltanschaulich-geschlossene Jugendbewegung neuen Typs mit revolutionärer Ausrichtung und strenger innerorganisatorischer Disziplin, deren Aktivisten hohe Einsatz- und Opferbereitschaft abverlangt wird. Wir begnügen uns nicht mit einem Dasein im Schatten unserer Mutterpartei, sondern entwickeln vielmehr als revolutionäre Bewegung für junge Nationalisten zwischen 14 und 35 Jahren autonome konzeptionelle Vorstellungen. Den Schwerpunkt unseres politischen Kampfes sehen wir in der Basisarbeit in den Städten, Landkreisen und Gemeinden. Im gemeinschaftlichen Wirken unserer Kameradinnen und Kameraden versuchen wir dort, unsere politischen Vorstellungen in weite Kreise der deutschen Jugend zu tragen."[49]

---

[46] http://www.npd.de/html/581/ [zuletzt aufgerufen am 26.10.2009].

[47] http://www.kpv-npd.de/index.php?option=com_content&view=article&id=16 [zuletzt aufgerufen 20.10.2009].

[48] Bundesministerium des Inneren (Hg.): Verfassungsschutzbericht 2008. Berlin 2009.

[49] http://www.jn-buvo.de/index.php?option=com_content&task=view&id=12&Itemid=26 [zuletzt aufgerufen am 1.12.2009].

Vor Ort in den Städten und Dörfern verschwimmen oft die Abgrenzungen zwischen JN und Freien Kräften. Oft agieren die jungen rechtsextremen Aktivisten auch in zusammenhängenden Gruppen bzw. losen Zusammenhängen gemeinsam. Für durchschnittlich informierte Bürger ist es schwer zu erkennen, welchen einzelnen Gruppierungen die rechtsextrem auffallenden Jugendlichen an der Ecke oder auf dem Dorfplatz angehören. Beschäftigt man sich genauer mit der lokalen oder regionalen rechtsextremen Szene und achtet auf ihre Vernetzung, wird oft deutlicher, wo entsprechende Jugendliche einzuordnen sind.

Die Jungen Nationaldemokraten betreiben in Brandenburg insgesamt vier sogenannte Stützpunkte: Lausitz, Potsdam, Oranienburg und Oderland. Viele der heutigen JN-Mitglieder standen früher bzw. vor ihrer Mitgliedschaft den Freien Kräften nahe.

Wenden wir nun wieder den Blick auf die Mutterpartei, die NPD in Brandenburg. Die NPD ist seit der Wende in Brandenburg aktiv und gründete 1991 den Landesverband Berlin-Brandenburg. Aufgrund einer erhöhten Mitgliederzahl in Brandenburg wurde 2003 ein eigener Landesverband Brandenburg begründet. Er hat seinen Sitz in Birkenwerder. Als Landesvorsitzender fungiert derzeit Klaus Beier. Wie bereits oben erwähnt, ist er gleichzeitig Bundesgeschäftsführer und Pressesprecher der NPD. Er ist ebenfalls kommunalpolitisch als Kreistagsabgeordneter im Landkreis Oder-Spree tätig. Sein Stellvertreter ist der junge Ronny Zasowk aus Cottbus.

Die NPD zählt derzeit in Brandenburg ca. 300 Mitglieder, wobei die Mitgliederzahl seit 2004 steigend ist. Die Mitglieder sind in acht Kreisverbänden[50] in ganz Brandenburg organisiert. Zusätzlich existieren nach NPD-eigener Darstellung zwei Stadtverbände, fünf Ortsbereiche und zwei Stützpunkte in den Regionen.[51] Man muss davon ausgehen, dass die NPD auch 2009 ihre Strukturen an der Basis weiter ausbauen konnte.

Im Jahr 2009 zeigte die NPD auf ihre Art Selbstbewusstsein und wurde vertragsbrüchig; sie kündigte einseitig den mit der DVU geschlossenen Deutschlandpakt und trat ebenfalls zur Landtagswahl in Brandenburg an. Ob mit oder ohne Deutschlandpakt – die Wähler haben beide rechtsextreme Parteien unterhalb der 5-Prozent-Hürde gehalten.

Auf den ersten Blick ist dies eine positive Sache. Betrachtet man sich aber genauer, wie die NPD zur Landtagswahl angetreten ist, so zeigt sich: Die Partei sollte nicht unterschätzt werden. Innerhalb kürzester Zeit hat die NPD Kandidaten für die Landtagswahl aufgestellt und trat in 37 von 44 Wahlkrei-

---

[50] http://brandenburg.npd.de/?page_id=36 [zuletzt aufgerufen am 5.11.2009] und http://brandenburg.npd.de/?p=165 [zuletzt aufgerufen am 5.11.2009].
[51] http://brandenburg.npd.de/?page_id=36 [zuletzt aufgerufen am 5.11.2009].

sen mit Direktkandidaten an. Ursprünglich hatte sich der Landesvorstand zum Ziel gesetzt, wegen der kurzen Vorbereitungsphase nur in 50% der Wahlkreise anzutreten. Dieses Ziel wurde weit überboten. Die NPD trat letztendlich in 85% der Wahlkreise in Brandenburg an.[52] Innerhalb von 30 Tagen hatte die NPD auch die nötigen Unterstützungsunterschriften zusammen.

Für den Wahlkampf zur Landtagswahl hatte die NPD eine zusätzliche Internetseite geschaltet. Auf dieser Seite wurden die Kandidaten recht fein und bürgerlich dargestellt und auch das Wahlprogramm vermarktet.[53] Eine Lawine von NPD-Plakaten überflutete das Land. Die Brandenburger NPD wurde dabei von anderen NPD-Landesverbänden unterstützt. Das Ergebnis: die NPD hatte ein Wahlergebnis von 2,5% bei der Landtagswahl in Brandenburg.[54]

Der innerparteiliche Zusammenhalt in der NPD ist hoch – unabhängig davon, ob er auf Überzeugung, auf Druck und Angst oder auf wirkliche Kameradschaft zurückgeht. Man sollte die NPD deshalb nicht unterschätzen. Sie wird verstärkt daran arbeiten, ihre Basis weiter auszubauen.

Die NPD lässt sich Zeit. Sie möchte sich eine starke Basis und eine Verankerung in den Orten schaffen. Diese Arbeit setzt sie weiter fort. Auch die Ergebnisse der Kommunalwahlen 2008 sind ein Indiz dafür, dass sie auch in Brandenburg nicht ganz erfolglos ist.

Die Menschen vor Ort in den Regionen, in den Städten und Dörfern Brandenburgs müssen entscheiden, ob sie mit solch einer Partei leben und arbeiten können. Etwas plakativ gesagt, ist es die Entscheidung jedes Einzelnen zwischen individueller Freiheit, Toleranz untereinander und Achtung der Vielfalt auf der einen oder Einpassung in die Volksgemeinschaft, Angst und Gleichschaltung auf der anderen Seite.

Die NPD in Kreistagen und Stadtverordnetenversammlungen

Bei den Kommunalwahlen 2008 konnte die NPD 16 Mandate in sechs Kreistagen und der kreisfreien Stadt Cottbus erringen. Nach der Landtagswahl 2009 ist ein weiteres Mandat hinzugekommen und eines verloren gegangen. Der ehemalige DVU-Abgeordnete Marcel Guse aus der Stadtverordnetenversammlung Potsdam ist nach der Wahlniederlage der DVU zur NPD übergetreten, da er sich keine Chancen mehr für die DVU ausrechnete. Der NPD-Abgeordnete im Kreistag Uckermark, Andy Kucharzewsky, ist im November

52 http://www.npd-hessen.de/index.php/id/1485/ [zuletzt aufgerufen am 1.12.2009]
53 http://www.brandenburg-waehlt.de/ [zuletzt aufgerufen am 1.12.2009].
54 http://www.forschungsgruppewahlen.de/Aktuelles/Wahlanalyse_Brandenburg/ [zuletzt aufgerufen am 13.10.2009].

Landkreise und kreisfreie Städte	Prozent für die NPD	Anzahl der Mandate	Personen
Cottbus	2,95%	2	Frank Hübner (geb.1966), Bürokaufmann Ronny Zasowk (geb. 1986), Student[55]
Spree-Neiße	4,0%	2	Markus Noack (geb.1989), Auszubildender Karsten Schulz (geb.1981), Maurer[56]
Oberhavel	4,3%	2	Detlef Appel (geb. 1955), Kaufmann Axel Dreier (geb. 1963), Polier[57]
Oder-Spree	4,5%	3	Klaus Beier (geb.1966), NPD-Bundesgeschäftsführer Manuela Kokott (geb. 1968), Steuerfachangestellte Lars Bayer (geb. 1969), Technischer Angestellter[58]
Uckermark	4,0%	2 (aktuell nur noch 1)	Irmgard Hack (geb.1936), Krankenschwester/ Gemeindeschwester i.R. Andy Kucharzewsky (geb.1986), Fachkraft für Abfallwirtschaft,[59] im November 2009 aus der NPD ausgetreten, aber weiterhin Kreistagsmitglied
Dahme-Spreewald	4,6%	3	Frank Knuffke (geb.1966), selbstständiger KfZ-Meister Gerd Müller (geb.1940), Rentner Sven Gunnar Haverlandt (geb.1979), Informatiker
Havelland	4,0%	2	Dieter Brose (geb.1943), Betriebswirt Maik Schneider (geb.1987), Industriemechaniker[60]

Tabelle 2: Kommunalwahl 2008 im Land Brandenburg, Ergebnisse für die NPD. Gemäß dem Stand nach der Kommunalwahl ist der Abgeordnete Guse bei der DVU (Tabelle 1) aufgeführt.

[55] Amtliche Bekanntmachung der endgültigen Wahlergebnisse der Kommunalwahl 2008. In: Amtsblatt für die Stadt Cottbus, Jg. 18, H. 11, 11.10.2008, S. 1-4; Wahl der Stadtverordnetenversammlung sowie der Ortsbeiräte in der Stadt Cottbus. In: Amtsblatt für die Stadt Cottbus, Jg. 18, H. 10, 20.9.2008, S. 1-2.

[56] http://www.lkspn.de/wahlen2008/160765.html [zuletzt aufgerufen am 1.12.2009].

[57] http://wahl.oberhavel.de/KT/2008/wahl.html [zuletzt aufgerufen am 1.12.2009].

[58] Bekanntmachungen des Kreiswahlleiters zur Kommunalwahl 2008. In: Amtsblatt für den Landkreis Oder-Spree, Jg. 15, H.13, 17.10.2008, S. 2-9.

[59] Amt für Statistik Berlin-Brandenburg, a.a.O.

[60] Öffentliche Bekanntmachung der zugelassenen Wahlvorschläge zur Wahl des Kreistages des Landkreises Havelland am 28.9.2008. In: Amtsblatt des Landkreises Havelland, Jg. 15, H. 11, 3.9.2008, S.186; Öffentliche Bekanntmachung des endgültigen Ergebnisses der Wahl des Kreistages des Landkreises Havelland am 28. September 2008. In: Amtsblatt des Landkreises Havelland, Jg. 15, H. 12, 9.10.2008, S.201-211.

2009 aus der NPD ausgetreten.[61] Somit verfügt die NPD aktuell über 16 Mandate in sechs Landkreisen und zwei kreisfreien Städten in Brandenburg.

Die Arbeit der NPD bezüglich der Kreistage und Stadtverordnetenversammlungen ist anders angelegt als die der DVU. Die NPD versucht gezielt, die in Sachsen getestete und einigermaßen erfolgreiche Strategie der kommunalen Verankerung zu verfolgen. Diese soll die NPD über die Kreistage und Gemeindevertretungen, über Normalisierung und Gewöhnung hin zu ihrem Ziel Landtag und Bundestag führen. Über diese Schiene will die NPD einen Umbau der Gesellschaft nach ihren rassistischen und autoritären Vorstellungen erreichen und am Ende die parlamentarische Demokratie abschaffen.

Die KPV der NPD sorgt für eine rege Vernetzung unter den Mandatsträgern. Verfolgt man in den verschiedenen Regionen und Bundesländern die Anfrage- und Antragsstellung der NPD in den verschiedenen Parlamenten und Vertretungen, so wird ganz schnell deutlich, dass Anträge und Anfragen teilweise hin und her geschoben werden. Sie werden mal hier und mal da gestellt. Das hat den Vorteil, dass sich Mandatsträger vor Ort nicht immer die Mühe machen müssen, eigene Anträge zu entwickeln oder eigene Anfragen auszuarbeiten.

Die NPD testet in diesem Zusammenhang auch, wie unterschiedlich Verwaltungen und Vertretungen auf ihre Anträge und Anfragen reagieren, und kann so einen direkten Vergleich ermöglichen. Die KPV dokumentiert die verschiedenen Erfahrungen der NPD-Abgeordneten und sorgt für eine Qualifizierung der Mandatsträger. Dies versteht sie unter einer „Zusammenführung und Dokumentation bereits erfolgter Aktivitäten von kommunalen Mandatsträgern der NPD zum Zweck der arbeitssparenden Übernahme in die eigene Arbeit".[62]

Anders als bei der DVU wollen wir hier bei der NPD eher beispielhaft das Vorgehen der Partei nachvollziehbar machen und einen Überblick verschaffen. Eine Auflistung aller kommunalpolitischen Aktivitäten der NPD-Abgeordneten würde den Rahmen dieses Artikels sprengen.

Die „Nachnutzung" von Anfragen und Anträgen

Schauen wir uns an, wie Anfragen und Anträge in der NPD „nachgenutzt" werden. Da gibt es zum Beispiel eine Anfrage zu den „Kosten für polnische und tschechische Einwanderung". Die Anfrage umfasst 27 Einzelfragen zu Einwanderungsdaten, Abstammungsfragen, Höhe von Sozialleistungen,

---

61 http://www.gegenrede.info/news/2009/lesen.php?datei=091214_01 [zuletzt aufgerufen am 15.12.2009].
62 http://www.kpv-npd.de/index.php?option=com_content&view=article&id=1 [zuletzt aufgerufen am 20.10.2009].

Haupt- und Nebenwohnsitzen, Arbeitsvermittlungen und zu vielen anderen Daten mehr.

In Brandenburg wurde die Anfrage zuerst am 19. Februar 2009 von dem Politikwissenschaftsstudenten und nunmehr stellvertretenden NPD-Landesvorsitzenden Ronny Zasowk in der Stadtverordnetenversammlung Cottbus gestellt.[63] Die Anfrage stammt im Original aus dem Kreistag von Görlitz in Sachsen. Dort wurde sie unter der Überschrift „Hartz IV-Einwanderung aus Polen" mit sage und schreibe 106 Einzelfragen am 30. Januar 2009 gestellt.[64] Als nächstes tauchte die Anfrage am 24. Februar 2009 im Kreistag Spree-Neiße[65] auf, ehe sie am 17. April 2009 im Kreistag des Landkreises Dahme-Spreewald[66] nachgenutzt wurde.

Inhaltliche Antworten konnte die NPD auf diese Anfrage nicht wirklich erwarten. In Cottbus wurde die Anfrage mit Hinweis auf die Kommunalverfassung und die Geschäftsordnung nicht zur Beantwortung zugelassen. Ebenso wurde im Kreistag Spree-Neiße mit Hinweis auf die fehlende Zuständigkeit des Landkreises die Zulassung zur Beantwortung abgelehnt.

Eifrig im Nachnutzen von Anfragen aus dem Kreistag Görlitz war die NPD im Kreistag Dahme-Spreewald auch an anderen Stellen: Am 15. März 2009 stellte sie eine „Anfrage zur Mittelbrandenburgischen Sparkasse". Die Anfrage befasste sich damit, für welche Parteien und politischen Vereinigungen die Sparkasse Konten führt und wem die Kontoeröffnung verweigert wurde. Sie wurde ursprünglich als Anfrage „Kontenführung durch die Sparkasse Oberlausitz-Niederschlesien" am 26. Januar 2009 im Kreistag Görlitz gestellt. Außerdem gab es zwei Anfragen zum Bundesprogramm „Vielfalt tut gut" vom 17. April 2009, die ursprünglich am 19. Februar 2009 im Kreistag Görlitz gestellt worden waren.[67]

Ebenso gut funktionierte die Weitergabe von Anfragen und Anträgen zwischen den NPD-Stadtverordneten von Cottbus und den Kollegen in den Kreistagen von Spree-Neiße und Dahme-Spreewald bei der „Anfrage zu den

---

[63] http://www.cottbus.de/opt/senator/abfrage/index.pl?G_CONTEXT=i3ywDC5S8g2leSch q5tcLQ&G_ID=0:Anfrage:3121 [zuletzt aufgerufen am 1.12.2009].

[64] http://web16.server004.boxfix.de/kreistag/seite/datensatz/51.html [zuletzt aufgerufen am 1.12.2009].

[65] Quelle: Büro des Kreistages Spree-Neiße.

[66] http://www.npd-dahmeland.de/runterladen/kreistag/anfragen/2009-04/Anfrage_Kosten_Einwanderung.pdf [zuletzt aufgerufen am 27.9.2009].

[67] http://www.npd-dahmeland.de/runterladen/kreistag/anfragen/2009-04/Vielfalt_tut_Gut_I.pdf; http://www.npd-dahmeland.de/runterladen/kreistag/anfragen/2009-04/Vielfalt_tut_Gut_II.pdf [zuletzt aufgerufen am 27.9.2009]; http://web16.server004.boxfix.de/kreistag/seite/datensatz/72.html; http://web16.server004.boxfix.de/kreistag/seite/datensatz/59.html [zuletzt aufgerufen am 27.9.2009].

Jugendeinrichtungen"[68] in Trägerschaft der Kommune bzw. der Landkreise und den Bestrebungen der Landkreise, Jugendlichen kulturelle Werte bzw. regionale Brauchtümer nahe zu bringen (SVV Cottbus 22. Januar 2009, Kreistag Dahme-Spreewald 15. März 2009). Ebenso machte der „Antrag zur Verwendung der deutschen Sprache"[69] in allen Beschlüssen usw. die Runde (SVV Cottbus am 15. April 2009, Kreistag Dahme-Spreewald 29. April 2009, Kreistag Spree-Neiße 28. Mai 2009). Wie mechanisch andernorts formulierte Anträge übernommen werden zeigt sich daran, dass man in die Stadtverordnetenversammlung Cottbus einen Antrag mit der fehlerhaften Formulierung einbrachte: „Der Kreistag und seine Vertreter haben Vorbildwirkung auf die Jugend."

Die Reihenfolge kann wechseln: Die „Anfrage zu Cross-Boarder-Leasing-Verträgen"[70] wurde zuerst im Kreistag Dahme-Spreewald (22. November 2008) und dann erst in der SVV von Cottbus (17. März 2009) gestellt.

Gut nachvollziehen kann man die Zusammenarbeit der NPD-Abgeordneten – wahrscheinlich über die KPV – auch bei der einzigen im Kreistag Spree-Neiße zur Beantwortung zugelassenen Anfrage der NPD zu „Widerspruchsverfahren gegen Bescheide über ALG II im Landkreis"[71] vom 25. Februar 2009. Diese Anfrage hatte der NPD-Landesvorsitzende Klaus Beier als Abgeordneter der damaligen NPD-Fraktion im Kreistag Oder-Spree am 10. Juni 2008 schon einmal gestellt und auch eine Antwort erhalten.[72]

Schaut man genau hin, so sieht man, dass allein im Kreistag Dahme-Spreewald von den zehn gestellten Anfragen nur ganze vier aus der eigenen Feder der NPD-Abgeordneten vor Ort stammen und der einzige gestellte Antrag zur Verwendung der deutschen Sprache aus Cottbus kam. Dies muss man den vielen vollmundigen Berichten zur Auswertung der Kreistagssitzungen, wie sie zum Beispiel auf der Internetseite des NPD-Kreisverbandes Dahmeland zu finden sind, gegenüberstellen, um ein reales Bild zu behalten.[73]

Aber selbst der Vorsitzende des NPD-Landesverbandes Klaus Beier nutzt gern die Vorarbeit anderer. In der vorhergehenden Wahlperiode stellte er für die NPD im Kreistag Oder-Spree am 4. Juni 2008 den Antrag, eine Aktion

---

[68] http://www.cottbus.de/opt/senator/abfrage/index.pl?G_CONTEXT=i3ywDC5S8g2leSch q5tcLQ&G_ID=0:Anfrage:3120 [zuletzt aufgerufen am 1.12.2009].

[69] http://www.cottbus.de/opt/senator/abfrage/index.pl?G_CONTEXT=4aiJmFa6xT2Mp-mlauSeQA&G_ID=0:Antrag:2129 [zuletzt aufgerufen am 1.12.2009].

[70] http://www.cottbus.de/opt/senator/abfrage/index.pl?G_CONTEXT=i3ywDC5S8g2leSch q5tcLQ&G_ID=0:Anfrage:3126 [zuletzt aufgerufen am 1.12.2009].

[71] Quelle: Kreistagsbüro Spree-Neiße.

[72] http://www.npd-oderland.de/html/2008_7.html [zuletzt aufgerufen am 23.9.2009].

[73] Zum Beispiel http://www.npd-dahmeland.de/kreistagssitzung-vom-7-10-2009/ [zuletzt aufgerufen am 1.12.2009].

„Roter Stolperstein gegen das Vergessen"[74] in der Kreisstadt Beeskow durch-zuführen. Dieser Antrag war komplett vom Antrag der NPD-Fraktion in der Bezirksverordnetenversammlung Lichtenberg in Berlin abgeschrieben wor-den, der dort von Jörg Hähnel am 24. April 2008 als Drucksache DS/0834/VI eingebracht worden war. Der Kreistag Oder-Spree lehnte den Antrag ab, weil er einen unzulässigen Eingriff in die Hoheitsrechte der Stadt Beeskow bedeutet hätte.

Spannend wäre, noch einmal genau zu analysieren, ob manche Anfragen eine noch weitere Reise hinter sich haben und wer sie letztendlich wirklich geschrieben hat. Aber das würde an dieser Stelle zu weit führen.

Ziele der NPD-Abgeordneten in den Kommunalen Vertretungen

Man würde in der Analyse viel zu kurz greifen, wenn man das Agieren der NPD-Abgeordneten nur auf das Nachnutzen von Initiativen reduzieren würde. Man muss sich immer wieder klar machen, dass es ganz bestimmte Zielrichtungen für Initiativen der NPD in den kommunalen Vertretungen gibt. Versucht man, diese verschiedenen Zielrichtungen herauszuarbeiten, kristallisieren sich mindestens drei verschiedene Punkte heraus.[75]

Eine Zielrichtung ist das Verbreiten von Inhalten rechtsextremer Ideologie. Rechtsextreme Abgeordnete haben viele Bestandteile des Rechtsextremismus verinnerlicht, wie: Befürwortung einer rechts-autoritären Diktatur, Glaube an die Überlegenheit der eigenen „Rasse" und damit einhergehende Angst vor deren Untergang oder auch nur Vermischung mit anderen „Rassen", Aus-länderfeindlichkeit, Antisemitismus oder Verharmlosung des Nationalso-zialismus. Wenn man sich die Themen der Anfragen und Anträge genauer anschaut, findet sich vieles, was sich auf diese ideologischen Grundlagen zurückführen lässt.

Unter das Verbreiten von Inhalten rechtsextremer Ideologie fällt zum Bei-spiel manches im Handeln der NPD-Abgeordneten im Kreistag Oder-Spree. Dort sitzt die NPD schon seit der Wahlperiode 2003-2008. Zuerst waren es zwei Abgeordnete, seit der Kommunalwahl 2008 sind es drei Abgeordnete. Einer davon ist eben Klaus Beier, der Vorsitzende des NPD-Landesverbandes Brandenburg.

In der Zeit von 2003 bis 2008 hatte die NPD Fraktionsstatus und stellte schriftlich ca. 16 Anfragen und ca. zehn Anträge, wobei sie in den Jahren

---

[74] http://www.npd-oderland.de/html/2008_9.html [zuletzt aufgerufen am 23.9.2009].
[75] Wir folgen bei unserer Einteilung den Ausführungen von Toralf Staud: Die NPD in den Kommunalparlamenten: Was tun? Und wie kann man ihnen begegnen? In: Dietmar Molthagen u. a. (Hg.): Gegen Rechtsextremimus. Handeln für Demokratie. Bonn 2008, S. 235.

2004-2006 nur langsam in Fahrt kam. Schaut man sich die Themen der Anfragen und Anträge näher an, versuchten die NPD-Abgeordneten anfangs sehr offensiv, ihre rechtsextreme Ideologie zu vertreten und die Abgeordneten der demokratischen Parteien damit zu provozieren. Dabei drehten sich einzelne Anträge immer wieder darum, das Gedenken an die Verfolgten und Opfer des Naziregimes zu verhindern oder mit der Vertreibung der Deutschen gleichzusetzen.[76] Diese Anträge wurden im Kreistag sofort abgelehnt.

Im Jahr 2006 gab es eine besonders perfide Aktion. Die Gleichstellungsbeauftragte des Landkreises hatte zu einem Wochenende für dunkelhäutige Jugendliche mit eingeladen, um diesen Gelegenheit zu geben, sich kennenzulernen und sich über spezielle Probleme ihrer Situation auszutauschen. Dieses Seminar wurde in einer Anfrage der NPD-Fraktion vom 15. März 2006 als eine überregionale rassistische und antideutsche Veranstaltung bewertet und in zehn Punkten angefragt. Die schriftliche Antwort des Landrates fiel kurz und knapp aus.

In diese Kategorie gehört auch der Antrag zur Änderung der Musikschulsatzung[77] vom 27. Juni 2007. Darin wurde beantragt, die Ermäßigung für Asylbewerber zu streichen, da diese keine Bürger des Landkreises sind. Außerdem seien hier die Anfrage vom 20. November 2007 in zehn Punkten zu den Asylbewerberheimen des Landkreises[78] und eine Anfrage vom 10. Juni 2008 zur Unterstützung des Festes der Demokratie durch den Landkreis genannt.[79]

Die Liste der Anfragen zur Verbreitung rechtsextremer Ideologieinhalte lässt sich noch weiter fortsetzen, auch in anderen kommunalen Vertretungen gab es Anfragen und Anträge in diese Richtung. Im Kreistag Havelland zum Beispiel stellte der NPD-Abgeordnete Dieter Brose Anfragen zur „Rückführung von Asylbewerbern", zu „Aufwendungen für Asylanten" oder sogar einen „Antrag zur Bestellung eines Rückführungs- statt einer Integrationsbeauftragten".[80]

---

[76] Antrag der NPD-Fraktion zur Änderung der Tagesordnung vom 27.1.2004, das Gedenken an die Verfolgten und Opfer des Naziregimes von der Tagesordnung zu streichen; Antrag der NPD-Fraktion vom 26.4.2005 zur Änderung der Tagesordnung, den TOP „Vereinbarung über die Zusammenarbeit zwischen dem Landkreis LOS und dem Landkreis Slubice" abzusetzen.

[77] http://www.npd-oderland.de/html/2007_7.html [zuletzt aufgerufen am 23.9.2009].

[78] http://www.npd-oderland.de/html/2007_12.html [zuletzt aufgerufen am 23.9.2009].

[79] http://www.npd-oderland.de/html/2008_8.html [zuletzt aufgerufen am 23.9.2009].

[80] Anfragen 02/2008 vom 10.11.2008, Anfrage 04/2008 vom 30.12.2008, Kreistagsbüro Havelland; http://www.npd-havel- nuthe.de/?p=396 [zuletzt aufgerufen am 1.12.2009].

Auch die NPD-Abgeordneten in der Stadtverordnetenversammlung Cottbus, Frank Hübner und Ronny Zasowk, versuchten sich an der Verbreitung ihrer rückwärtsgewandten, ausländerfeindlichen und geschichtsklitternden Ideologie: Zusätzlich zu den schon oben beschriebenen nachgenutzten Anträgen beantragte Frank Hübner am 20. Januar 2009 – in zeitlicher Nähe zum Tag des Gedenkens an die Opfer des Nationalsozialismus, dem Tag der Befreiung des Konzentrationslagers Auschwitz, – am 15. Februar 2009 eine Gedenkveranstaltung zum Jahrestag des „anglo-amerikanischen Bombenterrors" vor 64 Jahren abzuhalten.[81] Beide NPD-Abgeordneten blieben bei der Gedenkminute der Stadtverordnetenversammlung für die Opfer auf ihren Plätzen sitzen und brüskierten damit die anderen Abgeordneten, die Gäste und die Öffentlichkeit.

Ronny Zasowk reichte am 17. März 2009 eine Anfrage zu den nichtdeutschen Studenten in Cottbus ein, deren Aufenthalt nach Abschluss des Studiums an der BTU einzudämmen sei[82] oder am 19. Juni 2009 eine Anfrage zu den legalen oder illegalen Zuwanderern[83] in Cottbus.

In vielen kommunalen Vertretungen, in denen NPD-Abgeordnete sitzen, ging es auch immer wieder in Anfragen um die örtlichen Jugendeinrichtungen. Diese Initiativen haben fast immer den Hintergrund, als Partei endlich die Möglichkeit zu bekommen, „nationale Jugendzentren" zu errichten, um rechtsextreme Ideologie direkt und offiziell unter die Jugendlichen bringen zu können.

Sich die ideologischen Grundlagen dieser Anfragen und Anträge immer wieder vor Augen zu führen und sich auch damit offensiv auseinanderzusetzen, ist eine Aufgabe, die vor den Abgeordneten der demokratischen Parteien über die ganze Wahlperiode hindurch steht.

Eine weitere Zielrichtung der NPD-Abgeordneten ist die bewusste Provokation der Öffentlichkeit. Meist sind schon die Anfragen, in denen rechtsextreme Ideologie verbreitet werden soll, Provokation für demokratische Abgeordnete. Sprache, Gestus beim Vortragen und Tenor der Initiativen lassen manchen sprachlos werden oder treiben anderen die Zornesröte auf die Wangen. Das wird bewusst betrieben. Ein Teil dieser Provokation richtet sich an die Öffentlichkeit.

Wesentlicher ist aber, dass rechtsextreme Abgeordnete auch ihrer eigenen Klientel zeigen müssen, wie sie die Ideologie vertreten. Oft sitzen die NPD-

81 http://www.cottbus.de/opt/senator/abfrage/index.pl?G_CONTEXT=4aiJmFa6xT2Mp-mlauSeQA&G_ID=0:Antrag:2122 [zuletzt aufgerufen am 1.12.2009].
82 http://www.cottbus.de/opt/senator/abfrage/index.pl?G_CONTEXT=i3ywDC5S8g2leSc hq5tcLQ&G_ID=0:Anfrage:3125 [zuletzt aufgerufen am 1.12.2009].
83 http://www.cottbus.de/opt/senator/abfrage/index.pl?G_CONTEXT=i3ywDC5S8g2leSc hq5tcLQ&G_ID=0:Anfrage:3135 [zuletzt aufgerufen am 1.12.2009].

Anhänger bei den Gästen und bilden das eigentliche Publikum für die Auftritte rechtsextremer Abgeordneter. Diesen Anhängern müssen sie praktisch beweisen, wie sehr sie die „Systempolitiker" – wie alle anderen, demokratisch gewählten Abgeordneten von NPD-Vertretern gern und häufig betitelt werden – bekämpfen und bloßstellen.

Daneben gibt es aber auch die kalkulierte, bewusste Provokation der kommunalen Gremien, ihrer Abgeordneten und der Öffentlichkeit. Darunter fällt zum Beispiel das Auftreten der NPD-Abgeordneten Irmgard Hack bei der konstituierenden Sitzung des Kreistages Uckermark. In der ersten Sitzung fiel der 72-jährigen NPD-Abgeordneten das Amt der Ältesten zu und damit die Aufgabe, den Kreistag zu eröffnen. Dagegen gab es vor und in der Kreistagssitzung unter anderem vom Bürgerbündnis „Tolerante Uckermark" erhebliche Proteste.[84] Die Vorschriften der Geschäftsordnung mussten jedoch eingehalten werden.

Bei der Erstellung des Textes für die Eröffnungsrede hatte Frau Hack offenbar Unterstützung von der Kommunalpolitischen Vereinigung der NPD, und auch Kameraden des NPD-Kreisverbandes Niederschlesien-Oberlausitz waren zur Unterstützung extra bis in die Uckermark gereist.[85] Ihr Versuch, die Eröffnungsrede propagandistisch auszunutzen, schlug jedoch dank der guten Vorbereitung durch den bisherigen Kreistagsvorsitzenden fehl.

Auch bei anderen konstituierenden oder normalen Sitzungen hat es ähnliche Provokationen gegeben. Manchmal waren diese bewusst propagandistisch, manchmal bestanden sie eben „nur" in der Verletzung anerkannter Höflichkeitsregeln, wie dem Aufstehen bei Gedenkminuten. Diese Provokationen sollten von demokratischen Abgeordneten oder den Vorsitzenden der kommunalen Vertretungen immer und klar zurückgewiesen werden.

Das letzte Ziel rechtsextremer Vertreter ist der Versuch von Sachpolitik. Um eine kommunale Verankerung voranzutreiben und nach dem Vorbild der NPD in Sachsen erst auf kommunaler, dann auch auf Landesebene wählbar zu werden, muss sich die NPD mit Sachpolitik beschäftigen. Dies versuchen auch rechtsextreme Abgeordnete in den kommunalen Vertretungen in Brandenburg.

Im Kreistag Havelland betreibt das der NPD-Abgeordnete Dieter Brose mit Anfragen zu ganz unterschiedlichen Themen. Sie reichen von der Lage des Kulturzentrums, über die Wirtschaftsentwicklung des Landkreises bis zur regionalen Armut und anderen Problemen.

---

[84] http://www.endstation-rechts.de/index.php?option=com_content&view=article&id=2264 [zuletzt aufgerufen am 29.9.2009].
[85] http://www.npd-loebau-zittau.de/?p=1516 [zuletzt aufgerufen am 29.9.2009].

Auch Klaus Beier hat das in der vergangenen Wahlperiode im Kreistag Oder-Spree mit vielen Anfragen und Anträgen versucht. Die drei NPD-Abgeordneten im Kreistag Dahme-Spreewald versuchen, sich zumindest den Anschein zu geben, konkrete Sachanfragen zu stellen, auch wenn sie mehr Anfragen von anderen nachnutzen, als selbst etwas zu den tatsächlichen Gegebenheiten und Problemen im Landkreis zu entwickeln und zu formulieren.

Bis zum Juni 2009 hat auch der Vorsitzende des NPD-Kreisverbandes Lausitz, Ronny Zasowk, in der Stadtverordnetenversammlung von Cottbus Anfragen zu den unterschiedlichsten Themen gestellt. Da ging es zum Beispiel um die Zahl der Suizidfälle in Cottbus, die 1-Euro-Jobber-Beschäftigung (so die Formulierung in der Anfrage), die Bewirtschaftungskosten der Dienstwagen oder die Inanspruchnahme von Mitteln aus dem Konjunkturpaket II.

Zum Teil fällt es beim Lesen und Beurteilen der Anfragen schwer, einen tatsächlich Bezug zu einem konkreten Anlass vor Ort herzustellen. Bei manchen Anfragen hat man auch den Eindruck, da werden „erstmal so" Fragen gestellt.

Abgesehen davon sollte man sich vor Ort die Anfragen der NPD, die konkrete Bezüge zu örtlichen Problemlagen aufweisen, sehr genau anschauen. Die beste Art und Weise zu verhindern, dass sich Bürgerinnen und Bürger mit ihren Anliegen nur bei der NPD wiederfinden, ist, sich als Abgeordnete demokratischer Parteien um deren Belange zu kümmern und sehr nah bei den Menschen und ihren Problemen vor Ort zu sein.

Veränderungen in den Kreistagen und Stadtverordnetenversammlungen der kreisfreien Städte

Bei unseren Veranstaltungen und Fortbildungen sind immer wieder TeilnehmerInnen erschrocken, dass nach der Kommunalwahl 2008 in 13 von 14 Landkreisen in Brandenburg rechtsextreme Abgeordnete in den Kreistagen sitzen und dazu in mancher Stadtverordnetenversammlung oder Gemeindevertretung. Manchmal haben wir das Gefühl, dass diese Tatsache in Brandenburg noch nicht wirklich im Bewusstsein der Menschen angekommen ist.

Veränderungen des politischen Klimas nach der Kommunalwahl 2008

In Kreistagen und Stadtverordnetenversammlungen, in denen vorher kein Vertreter saß, sitzen nun zwei (Barnim: DVU, Uckermark: NPD, Havelland: NPD, Spree-Neiße: NPD, Cottbus: NPD) oder sogar drei (Dahme-Spreewald:

NPD). Mitunter ist die Zahl der rechtsextremen Abgeordneten gestiegen (Märkisch-Oderland: einer auf zwei/ DVU, Oder-Spree: zwei auf drei/ NPD, Oberhavel: einer auf zwei/ NPD, Elbe-Elster: zwei auf drei/ DVU). Nur in den Landkreisen Potsdam-Mittelmark, Teltow-Fläming und Oberspreewald-Lausitz sowie in der Stadt Potsdam ist die Zahl gleich geblieben. Im Landkreis Prignitz wechselte das Mandat von der NPD zur DVU, in Potsdam nunmehr – wie erwähnt – durch Parteiwechsel des Abgeordneten von der DVU zur NPD.

Hinter den statistischen Zahlen stehen vor Ort Menschen. Menschen, die mehr oder weniger offen rechtsextremes Gedankengut vertreten und die an vielen Orten auch in der örtlichen oder brandenburgischen Parteiführung beteiligt sind. Viele sind auch bei rechtsextremen Aufzügen, Infoständen oder Mahnwachen als Teilnehmer oder Teilnehmerinnen zu finden oder organisieren diese. Menschen, mit denen mancher Abgeordneter und manche Abgeordnete vor Ort – wenn er oder sie es sich aussuchen könnte – keinen Raum teilen würde.

Nach der Kommunalwahl bestand nunmehr im Herbst 2008 die Notwendigkeit, einen angemessenen Umgang mit der erhöhten Zahl der rechtsextremen Vertreter und Vertreterinnen zu finden. Wie geht man mit Personen in einer kommunalen Vertretung um, die sich zum Teil deren Abschaffung auf die Fahnen geschrieben haben oder die von der bestehenden Demokratie nichts halten, ja sie sogar, sobald sie den Sitzungssaal verlassen haben, aktiv mündlich oder schriftlich bekämpfen?

Die Schwierigkeiten fingen schon mit der Frage der Sitzordnung an. Wo werden rechtsextreme Abgeordnete platziert? Hinter oder neben welcher Fraktion oder Abgeordnetengruppe sollen sie sitzen? Wie schränkt man die Kontaktmöglichkeit zu eventuellen Anhängern unter den Zuschauern und zu eventuellen Beratern ein? Viele Vertretungen haben sich – sorgfältig durch die Büros der Kreistage und Stadtverordnetenversammlungen und die bisherigen Vorsitzenden vorbereitet – sehr darum bemüht, all diese Fragen und Sorgen zu berücksichtigen. Da wurden vor der konstituierenden Sitzung Stühle hin und her geschoben, die Sitzordnung begutachtet und Absprachen getroffen. Und dennoch waren in einigen Vertretungen die Abgeordneten unangenehm berührt, als sie real den VertreterInnen der rechtsextremen Parteien gegenüber standen oder sie hinter und neben sich sitzen hatten. Auch dann musste der gefühlte nötige Abstand in einigen Vertretungen noch einmal korrigiert werden.

Mancherorts war es nicht möglich, ein gemeinsames Foto des neuen Kreistages oder der Stadtverordnetenversammlung zu machen, weil Abgeordnete demokratischer Parteien nicht auf ein Foto mit den VertreterInnen von DVU oder NPD wollten.

Einige Abgeordnete haben uns auch erzählt, welche menschliche Verunsicherung das Da-sein rechtsextremer Abgeordneter im Sitzungssaal hervorgerufen hat, besonders wenn diese als führende Köpfe oder langjährige Neonazis bekannt sind.

Hatte man vorher alle Abgeordneten per Handschlag begrüßt, egal welcher Fraktion sie angehörten, und ein Schwätzchen gemacht, waren manche sich plötzlich unsicher. Gebe ich rechtsextremen Abgeordneten als Menschen die Hand, ohne Berücksichtigung ihrer politischen Ausrichtung? Oder ist es menschlich legitim, ihnen eine Begrüßung zu verweigern, weil ich mit ihrer politischen Haltung anderen Menschen, zum Beispiel Fremden, gegenüber nichts zu tun haben möchte und dies die politische Auseinandersetzung, die in kommunalen Gremien ausgetragen werden muss, überschreitet?

Die Schwierigkeiten, auf die Fragen zum Umgang für jeden einzelnen Abgeordneten und jede Vertretung eine angemessene Antwort zu finden, sind zum Teil von außen belächelt worden. Dabei ist es zutiefst menschlich, dass man durch Menschen mit demokratiefeindlichen Auffassungen verunsichert ist und erst im Laufe der Zeit eine Antwort oder Haltung findet.

Was kann man tun?

Zunächst einmal sollte außerhalb der kommunalen Vertretungen diesen Fragen und Verunsicherungen Verständnis entgegengebracht werden. Zum Zweiten müssen diese Fragen innerhalb der Vertretungen beachtet und besprochen werden. Und drittens müssen sie mit den gefundenen Antworten sorgfältig und angemessen in die Öffentlichkeit vermittelt werden.

In den kommunalen Vertretungen, in denen diese Fragen offen fraktionsübergreifend oder wenigstens fraktionsintern besprochen worden sind, haben Fraktionen und einzelne Abgeordnete die nötige Handlungssicherheit bekommen.

Wo dies bisher nicht geschehen ist, ist es sinnvoll, diese Verständigung auch jetzt noch zu beginnen und regelmäßig zu wiederholen. Dies anzuregen, wäre eine Aufgabe der Vorsitzenden der kommunalen Vertretungen und der Fraktionen.

Für alle ist es hilfreich, sich ab und zu in den Fraktionen neben der inhaltlich anspruchsvollen Arbeit Zeit zu nehmen, die Fragen des menschlichen Umgangs intern in Ruhe zu besprechen, die bisherigen Erfahrungen zu reflektieren und eventuell Korrekturen vorzunehmen. Dabei ist es wichtig, die unterschiedlichen menschlichen Grenzen zu akzeptieren. Manche/r hat mehr, mache/r weniger Schwierigkeiten. Wichtig ist es dennoch, sich auszutauschen und eine einheitliche Linie zu verabreden.

Bei aller menschlicher Gewöhnung, die der Umgang mit rechtsextremen Abgeordneten mit sich bringt, sollte man immer wieder die Sinne schärfen und beobachten, welche Ideologie diese Abgeordnete außerhalb des Sitzungssaales verbal und aktiv betreiben, um in der Haltung klar zu bleiben und auch ein klares Bild nach außen zu bieten. Arbeit und Umgang in den kommunalen Vertretungen finden vor den Augen der Öffentlichkeit statt.

Geschäftsordnungen

Den wichtigsten Handlungsrahmen zur Arbeit in den kommunalen Vertretungen bildet neben der Kommunalverfassung die jeweilige Geschäftsordnung.

Mit der Änderung der Kommunalverfassung 2008 ist die Mindestzahl zur Bildung einer Fraktion mit allen daran hängenden Rechten verändert worden. Fast alle Kreistage haben daher in ihren Geschäftsordnungen die Mindestzahl zur Bildung einer Fraktion auf vier erhöht. Die Ausnahme bilden die Kreistage von Potsdam-Mittelmark und Teltow-Fläming. In keiner Vertretung haben die rechtsextremen Abgeordneten nach den Wahlergebnissen allein die Möglichkeit, eine Fraktion zu bilden. Sie müssten sich daher mit anderen Abgeordneten zusammenschließen, was bisher in keinem Kreistag und keiner Stadtverordnetenversammlung geschehen ist. Am Fraktionsstatus hängen unter anderem sowohl die Mitgliedschaft in den Ausschüssen als auch die Möglichkeit der Entsendung berufener Bürger. Zudem haben fraktionslose Abgeordnete auch kein Rederecht in den Ausschüssen. Die Einhaltung dieser Rederechtbeschränkung tatsächlich auch zu beachten, ist Aufgabe eines/r jeden Ausschussvorsitzenden. Die Niederschriften der Ausschüsse sollten jedoch allen Abgeordneten zur Verfügung stehen, egal, ob automatisch zugesandt oder auf Anfrage. Denn zu wissen, was mit welchen Ergebnissen in den Ausschüssen verhandelt worden ist, ist eine wesentliche Grundlage zur Vorbereitung von Sitzungen der kommunalen Vertretungen. Diese Möglichkeit darf fraktionslosen Abgeordneten unabhängig von der Parteizugehörigkeit nicht genommen werden.

Mit allen Regelungen in der brandenburgischen Kommunalverfassung sowie in den Geschäftsordnungen der kommunalen Vertretungen, die die Rechte und Arbeitsmöglichkeiten für fraktionslose Abgeordnete einschränken, sollte aber sehr bedacht umgegangen werden.

Der Wunsch, die Einflussmöglichkeiten rechtsextremer Abgeordneter zu beschränken oder sich als kommunale Vertretung nicht von Rechtextremen auf der Nase herumtanzen zu lassen, ist sehr verständlich und auch wichtig. Allerdings ist es auch ein Zeichen der Stärke unserer Demokratie, dass wir die demokratischen Regeln einhalten und die Rechte der Minderheiten in kommunalen Vertretungen achten und schützen. Dies gilt für fraktionslose rechtsextreme und fraktionslose demokratische Abgeordnete.

Eine weitere wichtige Regel in unserer Demokratie ist, dass das Geschehen in den Kreistagen und Stadtverordnetenversammlungen für die Wählerinnen und Wähler nachvollziehbar ist und damit auch einer öffentlichen Kontrolle unterliegt. Was in den Sitzungen passiert, auch wenn WählerInnen nicht direkt als Gäste teilnehmen, muss leicht einsehbar sein. Deshalb erachten wir es als sinnvoll und notwendig, Niederschriften ins Internet zu stellen und so für Interessierte abrufbar zu machen.

Tagesordnung

Sehr sorgfältig sollte unseres Erachtens auch mit den Versuchen rechtsextremer Abgeordneter umgegangen werden, ohne Einhaltung der vorgeschriebenen Mindestzahl an Unterschriften, Verhandlungsgegenstände auf die Tagesordnung setzen zu lassen.

Geschickt versuchen einige rechtsextreme Abgeordnete, bestehende Konflikte zwischen demokratischen Parteien oder Fraktionen auszunutzen, um ihr Ziel, mit Sachverhalten auf die Tagesordnung zu gelangen, zu erreichen. Gelingt es, wird es per Internet oder unter den Anhängern als Sieg gefeiert, den demokratischen Kräften eins ausgewischt oder diese zur Behandlung von oder sogar zur Zustimmung zu rechtsextremen Vorstößen gebracht zu haben.

Dieses Vorgehens rechtsextremer Abgeordneter sollten sich die demokratischen Parteien bewusst sein. Sie haben die Entscheidung in der Hand, ob sie in Eigenregie ihre bestehenden Meinungsverschiedenheiten austragen oder sich dabei von rechtsextremen Abgeordneten ausnutzen lassen.

Fast alle Kreistage haben für die Aufnahme von Anträgen in die Tagesordnung in der Geschäftsordnung eine Mindestzahl von Abgeordneten festgelegt, die diese Anträge mittragen müssen. Diese Regelung gilt auch für rechtsextreme Abgeordnete und sollte konsequent angewandt werden.

Anfragen

Anfragen sind eins der wenigen Mittel, die fraktionslosen Abgeordneten zur Verfügung stehen, um bei konkreten Fragen Auskunft zu bekommen und bestimmte Themen ins Blickfeld zu rücken. Dies ist ein unmittelbares Recht zur Ausübung des Mandates.

Anfragen, die sich auf Angelegenheiten des Landkreises oder der kreisfreien Stadt beziehen, müssen daher unserer Auffassung nach, von jedem einzelnen Abgeordneten gestellt werden dürfen. Man kann die Fülle von Anfragen, die an manchen Orten vorliegen, schon dadurch begrenzen, dass man genau die rechtlichen Rahmenbedingungen für Anfragen einhält oder nur eine bestimmte Zahl von Anfragen pro Sitzung zulässt.

In § 29 der Kommunalverfassung[86] ist für die Kontrolle der Verwaltung festgelegt, dass das Verlangen auf Auskunft „unter Darlegung eines konkreten Anlasses begründet werden" soll.

Dies und der Bezug auf „die Verbandskompetenz" in § 29 BbgKVerf bilden die Grundlage dafür, ob alle – wie oben ausgeführt manchmal wahllos gestellte – Anfragen auch beantwortet werden oder unter Anwendung der rechtlichen Regelungen auch zurückgewiesen werden müssen.

Nach der Sichtung der Anfragen, die in Kreistagen und Stadtverordnetenversammlungen in dieser Wahlperiode bisher gestellt worden sind, fehlt die Darlegung des konkreten Anlasses oftmals. Daher dürften viele Anfragen unter Einhaltung des rechtlichen Rahmens nicht zur Beantwortung zugelassen werden, ohne damit die Ausübung des Mandats für rechtsextreme Abgeordnete unrechtmäßig zu beschränken.

Die Arbeit der Büros der Kreistage und Stadtverordnetenversammlungen

Eine wichtige Schnittstelle für die Arbeit der Kreistage und Stadtverordnetenversammlungen der kreisfreien Städte sind die Büros der kommunalen Vertretungen mit ihren vielerorts sehr engagierten Mitarbeiterinnen und Mitarbeitern.

Sie sorgen dafür, dass nach Absprache und Festlegung der Vorsitzenden der Vertretungen alle Sitzungen logistisch gut vorbereitet sind und alle Abgeordneten die notwendigen Papiere haben. Auch alle schriftlichen Anfragen und Anträge, Bitten und Wünsche der Abgeordneten, notwendige Hilfestellungen, Protokolle und Nachbereitungen aller Sitzungen haben dort ihren Platz.

Die Mitarbeiterinnen und Mitarbeiter in diesen Büros sind – wie mit allen anderen Abgeordneten – auch direkt mit den rechtsextremen Abgeordneten beschäftigt und haben diese genauso korrekt zu behandeln. Manchmal ist es für die Mitarbeiterinnen und Mitarbeiter der Büros schwer aushaltbar, dass sie mit rechtsextremen Abgeordneten umgehen müssen, zum Beispiel wenn diese unverhohlen ihre Gesinnung zum Ausdruck bringen. Im Gegensatz zu den Abgeordneten der demokratischen Parteien können diese Mitarbeiterinnen und Mitarbeiter sich aber nicht politisch mit den rechtsextremen Abgeordneten auseinandersetzten, weil sie wie eine Verwaltungseinheit funktio-

---

[86] Kommunalverfassung des Landes Brandenburg (BbgKVerf) vom 18. Dezember 2007 (GVBl. I/07, Nr. 19, S. 286, geändert durch Artikel 15 des Gesetzes vom 23. September 2008 (GVBl. I/08, Nr. 12, S. 202, 207).

nieren müssen. Das ist manchmal eine ziemliche Belastung und sollte von anderen Abgeordneten auch beachtet und wertgeschätzt werden.

Weiterhin spielt eine Rolle, dass fraktionslose Abgeordnete nicht die Logistik und Ausstattung einer Fraktion hinter sich haben und daher zum Teil versucht sind, die Büros der kommunalen Vertretungen für Geschäftsstellenaufgaben zu nutzen. Natürlich bedeutet es eine Gratwanderung, rechtsextreme Abgeordnete in gewissem Umfang zu unterstützen, sich aber als Büro nicht vereinnahmen zu lassen. Um diese Gratwanderung wird man nicht herumkommen. Um dabei das richtige Maß einzuhalten, brauchen die Mitarbeiterinnen und Mitarbeiter der Büros Gespräche, Hinweise und Begleitung.

Fazit

Im Umgang mit Rechtsextremen in Kommunalvertretungen gibt es – wie auch sonst in der politischen Praxis – kein Patentrezept und nicht „die eine richtige Lösung". Als DemokratIn sollte man sich der rechtsextremen Herausforderung stellen, aber wie das konkret geschehen kann, müssen die Akteure jeweils für ihre Stadt und für ihren Landkreis im Einzelnen diskutieren.[87]

Wichtig ist aus unserer Sicht, dass Abgeordnete demokratischer Parteien über die politischen Inhalte von NPD und DVU informiert sind und wissen, welche Ziele die Parteien verfolgen. Dies ist als Grundlage für eine inhaltliche Auseinandersetzung in den kommunalen Vertretungen notwendig. Um diese Informationen zu bekommen, können sich die Fraktionen selbst auf den Internetseiten der Parteien informieren oder zum Beispiel regelmäßig Experten einladen.

Des Weiteren ist es notwendig, im Blick zu behalten, was die rechtsextremen Parteien im Land Brandenburg, aber auch im Kreisverband vor Ort thematisieren. Einige rechtsextreme Abgeordnete schreiben regelmäßig Berichte über das Geschehen in den Sitzungen der kommunalen Vertretungen vor Ort. Die Abgeordneten der demokratischen Parteien sollten wissen, was dort beschrieben wird und vor allem in welchem – oft abfälligen – Ton über die Arbeit der Kommunalvertretung hergezogen wird. Das hilft manch-

[87] Siehe dazu auch: Brandenburgisches Institut für Gemeinwesenberatung: Rechtsextreme in Kommunalvertretungen – Was können Demokraten tun? Hinweise des Mobilen Beratungsteams Brandenburg, http://www.gemeinwesenberatung-demos.de/Materialf%C3%BCrdiePraxis/HandreichungRechtsextremeinParlamenten/tabid/1097/Default.aspx [zuletzt aufgerufen am 1.12.2009].

mal, im Alltagsgeschäft der Sitzungen und in dem damit verbundenen Gewöhnungseffekt klar zu sehen, was Rechtsextreme eigentlich von der Arbeit kommunaler Vertretungen und ihrer Abgeordneten halten.

Ab und zu sollten sich die Fraktionen und Abgeordneten auch darüber informieren, wie einzelne Mandatsträger rechtsextremer Parteien außerhalb der Kommunalvertretung auftreten. So ist es möglich, sie menschlich besser einordnen zu können. Hin und wieder entdeckt man den einen oder die andere bei martialischen NPD-Demonstrationen – oder bei der Betreuung einer „Mahnwache" in der Nachbarstadt.

Aufschlussreich ist der Umgang der NPD mit Politikern anderer Parteien. Kurz vor der Bundestagswahl 2009 hatte die NPD „Heimreiseformulare" an Berliner Politiker aus Zuwandererfamilien verschickt. Diese Schreiben wirkten wie amtliche Bescheide und forderten die Bundestagskandidaten mit Migrationshintergrund auf, das Land zu verlassen.[88] Die NPD war so dreist, die Betroffenen gleich über die Einzelheiten ihrer Ausreise zu informieren.

Für die jeweils konkrete Auseinandersetzung und den Umgang mit rechtsextremen Mandatsträgern müssen sich die Demokraten klar werden, welches Ziel sie haben und welche Strategien und Mittel für die Auseinandersetzung geeignet sind.

Zu den konkreten Handlungszielen können gehören:
- Information und Aufklärung über Ideologie und Strategie der Rechtsextremen,
- Reduzierung der rechtsextremen Stimmenzahl bei der nächsten Wahl,
- Behinderung der außerparlamentarischen Arbeit der Rechtsextremen,
- Skandalisierung der Arbeit von Rechtsextremen in kommunalen Vertretungen,
- Überzeugung und Abwerbung der rechtsextremen Mandatsträger und anderes mehr.

Dabei müssen sich auch demokratische Abgeordnete und Fraktionen über die unterschiedlichen Adressaten ihrer Aktivitäten im Klaren sein. Richtet sich eine Aktivität direkt gegen die rechtsextremen Abgeordneten? Soll es eine Botschaft an die rechtsextremen Gäste unter den Zuschauern oder potenzielle WählerInnen sein? Oder soll die Öffentlichkeit allgemein angesprochen werden?

Um letztlich Klarheit und Handlungssicherheit im Umgang mit rechtsextremen Angeordneten und den dahinter stehenden Parteien zu gewinnen, ist und bleibt es wichtig, sich für Information, Austausch und Entwicklung von Strategien in den einzelnen Fraktionen und fraktionsübergreifend Zeit zu

---

[88] http://www.infranken.de/nc/nachrichten/lokales/artikelansicht/article/npd-verschickt-heimreiseformulare-34404.html [zuletzt aufgerufen am 1.12.2009].

nehmen. Mit einer klaren inneren Haltung lassen sich viele schwierige Situationen meistern, die in der Arbeit kommunaler Vertretungen entstehen, in denen rechtsextreme Abgeordnete vorhanden sind. Je besser die Öffentlichkeit die strategische Auseinandersetzung mit rechtsextremen Inhalten nachvollziehen kann und je näher demokratische Abgeordnete an den tatsächlichen Problemen der Menschen vor Ort arbeiten, desto weniger werden rechtsextreme Abgeordnete ihren Einfluss ausbauen können. Die sorgfältige Auseinandersetzung aller an der Arbeit der kommunalen Vertretungen Beteiligten ist dafür ein wichtiger Baustein.

Katrin Pecker

Wo wird rechtsextrem gewählt?
Ein Kurzbericht zu den Landtagswahlergebnissen
rechtsextremer Parteien in Brandenburg

Es gibt eine ganze Fülle von Untersuchungen zu der Frage, unter welchen Bedingungen rechtsextreme Parteien bei Wahlen Erfolge erzielen. In einigen Aufsätzen wird der Zusammenhang zwischen der Zufriedenheit mit den demokratischen Parteien und dem Wahlerfolg rechtsextremer Parteien analysiert. So werden etwa die dominanten Themen der Wahlkämpfe in Beziehung zu den Erfolgen rechtsextremer Parteien gesetzt.[1] Andere konzentrieren sich auf die Untersuchung von Werteeinstellungen in Milieus und Wählergruppen, die auf rechtsextreme Weltbilder der Befragten schließen lassen, um daraus Rückschlüsse auf das Wahlverhalten zu ziehen.[2] Die Mehrheit der Aufsätze und Studien betrachtet – je nach der jeweils gewählten Fragestellung oder Methode – oft nur einige ausgewählte Aspekte und ihren Zusammenhang mit dem Wahlerfolg von rechtsextremen Parteien. Wahlökologische Studien, die die verschiedenen Faktoren für einzelne Regionen zusammenführen, gibt es bislang weitaus weniger.

In diesem Beitrag sollen kurz die wichtigsten Indikatoren und Einflüsse skizziert werden. Dabei stehen die soziokulturellen und sozioökonomischen sowie die strukturellen Bedingungen im Vordergrund. Basierend auf den gesammelten Erfahrungen der Autorin im Rahmen von Projektarbeit zum regionalen Rechtsextremismus im südlichen Brandenburg, werden die wesentlichen Faktoren gesammelt und ihr Bezug zu den Wahlergebnissen der DVU und der NPD dargestellt. Dafür werden die Kommunalwahlen 2008 und die Landtagswahl 2009 in Brandenburg exemplarisch herangezogen.

---

[1] Vgl. u. a. Henrik Steglich: Erfolgsbedingungen der extremen Rechten in Deutschland – Die Bedeutung von Wahlkampfthemen. In: Uwe Backes/ Henrik Steglich (Hg.): Die NPD. Erfolgsbedingungen einer rechtsextremen Partei. Baden-Baden 2007, S. 55-74.

[2] Vgl. Kai Arzheimer/ Tatjana Rudi: Wertorientierungen und ideologische Einstellungen. In: Hans Rattinger/ Oscar W. Gabriel/ Jürgen W. Falter (Hg.): Der gesamtdeutsche Wähler. Stabilität und Wandel des Wahlverhaltens im wiedervereinigten Deutschland. Baden-Baden 2007, S. 167-187.

Landtagswahl 2009 in Brandenburg – eine demokratische Erfolgsgeschichte

Die Ergebnisse der Landtagswahl vom 27. September 2009 können die demokratischen Parteien in Brandenburg zuversichtlich stimmen, denn es gibt – gemessen an der vorangegangenen Landtagswahl 2004 – keine Verlierer, sondern nur Gewinner. Die drei großen Parteien können zwar keine gravierenden Stimmengewinne verbuchen, aber weder SPD, CDU noch Die Linke haben deutliche Stimmenverluste zu verzeichnen. Selbst die kleineren Parteien FDP und Grüne haben nach 15 Jahren wieder den Einzug in das brandenburgische Landesparlament geschafft. Zudem lag die Wahlbeteiligung durchschnittlich 8 Prozentpunkte über der im Jahr 2004. Umfragen von Infratest dimap im Zuge der Wahl zeigten eine überdurchschnittlich hohe Zufriedenheit von 59% mit der Landesregierung. Der amtierende Ministerpräsident Platzeck konnte sogar einen Zustimmungswert von 66% erreichen. Experten bezeichneten einen solchen Wert als überragend, vor allem gemessen an den Zufriedenheitswerten von 2004: Damals erreichte der Zustimmungswert für die Landesregierung nur 32%.[3]

Gekrönt wurde dieser „Tag der Demokraten" mit der klaren Abwahl der DVU. Nach zehn Jahren ist die rechtsextreme Partei nicht mehr im brandenburgischen Landtag vertreten. Besonders bemerkenswert ist, dass in Brandenburg die Abwahl nicht nur durch die wesentlich höhere Wahlbeteiligung erreicht wurde, sondern vor allem durch signifikante Verluste bei den absoluten Stimmen. 2004 gaben noch etwa 20.000 Wähler mehr ihre Zweitstimme einer rechtsextremen Partei.

Die Momentaufnahme des Wahltags bescheinigt Brandenburg unbestritten eine positive demokratische Entwicklung. Dennoch lohnt es sich, die Ergebnisse der Landtagswahl genauer anzusehen. Insbesondere die regionalen Unterschiede der Wahlergebnisse sind dabei von Bedeutung. Vor dem Hintergrund der zu erwartenden sozioökonomischen und strukturellen Entwicklungen Brandenburgs in den kommenden Jahren können sie Anhaltspunkte für künftige Wahlergebnisse rechtsextremer Parteien liefern.

---

[3] Die Angaben entstammen der Wahlauswertung von Jürgen Hofrichter, Bereichsleiter Wahlforschung bei Infratest dimap, Vortrag gehalten am 18. November 2009 in der brandenburgischen Landeszentrale für politische Bildung.

Ergebnisse der rechtsextremen Parteien – eine Grobskizze

Analysiert man die Ergebnisse für die rechtsextremen Parteien bei der Landtagswahl, so kann folgendes Bild skizziert werden.

– Die Aufkündigung des Deutschlandpaktes im Frühsommer 2009 und das daraus resultierende Antreten beider Parteien (NPD und DVU) bei den brandenburgischen Wahlen für Landtag und Bundestag beschränkten von Anfang an die Chancen auf den (Wieder-)Einzug einer rechtsextremen Partei in den brandenburgischen Landtag. Das rechtsextreme Lager wurde damit geschwächt. Die gestiegene Wahlbeteiligung und der reale Stimmenverlust bei der Landtagswahl sorgten zusätzlich dafür, dass beide Parteien zusammen nur 3,7% aller Zweitstimmen erhielten. Bei der Bundestagswahl waren es insgesamt 3,5%.

– Mit der Landtagswahl hat die NPD die bis dahin führende rechtsextreme Partei in Brandenburg, die DVU, abgelöst. Sie erhielt auf Anhieb mehr als doppelt so viele Stimmen.[4] Die DVU ist mit rund 1% der Zweitstimmen bei dieser Wahl politisch bedeutungslos. Nach einhelliger Einschätzung hat es die NPD in den vergangenen Jahren wesentlich besser verstanden, neue Mitglieder in Brandenburg zu akquirieren und sich entsprechend lokal zu verankern, als ihre Konkurrenzpartei DVU. Sie versteht es, moderner aufzutreten, und schafft es, vor allem jüngere, insbesondere männliche Wähler zu mobilisieren. Aus der Altersgruppe der 18-24-Jährigen haben 17% der Wähler der NPD ihre Stimme gegeben.[5]

– Tendenziell erreichen rechtsextreme Parteien in den ländlichen Räumen Brandenburgs vor allem in berlinfernen Gebieten höhere Wahlergebnisse als in den Städten und Ballungszentren im Umland von Berlin. Das trifft vor allem auf abgelegene und Randgebiete im Osten und im Süden des Landes zu. Besonders sichtbar ist das in den Landkreisen Barnim, Dahme-Spreewald, Elbe-Elster, Oberspreewald-Lausitz, Märkisch-Oderland, Oder-Spree, Spree-Neiße und Uckermark. Dort haben die beiden rechtsextremen Parteien überdurchschnittliche Stimmenanteile erzielt. In einigen Kommunen erreichten beide Parteien zusammen knapp 15% der abgegebenen Zweitstimmen.

[4] Nach dem amtlichen Endergebnis erhielt die DVU bei der Landtagswahl 2009 1,18% und knapp 16.000 der Zweitstimmen. 2004 waren es noch 6,1% mit ca. 71.000 abgegebenen Zweitstimmen. Die NPD erhielt bei der Landtagswahl 2009 2,55% und ca. 35.000 Zweitstimmen und zog damit spielend an der DVU in Brandenburg vorbei. Insgesamt wurden etwa 51.000 Zweitstimmen für rechtsextreme Parteien gezählt.

[5] Vortrag von Jürgen Hofrichter, Bereichsleiter Wahlforschung bei Infratest dimap zur Wahlauswertung, gehalten am 18. November 2009 in der Landeszentrale für politische Bildung.

– Überdurchschnittliche Wahlergebnisse in den mittleren und Kleinstädten Brandenburgs können rechtsextreme Parteien insbesondere dort verzeichnen, wo es ihnen gelungen ist, ihre Strukturen vor Ort zu verankern, wie in Elsterwerdaa Fürstenwalde, Guben, Königs Wusterhausen, Nauen, Rathenow, Rüdersdorf bei Berlin, Spremberg, Storkow oder Strausberg.
– In den kreisfreien Städten Brandenburg, Cottbus, Frankfurt (Oder) und Potsdam erzielen die rechtsextremen Parteien insgesamt unterdurchschnittliche Ergebnisse. Dennoch lassen sich Unterschiede in den Stadtvierteln ermitteln. Überdurchschnittliche Ergebnisse für rechtsextreme Parteien sind hier insbesondere in den Plattenbausiedlungen zu verzeichnen. Für Potsdam trifft das beispielsweise auf die Wohngebiete Drewitz, Schlaatz und Waldstadt zu, in Cottbus auf die Gebiete Sandow, Sachsendorf und Schmellwitz.

Im Vergleich zur Landtagswahl 2004 ist es den rechtsextremen Parteien 2009 nicht annähernd gelungen, ihr Wählerpotenzial zu mobilisieren. Das steht insbesondere mit der gestiegenen Zufriedenheit mit der Arbeit der Landesregierung[6] und dem ausgetragenen Machtkampf innerhalb des rechtsextremen Lagers im Zusammenhang. Dennoch zeigt die regionale Auswertung der Wahlergebnisse deutliche Unterschiede. Im Berliner Umland können die rechtsextremen Parteien im Allgemeinen keine nennenswerten Resultate erzielen, nur dort, wo es ihnen gelingt, sich lokal zu verankern. Wesentlich erfolgreicher sind rechtsextreme Parteien in den ländlichen, meist berlinfernen Gebieten.

Im zweiten Teil dieses Beitrags werden die Indikatoren und Bedingungen beschrieben, die maßgeblich die regionalen Unterschiede erklären helfen.

Soziokulturelle Indikatoren

Werteorientierungen – rechtsextreme Einstellungsmuster

Ein möglicher Erklärungsansatz (Hypothese) für die regionale Varianz der Wahlerfolge könnte die regional unterschiedliche Verankerung rechtsextremer Einstellungen innerhalb der brandenburgischen Bevölkerung sein. In den Studien von Richard Stöss werden die wesentlichen Kriterien, die maßgeblich für ein verfestigtes rechtsextremes Weltbild stehen, dargestellt und angewendet. Von festen rechtsextremen Einstellungen spricht man dann,

---

[6] Innerhalb von fünf Jahren konnte sie ihre Zustimmungswerte fast verdoppeln.

wenn bei befragten Personen die folgenden Merkmale in ihrem Denken stark verankert sind.

- *Autoritarismus:* die Bereitschaft zur freiwilligen Unterwerfung unter Stärkere bzw. unter nicht legitimierte Herrschaft und die Neigung zur Beherrschung Schwächerer.
- *Nationalismus:* die Wahrung und Stärkung der eigenen Nation als oberster Wert menschlichen Denkens und Handelns und die Abwertung anderer Nationen.
- *Fremdenfeindlichkeit* (oder auch *Ethnozentrismus*): besonders positive Bewertung der Eigenschaften der eigenen Volksgruppe sowie Neigung, fremde Volksgruppen zu benachteiligen, auszugrenzen oder abzuwerten. (*Rassismus* als Übersteigerung der Eigenschaften der eigenen Volksgruppe und Disqualifizierung der Eigenschaften fremder Volksgruppen als minderwertig.)
- *Wohlstandschauvinsimus:* Diskriminierung der Mitglieder fremder Volksgruppen im eigenen Land zum Beispiel durch Verwehrung der Teilhabe am gesellschaftlichen Wohlstand. Maßgeblich sind weniger ethnische, sondern vor allem sozioökonomische Motive.
- *Antisemitismus:* Feindschaft gegenüber Juden, die als minderwertig und gefährlich angesehen werden.
- *Pronazismus:* zielt darauf ab, den Nationalsozialismus zu verharmlosen oder sogar zu rechtfertigen.[7]

Je größer die Übereinstimmungen mit diesen Merkmalen im Denken des Menschen sind, umso stärker ist das rechtsextremistische Weltbild ausgeprägt.

Seit dem Jahr 2000 untersucht das Otto-Stammer-Zentrum der Freien Universität Berlin die Entwicklung rechtsextremer Einstellungen in der Region Berlin-Brandenburg. In den sich periodisch wiederholenden Umfragen bedient sich das Zentrum einer Matrix, die auf den eben beschriebenen Bestandteilen basiert. Die veröffentlichten Studien analysieren unter anderem die regionalen Unterschiede in Bezug auf rechtsextreme Einstellungen. Dabei wird zwischen Ost- und Westberlin sowie dem engeren Verflechtungsraum und dem äußeren Entwicklungsraum[8] Brandenburgs unterschieden.[9]

---

[7] Richard Stöss: Rechtsextremismus im vereinigten Deutschland. Berlin 2000, S. 25f., http://www.fes.de/pdf-files/ostdeutschland/00887.pdf [zuletzt aufgerufen am 12.12.2009].
[8] Engerer Verflechtungsraum: Berliner Umland; äußerer Entwicklungsraum: berlinferne Gebiete.
[9] Richard Stöss: Rechtsextreme Einstellungen in Berlin und Brandenburg 2000-2008. Berlin 2008, http://www.polsoz.fu-berlin.de/polwiss/forschung/systeme/empsoz/forschung/media/rex_00_08.pdf [zuletzt aufgerufen am 12.12.2009].

Die Untersuchung zeigt, dass rechtsextreme Einstellungen in Brandenburg zwischen 2000 und 2008 leicht zugenommen haben. Zeigten im Jahr 2000 22% der befragten Brandenburger rechtsextreme Einstellungen, so waren es acht Jahre später 3% mehr. Die Entwicklung verlief dabei nicht immer gradlinig. Zwischen 2000 und 2004 stieg die Zahl sogar auf 32%. Der Anstieg steht vor allem im Zusammenhang mit den landesweiten Protesten gegen die Einführung von Hartz IV. Das schlug sich auch in den Ergebnissen der Landtagswahl 2004 nieder. Die DVU konnte damals ihr Ergebnis nochmals verbessern und errang nun 6,1% aller Zweitstimmen.

Bezug nehmend auf die oben formulierte Hypothese ist jedoch festzustellen, dass es keine gravierenden Unterschiede in den rechtsextremen Einstellungen der Menschen zwischen dem engeren Verflechtungs- und dem äußeren Entwicklungsraum Brandenburgs gibt. 2008 betrug die Differenz lediglich drei Prozentpunkte.[10] Im Jahr 2000 lag die Quote gleichermaßen bei 22%.[11]

Die Bereitschaft, auch tatsächlich rechtsextreme Parteien zu wählen, ist generell geringer als die Zahl der rechtsextrem Eingestellten. Nur ein Bruchteil der rechtsextrem eingestellten Personen wählt auch tatsächlich rechtsextreme Parteien wie DVU und NPD. In der Studie gaben von den befragten Personen mit rechtsextremen Einstellungen immerhin auch 6% an, rechtsextreme Parteien zu wählen. Die Werteeinstellungen allein sind kein entscheidender Indikator zur Erklärung der regionalen Varianz der Wahlergebnisse in Brandenburg. Sie zeigen aber, dass in Brandenburg rechtsextreme Einstellungen in weiten Teilen der Bevölkerung und in allen Landesteilen gleichermaßen verbreitet sind.

Identifikation mit der Staatsform Demokratie

Ein weiterer Indikator, der für das Abschneiden rechtsextremer Parteien bei Wahlen relevant sein könnte, ist die Identifikation der Bevölkerung mit der Staatsform Demokratie. Rechtsextreme Parteien, insbesondere die NPD, propagieren öffentlich ihre Systemfeindlichkeit und ihre antidemokratische Grundeinstellung. Daher ist davon auszugehen, dass die Wahlerfolge rechtsextremer Parteien um so geringer sind, je höher die demokratische Einstellung und Zustimmung zur demokratischen Staatsform in der Bevöl-

---

[10] Engerer Verflechtungsraum: 23%; äußerer Entwicklungsraum 26%. Vgl. Richhard Stöss: Rechtsextreme Einstellungen, a.a.O., S. 13.
[11] Vgl. ebd. S. 27.

kerung ist. Auch das wird vom Otto-Stammer-Zentrum seit 2002 periodisch untersucht.[12]

Um die Einstellung der Menschen zur Demokratie zu messen, unterscheidet man drei Ebenen: die Werte-, die Struktur- und die Performanzebene. Die Werteebene bezieht sich auf die Idee der Demokratie als Staatsform an sich. Die Strukturebene bezieht sich auf die konkrete Ausformung der demokratischen Regierungsform, festgelegt in der jeweiligen Verfassung – in Deutschland also das Grundgesetz mit seiner spezifischen Form von Demokratie. Die Performanzebene bezieht sich auf den alltäglichen demokratischen Prozess, auf das tatsächliche Funktionieren der Demokratie und ihren aktuellen Zustand – auch Verfassungswirklichkeit genannt.[13]

Die Untersuchungen zeigen, dass 90-95% der Befragten in Deutschland die Idee der Demokratie als Staatsform befürworten, wobei die Intensität der Befürwortung in Ostdeutschland im Allgemeinen deutlich geringer ausfällt. Sind in Westdeutschland 57% der Befragten „sehr" für die Idee der Demokratie als Staatsform, so sind es in Ostdeutschland nur 42%. Im engeren Verflechtungsraum Brandenburgs sind es 39% der Befragten, im äußeren Entwicklungsraum sogar nur 30%.[14] Dabei sind keine gravierenden systematischen Verschiebungen in den Einstellungen zwischen 2002 und 2008 in Brandenburg zu erkennen.

Deutlich geringer sind die Zustimmungswerte zu der im Grundgesetz festgelegten spezifischen Form der Demokratie in der Bundesrepublik. Nur knapp drei Viertel aller Befragten sind zufrieden, im Westen über drei Viertel, im Osten nicht einmal 60 %. „Sehr zufrieden" ist in Westdeutschland jeder Fünfte, in Ostdeutschland nur jeder Zehnte. Im äußeren Entwicklungsraum Brandenburgs sogar nur jeder Zwanzigste. Auch hier zeigt sich, dass die Werte im Zeitraum 2002-2008 für die Region Brandenburg sich nicht gravierend verändert haben.[15]

Mit dem tatsächlichen Funktionieren der Demokratie in Deutschland ist jedoch nur eine Minderheit zufrieden. Nur 45% aller Befragten geben an, mit dem Funktionieren „sehr" oder „eher zufrieden" zu sein. In Westdeutschland sind es 47%, in Ostdeutschland nur 33%. Zwei Drittel der Ostdeutschen sind also „eher" oder „sehr unzufrieden". Im äußeren Ent-

[12] Vgl. Oskar Niedermayer/ Richard Stöss: Einstellungen zur Demokratie in Berlin und Brandenburg 2002-2008 und Gesamtdeutschland 2008. Berlin 2008, http://www.pol-soz.fu-berlin.de/polwiss/forschung/systeme/empsoz/forschung/media/Demokratie_08.pdf [zuletzt aufgerufen am 12.12.2009].

[13] Vgl. ebd. S. 9.

[14] Vgl. ebd. S. 9f.

[15] Vgl. ebd. S. 10.

wicklungsraum Brandenburgs sind das sogar 76% der Befragten. Im Gegensatz zu den anderen Einstellungswerten ist hier eine deutliche Verschiebung vor allem im äußeren Entwicklungsraum Brandenburgs festzustellen. 2002 waren es dort deutlich weniger (68%), die angaben, „eher unzufrieden" mit dem Funktionieren der Demokratie in Deutschland zu sein.[16]

Um die politische Relevanz der Ergebnisse bewerten zu können, ist es notwendig zwischen verschiedenen Typen der demokratischen Orientierung zu unterscheiden, die für die drei Ebenen der Einstellung zur Demokratie relevant sind. Die Studie unterscheidet dabei vier Typen:

– *Antidemokraten*, die sowohl mit dem tatsächlichen Funktionieren der Demokratie in Deutschland als auch mit der im Grundgesetz festgelegten spezifischen Form der Demokratie unzufrieden sind und auch von der Demokratie als Idee nichts halten;
– *systemkritische Demokraten*, die der Idee der Demokratie positiv gegenüberstehen, aber sowohl mit der im Grundgesetz festgelegten spezifischen Form der Demokratie als auch mit ihrem tatsächlichen Funktionieren unzufrieden sind;
– *politikkritische Demokraten*, die der Idee der Demokratie positiv gegenüberstehen und mit der im Grundgesetz festgelegten spezifischen Form der Demokratie zufrieden, mit dem tatsächlichen Funktionieren der Demokratie jedoch unzufrieden sind;
– *zufriedene Demokraten*, die der Idee der Demokratie positiv gegenüberstehen und sowohl mit der im Grundgesetz festgelegten spezifischen Form der Demokratie als auch mit ihrem tatsächlichen Funktionieren zufrieden sind.[17]

Daraus ergibt sich folgendes Bild. Nur 4% der gesamtdeutschen Bevölkerung können als „Antidemokraten" bezeichnet werden. Es sind jene, die sowohl mit dem tatsächlichen Funktionieren der Demokratie in Deutschland als auch mit der im Grundgesetz festgelegten spezifischen Form der Demokratie unzufrieden sind und auch von der Demokratie als Staatform nichts halten. Allerdings sind Personen mit antidemokratischen Einstellungen in Ostdeutschland doppelt so stark vertreten (6%) wie in Westdeutschland (3%). Im äußeren Entwicklungsraum Brandenburgs sogar 7%. Zudem ist jeder Dritte in dieser Region ein „systemkritischer Demokrat". In Westdeutschland dagegen nur jeder Siebente.[18]

---

[16] Vgl. ebd. S. 23.
[17] Ebd. S. 12.
[18] Vgl. ebd. 14f.

Betrachtet man diese Ergebnisse zur demokratischen Einstellung vor dem Hintergrund der Wahlergebnisse rechtsextremer Parteien bei den Landtagswahlen, so zeigt sich, dass hierbei ein deutlicher Zusammenhang besteht. Gibt es bei den rechtsextremen Werteorientierungen nur geringfügige Unterschiede zwischen dem engeren Verflechtungs- und dem äußeren Entwicklungsraum, trifft diese Aussage nicht auf die gemessene Verbreitung der demokratischen Einstellungen in der brandenburgischen Bevölkerung zu. Im Allgemeinen sprechen sich knapp 90% der Brandenburger für die Demokratie als Idee aus. Weniger Zustimmung findet die gewählte Form der Demokratie in Brandenburg. Nur knapp 60% der im engeren Verflechtungsraum lebenden Brandenburger sind „sehr" oder „eher" zufrieden. Im äußeren Entwicklungsraum sind es nur 55%. Am gravierendsten ist der Unterschied in der Beurteilung des tatsächlichen Funktionierens von Demokratie in Deutschland. Nur eine Minderheit ist damit „sehr" oder „eher" zufrieden. Im engeren Verflechtungsraum noch jeder Dritte, im äußeren Entwicklungsraum nicht einmal jeder Vierte.

Verankerung demokratischer Parteien in den brandenburgischen Kommunen

Der Befund, dass im äußeren Entwicklungsraum das Funktionieren von Demokratie so gering eingeschätzt wird, hat die Autorin dazu veranlasst, sich mit dem Grad der Verankerung der demokratischen Parteien, vor allem in den kleineren Kommunen und Dörfern zu beschäftigen. Untersucht wird der Zusammenhang zwischen höheren rechtsextremen Wahlergebnissen und der Verankerung der überregional präsenten demokratischen Parteien in den Gemeinden vor Ort.[19] Als Indikator zur Messung wird ihr Antritt zur Wahl der jeweiligen Gemeindevertretung gesehen. Grundlage der Beobachtungen sind die Ergebnisse der Kommunalwahlen 2008.

Vermutet wird ein Zusammenhang zwischen dem Grad der Abkopplung von überregional, das demokratische System des Grundgesetzes bejahenden demokratischen Parteien und höheren Wahlergebnissen rechtsextremer Parteien. Dafür werden die Gemeinden in zwei Kategorien geteilt:

Der ersten Kategorie wurden all jene Gemeinden zugeordnet, in denen zu den Gemeindevertreterwahlen keine oder nur eine demokratische Partei

---

[19] In der Untersuchung wurden von den demokratischen Parteien die fünf überregional präsenten und im Bundestag vertretenen Parteien (CDU/ CSU, SPD, FDP, Grüne, Die Linke) berücksichtigt. Andere kleinere Parteien, die vereinzelt Kandidaten bei den Kommunalwahlen aufstellten, wurden den freien Wählerlisten zugeordnet.

antrat. Bei den dieser Kategorie zugeordneten Fällen wird davon ausgegangen, dass es kaum politische Alternativen gibt: Die Gemeindevertretungen setzten sich fast vollständig oder gar ausschließlich aus lokalen Wählerbündnissen, Vertretern der örtlichen Freiwilligen Feuerwehr, Vereinen und Einzelbewerbern zusammen.

Der zweiten Kategorie wurden alle übrigen Gemeinden zugeordnet, in denen zwei oder mehr demokratische Parteien Kandidaten für die Gemeinderatswahlen aufstellten. In der Regel stellen sie dort auch die Mehrheit aller Gemeindevertreter.

In Auswertung dieser Zuordnung wurde deutlich, dass ca. 38% aller Gemeinden in Brandenburg der ersten Kategorie angehören. Vor allem in den Landkreisen Barnim, Dahme-Spreewald, Oberspreewald-Lausitz, Märkisch-Oderland, Spree-Neiße und Uckermark sind ca. 50% der Gemeinden dieser Kategorie zuzuordnen. Es sind vorrangig kleine Kommunen, bzw. Dörfer, die sich zu Gemeinden zusammengeschlossen haben. Die übrigen Gemeinden und Kommunen Brandenburgs (zusammen 62%) können der zweiten Kategorie zugeordnet werden, da dort zwei oder mehr demokratische Parteien bei den Gemeindevertreterwahlen antraten. In dieser Kategorie finden sich vor allem die kreisfreien Städte, die großen und mittleren kreisangehörigen Städte sowie Gemeinden im Umland von Berlin.

Vergleicht man dieses Ergebnis mit den Gemeinden, in denen die beiden rechtsextremen Parteien (NPD und DVU) zusammen mehr als 5% der abgegebenen Zweitstimmen bei den Landtagswahlen 2009 erhielten, so ergibt sich folgendes Bild:[20]
- In der ersten Kategorie weist jede zweite Gemeinde einen Stimmenanteil von mehr als 5% für rechtsextremistische Parteien bei der Landtagswahl 2009 auf. Jede Fünfte hat einen Stimmenanteil von über 7% und jede Vierzehnte sogar einen Stimmenanteil von über 10%.
- In der zweiten Kategorie dagegen weist nur jede vierte Gemeinde einen Stimmenanteil von über 5% für rechtsextremistische Parteien auf. Jede vierzehnte hat einen Anteil von über 7% und nur eine Gemeinde weist einen Stimmenanteil von über 10% auf.

Es besteht also ein signifikanter Zusammenhang zwischen dem Grad der lokalen Verankerung der demokratischen Parteien und höheren Wahlerfolgen rechtsextremer Parteien. Die fehlende Verankerung ist Ausdruck der Abkoppelung dieser Gemeinden von den demokratischen Strukturen. Die

[20] Die Überschreitung der Fünf-Prozent-Hürde ist die Voraussetzung für den Einzug in das brandenburgische Parlament. Sie ist daher zur Bewertung und Darstellung des Zusammenhangs maßgeblich.

demokratischen Parteien sind in diesen Gemeinden nicht oder kaum mehr an der politischen Kommunikation beteiligt – obwohl es zu ihren zentralen Aufgaben gehört, an der politischen Willensbildung mitzuwirken. Stabilisiert sich diese Entwicklung langfristig, so werden rechtsextreme Parteien das von den demokratischen Parteien nicht besetzte Feld übernehmen.[21]

Das Ausmaß dieser Entwicklung soll hier beispielhaft an einer Gemeinde aus dem südlichen Brandenburg dargestellt werden: Die Gemeinde X hat sieben Ortsteile und wies bei der Wahl zum Kreistag 2003 einen Stimmenanteil für die Kandidaten der rechtsextremen DVU von unter 4% auf. Bei der darauffolgenden Wahl zum Kreistag im Jahr 2008 war dieser Anteil auf 9% in die Höhe geschnellt. Ein Blick in die gleichzeitig stattfindenden Wahlen zu den örtlichen Gemeindevertretungen ergab für 2008 folgendes Bild:

Ortsteile	DVU-Anteil bei den Kreistagswahlen	Mit Wahllisten zur Wahl der Gemeindevertretung angetreten
Ortsteil A	12,6%	Die Linke, WG
Ortsteil B	15,4%	Vertreter der FFw, EB
Ortsteil C	13,9%	FFw (keine weiteren Bewerber)
Ortsteil D	10,1%	UWG, FFw
Ortsteil E	10,7%	Die Linke, WG
Ortsteil F	9,7%	UWG (insgesamt nur 4 Bewerber)
Ortsteil G	5,1%	SPD, Die Linke, Vereine

EB: Einzelbewerber; FFw: Freiwillige Feuerwehr; (U)WG: (unabhängige) Wählergemeinschaft

Auffällig ist, dass nur im Ortsteil G mehr als eine demokratische Partei zur Gemeindevertreterwahl antritt. In diesem Ortsteil ist der prozentuale Anteil der rechtsextremen Stimmen weitaus geringer als in den anderen Ortsteilen, in denen entweder keine oder nur eine demokratische Partei zur Gemeindevertreterwahl antritt. In diesen Ortsteilen liegen die Stimmenanteile für die Kandidaten der DVU zur Kreistagswahl durchschnittlich doppelt so hoch wie im Ortsteil G. In den Ortsteilen C und F stellt sich sogar nur je eine Liste zur Wahl. Politische Alternativen, die an der Willensbildung in der Gemeindevertretung mitwirken, gibt es in diesen Ortsteilen nicht. Die Bürger dieser Ortsteile haben nur die Alternative zwischen der pauschalen Zustimmung oder Ablehnung der Listenkandidaten.

---

[21] Es ist das erklärte Ziel der NPD, sich zunächst im ländlichen Raum als wählbare Partei zu etablieren, um anschließend in ganz Brandenburg ihre Wahlerfolge zu steigern.

Zudem sind die örtlichen Entscheidungsstrukturen sowie das politische Klima der Gemeinde X autoritär geprägt; partizipatorische Mitbestimmungsmöglichkeiten für die Bürger existieren kaum. Ein Beispiel: Zur Vorstellung eines Präventionsprojekts, das auf dem Grundsatz der Freiwilligkeit beruhte, wurden die Akteure, die das Projekt später umsetzen sollten, zwar zur Sitzung des entsprechenden Gemeinderatsgremiums eingeladen. Die Möglichkeit einer freien Entscheidung wurde ihnen damit allerdings nicht eingeräumt. Das Gremium verpflichtete die künftigen Akteure unmittelbar nach der Projektvorstellung und ohne jede Diskussionsmöglichkeit, sich an diesem Projekt zu beteiligen.

Sozioökonomische Indikatoren

Neben den soziokulturellen Bedingungen gibt es noch eine Reihe sozioökonomischer Indikatoren, die im Allgemeinen in Korrelation zu höheren Wahlergebnissen rechtsextremer Parteien und ihrer regionalen Varianz stehen. Tim Spier hat eine Reihe solcher Indikatoren im Zusammenhang mit den Wahlergebnissen der rechtsextremen NPD in Sachsen untersucht.[22] Dazu zählen insbesondere die Siedlungsstruktur, Bildungsgrad, Wanderungsbilanz der Regionen und die daraus resultierende Entwicklung des Männer-Frauen-Verhältnisses in der Altersgruppe der 20-40-Jährigen.

Auch in Brandenburg steht die *Siedlungsstruktur* in einem erheblichen Zusammenhang für den Erfolg oder Misserfolg rechtsextremer Parteien bei Wahlen. Wie bereits aufgezeigt, gibt es deutliche Unterschiede im Wahlverhalten in der Stadt und auf den Dörfern. Ebenfalls gilt auch in Brandenburg, was bundesweit vorherrscht: Der *Grad der Bildung* ist nach wie vor ein bedeutender Faktor in der Herausbildung der Parteienpräferenz. In Brandenburg ist sie eng verbunden mit der *Wanderungsbilanz* der einzelnen Regionen. In Kommunen, in denen ein verhältnismäßig hoher Anteil an Personen mit mittlerer Reife lebt, erzielen rechtsextreme Parteien überdurchschnittliche Wahlergebnisse. Dies trifft vor allem auf die ländlichen Gegenden Brandenburgs zu. In Regionen, die einen verhältnismäßig hohen Personenanteil mit gymnasialem Abschluss oder gar Hochschulabschluss aufweisen, sind die Stimmenanteile für rechtsextreme Parteien eher gering.[23] Dies trifft vor allem auf die kreisfreien Städte zu.

---

[22] Tim Spier: Regionale Varianz bei der Wahl der NPD – Eine wahlökologische Untersuchung zur Landtagswahl 2004 in Sachsen. In: Uwe Backes/ Henrik Steglich (Hg.): Die NPD, a.a.O., S. 75-102.

[23] Vgl. ebd. S. 90f.

Strukturschwache Regionen sind besonders stark von der Abwanderung ausgebildeter Gymnasiasten sowie vom überdurchschnittlich hohen Weggang junger, gut ausgebildeter Frauen betroffen. Die *Entwicklung des Männerüberschusses* in der Altersgruppe der 20-40-Jährigen gestaltete sich den ländlichen Regionen Brandenburgs zunehmend rasanter. In vielen Gemeinden an der Peripherie des Südens, des Ostens, Nordwestens und Nordostens des Landes liegt der Männeranteil durchschnittlich bei 120 zu 100 Frauen.

Im Abgleich mit Wahlergebnissen kann diesem Indikator jedoch noch kein erheblicher Wirkungszusammenhang nachgewiesen werden. Unter den Gemeinden, die mehr als 10% Stimmenanteile für rechtsextreme Parteien aufweisen, gibt es sowohl Gemeinden mit einem sehr ausgeprägten Überschuss an männlicher Bevölkerung in der Altersgruppe von 20-40-Jährigen (mit teilweise über 140 zu 100) als auch Gemeinden, die nur einen sehr geringen Überschuss an Männern aufweisen. Umgekehrt gibt es auch viele Gemeinden, die ebenfalls einen sehr hohen Überschuss an männlicher Bevölkerung in der genannten Altersgruppe aufweisen, in denen rechtsextreme Parteien jedoch unterdurchschnittlich bei den Landtagswahlen abgeschnitten haben. Als Beispiel können hier Luckau und Kasel-Golzig angeführt werden. Der Überschuss an Männer in der Altersgruppe in Luckau beträgt 130 zu 100, in Kasel-Golzig sogar 168 zu 100.[24]

Zusammenfassung

Die Einstellungen zur Demokratie haben einen erheblichen Einfluss auf die Wahlerfolge rechtsextremer Parteien. Besonders die jeweiligen Strukturbedingungen einer partizipativen Gestaltung der örtlichen Belange sowie die zunehmend verkürzten Kommunikationsstränge der demokratischen Parteien in entlegenere Regionen spielen für rechtsextreme Wahlerfolge eine wichtige Rolle. Der Grad der Entwertungserfahrung und gravierende Umbrüche in den örtlichen sozialen Strukturen sind ebenfalls wichtige Einflussfaktoren. Sie können erklären helfen, warum vor allem im Süden Brandenburgs in den ehemaligen Industriezentren und Braunkohlegebieten die Bürger stärker als im Norden ihre Stimme rechtsextremen Parteien geben. Die Gemeinden im Norden Brandenburgs sind bis heute eher landwirtschaftlich geprägt. Identitätsverluste sind dort weniger nachweisbar, da die über viele Jahrzehnte entwickelte dörfliche Kultur in den Gemeinden auch

---

[24] Die Zahlen zur Entwicklung des quantitativen Verhältnisses zwischen Männern und Frauen sind dem Strukturatlas Brandenburgs entnommen. Dieser ist online einsehbar unter: http://strukturatlas.brandenburg.de [zuletzt aufgerufen am 12.12.2009].

heute noch existiert. Der Speckgürtel um Berlin sowie eine Vielzahl der im Norden liegenden Gemeinden profitiert vom Zuzug von Berlinern und/ oder „großstadtmüden" Akademikern.

Solange eine große Zufriedenheit mit der jeweiligen Landesregierung herrscht, werden die hier genannten Indikatoren nur schwache Wirkungs- zusammenhänge entfalten. In den kommenden Jahren steht Brandenburg aber vor erheblichen Herausforderungen. Zum einen werden sich durch das Auslaufen des Solidarpakts und das zu erwartende Herausfallen Branden- burgs aus dem europäischen Zielfördergebiet I die finanziellen Spielräume maßgeblich verringern. Zum anderen wird sich der demographische Wan- del vor allem in den ländlichen Regionen Brandenburgs stark bemerkbar machen. Die Intensität der daraus zu erwartenden Verteilungskämpfe wird entscheidend die Wirkung der genannten Indikatoren mitbestimmen. Es wird im Wesentlichen davon abhängen, inwieweit es den demokratischen Parteien gelingt, ihre strukturellen Defizite und die sich daraus ergebenden geringen politischen Kommunikationsfähigkeiten so abzufedern, dass auch die Bürger in den peripheren ländlichen Regionen an der Weiterentwick- lung Brandenburgs aktiv beteiligt werden.

Katrin Pecker, Politikwissenschaflerin, arbeitet derzeit als Referentin für Bildung, Wissen- schaft, Sport und Kultur in der CDU-Fraktion des Landtags Brandenburg in Potsdam. Kon- takt: Kartin_Pecker@gmx.de

Katarina Reichmann

Eltern mischen mit.
Ergebnisse aus dem Pilotprojekt *Elternwege-Beratungswege*

Das demos-Pilotprojekt *Elternwege-Beratungswege* war in den Jahren 2007/ 2008 in Brandenburg in enger Kooperation mit den regionalen Mobilen Beratungsteams (MBT) tätig. Die ländlichen Räume Brandenburgs mit ihren spezifischen demografischen Bedingungen (Abwanderungsphänomene, ungünstige Rahmenbedingungen für Familien, ungenügende Mobilitätskonzepte und vieles mehr) bildeten den Hintergrund für die modellhafte Erprobung der Gemeinwesenberatung im Kontext von Erziehung.

Ziel war die Stärkung der Erziehungskompetenz(en) vor Ort, die das Team von Katarina Reichmann (Dipl.Psychologin, Supervisorin) und Mario Feist (Dipl. Sozialwissenschaftler) auf zwei Wegen förderte:

Auf *Elternwegen* wurde im Kontext konkreter Erziehung der Austausch und die Vernetzung von Eltern, Erziehenden und Familien angeregt (also zu elterlichen Erziehungsfragen, wie zum Beispiel Einschulung und damit verbundenen langen Schulwegen von Erstklässlern bis hin zu Erziehungsproblemen oder -krisen zum Beispiel im Kontext von Rechtsextremismus). Ziel war die Förderung von Elternselbsthilfe, die Beteiligung von Eltern und Familien bei der Gestaltung ihrer Lebensräume und die Schaffung einer starken „Erziehungsgesellschaft". Dazu wurde schwerpunktmäßig bei den konkreten Bedürfnissen von Eltern und Familien im ländlichen, strukturschwachen Raum angesetzt.

Beratungswege konzentrierte sich dagegen stärker auf die Gestaltung von Familienfreundlichkeit in den Kommunen. Ziel war dort, mit den Profis der Erziehungs- und Bildungsinstitutionen, anderen Engagierten und Verantwortlichen des Gemeinwesens lokale Konzepte und Angebote für entwicklungsförderliche Strukturen im Kontext von Erziehung im ländlichen Raum zu beschreiben und an deren Verwirklichung zu arbeiten, um zum Beispiel Zuzug zu befördern und eine familienfreundliche Bürgerschaft zu schaffen.

Wie auch die MBTs arbeitete *Elternwege-Beratungswege* aufsuchend, in einer sogenannten „Geh"-Struktur, um passgenau an die jeweiligen Gegebenheiten vor Ort anzuknüpfen.[1] Vor Ort als „mobiles Beratungsteam in Erziehungsfragen" präsent, initiierten, unterstützten und begleiteten wir je nach Auftrag durch Vorträge, Beratungen, Moderationen von Netzwerktreffen oder anlass-

[1] Vgl. dazu den Artikel von Frauke Postel zum Beratungsansatz der MBTs in diesem Band.

bezogenen fachlichen Fortbildungen, Workshops oder Fachtagen. Von maßgeblicher Bedeutung war die Vernetzung zivilgesellschaftlicher und erzieherischer Akteure vor Ort, wie zum Beispiel von Eltern, aktiven Bürgern, engagierten Sozialarbeitenden bis hin zu den verantwortlichen Beteiligten kommunaler Gemeinwesen wie Bürgermeister oder Vertreter von Gremien.

Finanziert wurde das Pilotprojekt von demos in Kooperation mit dem Bundesprogramm „Vielfalt tut gut".

Szenario 1:
Es ist so schwer, über die Erziehung der eigenen Kinder zu reden

Ein kühler Herbsttag 2008 – eine Schlüsselszene für uns. Ort: der Hof einer kleinen Bildungseinrichtung, ein Dorf am äußersten Rande des Flächenlandes Brandenburgs. Anlass: Pausengespräch der Vernetzungsrunde für mehr Familienfreundlichkeit im ländlichen Raum. Beteiligte: Fünf Frauen und ein Mann aus dem Landkreis und wir als externe Berater/innen aus Potsdam – alle fröstelnd in der Novemberkühle.

Seit gut einem Jahr beraten wir dieses Netzwerk, wir initiieren, fokussieren, stärken Vernetzung, denken Kooperationen an. Es klappt nicht immer, dass alle zu verabredeter Zeit am gleichen Tisch sitzen. Für die Engagierten des Landkreises ist gähnende Leere in den Kalendern ein Fremdwort. Sie wollen vor Ort, im strukturschwachen ländlichen Raum etwas bewegen für bessere Erziehungsbedingungen von Familien.[2] Sie wollen dies schaffen über die Stärkung von Selbsthilfe und Selbstorganisation.

Mit der Zeit haben sich alle besser kennengelernt. In einem von uns angebotenen Workshop „Erziehungswissen in Theorie und Alltag" haben sie alle über das eigene Aufwachsen in ihrer Kindheit und über das dabei indirekt erworbene Erziehungswissen nachgedacht und dessen Widerhall in ihrem Erziehungsstil heute gesprochen. Immer wieder ging es auch um Lösungsansätze für problematische Erziehungskonstellationen im Dorf. Da, wo sich alle kennen und man sich schwer tut, am Gartenzaun über

[2] Der demografische Wandel erschwert aufgrund ausgedünnter Infrastruktur im ländlichen Raum die Umsetzung förderlicher Erziehungsbedingungen für Eltern und junge Familien. Eltern fragen sich z. B.: Wo ist die nächste Kita/Schule? Welche Wege müssen Kinder dorthin zurücklegen, sind diese altersangemessen? Wie können Kinder und Jugendliche ihre Freizeit verbringen, wenn der Wohnort ihrer Freund/innen oder der Jugendclub weit entfernt sind? Wohin wende ich mich als Mutter oder Vater mit Fragen und Sorgen – die Beratungsstelle in der Stadt nehme ich nicht als Anlaufpunkt wahr.

sich und seine Sorgen mit den eigenen Kindern zu reden. Wo man leichter über dürftig versorgte Kinder der anderen redet – aber trotzdem niemand sich da einmischen oder engagieren will.

Und trotzdem sind sie nicht wirklich „warm" miteinander geworden, hat keiner so richtig von sich selbst und den Stolpersteinen der eigenen Kindererziehung erzählt. Wir haben uns oft gefragt, woran dies liegen mag.

Bei der gemeinsamen Zigarette kommt für uns die Erklärung. Fast hätten wir es überhört, merkt eine Frau an: „Ich traue mich nicht, von meinen Problemen zu erzählen. Ich habe Angst, was falsch gemacht zu haben, und dass mir das jemand sagt – wo doch im Dorf alle übereinander reden. Angst vor meinem Scheitern als Mutter. Es ist echt schwer, über die Erziehung der eigenen Kinder zu reden."

Trotz unserer großen Behutsamkeit bei der Bearbeitung des Themenkomplexes Erziehung befürchteten unsere Aktiven, von den anderen und von uns als externen Berater/innen kritisiert zu werden; mit der Möglichkeit von Ermunterung und Zuspruch rechneten sie nicht.

Sind wir nicht alle ein bißchen Eltern? – Oder: warum es so schwer ist mit dem Reden über Erziehung

Erziehung ist eine alltägliche Aufgabe von Eltern und in Familien. Erziehungsalltag ist da, wo Eltern mit Kindern leben. Unspektakulär in den vielen kleinen Entscheidungen des alltäglichen Zusammenlebens von Erwachsenen und Kindern, beim Essen, Spielen oder Aushandeln von Taschengeld oder Fernsehkonsum usw.

Spektakulär dagegen sind die Wünsche und Ansprüche, die Eltern an sich selbst stellen – sie wollen das Beste für ihre Kinder. Aber die moderne Gesellschaft mit ihren Veränderungen, Umbrüchen, ihrer zunehmenden Komplexität und Individualisierung fordert Eltern und Familien in ihren erzieherischen Aufgaben, ohne ihnen im gleichen Maße Hilfe anzubieten. Immer häufiger fehlt Erwachsenen in ihrem alltäglichen Handeln die sichere Orientierung eines normierten allgemein gültigen gesellschaftlichen Rahmens.[3] Stattdessen sind sie gefordert, mit der gesellschaftlichen Wahlfreiheit eben auch die damit verbundene Verunsicherung auszuhalten. Die Vielzahl von Erziehungsratgebern und -programmen spiegelt dies meines Erachtens wider. Dies gilt umso mehr für Brandenburg als ostdeutsches Bundesland,

---

[3] Vgl. Ulrich Beck, Elisabeth Beck-Gernsheim (Hg.): Riskante Freiheiten. Frankfurt a. M., 1994.

das mit der Wende einem massiven gesellschaftlichen Umbruch ausgesetzt wurde.[4] Damit verbunden sind Entwertungen von nicht wenigen Biografien im ländlichen Raum.

Die öffentliche Diskussion um Erziehung und Bildung verstärkt mit ihrer Defizitorientierung den Druck auf Erziehende, statt ihnen diesen zu nehmen. Erziehung muss weiterhin eine höchst private Angelegenheit bleiben: Unsere Fehlerkultur, unsere Sicht auf Fehler als zu vermeidende, oft sehr unangenehme und peinliche Ereignisse, erhöht diesen Druck. Als Mutter oder Vater habe ich immer auch die Angst, etwas falsch zu machen, „an meinen Kindern zu versagen". Warum sollte ich darüber reden wollen, wenn ich befürchte, den Finger in die Wunde gelegt zu bekommen? Wird mir Verantwortung für „alles", möglicherweise sogar eine Schuld zugewiesen? Und als außen stehende Person zögere ich ebenfalls, mit der Mutter von nebenan ins Gespräch kommen zu wollen. Ich spüre deren Verletzlichkeit, habe Angst, mich einzumischen. Da stockt das ungezwungene Reden, Suchen und Austauschen miteinander. Beides verhindert eine wohlwollende Auseinandersetzungskultur.

„Erziehung wird Beziehung", wie ein Buch von Jesper Juul titelt. Das Reden über Erziehung braucht ebenfalls Beziehung. Am besten viele Beziehungen und solche, die getragen sind von Vertrauen, Respekt und Wertschätzung. Die Wertschätzung von Fehlern als konstruktiv nutzbare Ereignisse, also eine positive Fehlerkultur, könnte die persönliche und gesellschaftliche Beschäftigung mit unserer Erziehungskultur erleichtern und befördern.

Szenario 2:
„Kann ich ihr sagen, dass sie diese Jacke nicht anziehen soll?"

Ein Abend in einem Pfarrhaus im südlichen Brandenburg. Fünf Mütter, ein Vater, der Pfarrer und wir als externe Berater/innen sitzen gemeinsam um den Tisch. Über die Vermittlung des regionalen MBT wurden wir von Eltern eingeladen. Der Anlass: Der Jugendclub im Ort wurde geschlossen, weil er „rechtsextrem unterwandert" sei.

Die Eltern sind aufgeregt und verunsichert. Sie fragen sich: Wie sollen sie die Situation in ihrer kleinen Gemeinde einschätzen? Was bedeutet dies für

---

[4] Vgl. zur Situation im ländlichen Raum Brandenburgs: Karin Dörre, Jürgen Lorenz: Das MBT im Dorf. Beratung im ländlichen Raum. In: Einblicke II. Vgl. zur Situation von Erziehenden im ländlichen Raum: Gabriele Schlamann: Arbeitsfeld Elternberatung im MBT. In: Einblicke II.

ihre Kinder? Wie stehen diese zur nun offensichtlich gewordenen rechtsextremen Gesinnung Gleichaltriger und Älterer im Jugendclub? Wie stehen die Eltern selbst dazu? Welche Auswirkungen auf ihr erzieherisches Verhalten erkennen sie?

Wir moderieren und begleiten die Eltern bei ihrer individuellen und gemeinsamen Annäherung an das Thema Rechtsextremismus. Dabei beraten wir, wie sie zum Beispiel anhand von Symbolen und Kleidungsstilen rechtsextreme Orientierung und Einstellung erkennen können. Schnell tauchen Fragen auf: Wo ist meine elterliche „Schmerzgrenze" erreicht, an welchen Punkten möchte ich als Mutter mein Kind über geschichtliche Hintergründe Deutschlands aufklären? Wo möchte ich als Vater meine eigenen Werte und mein Menschenbild deutlich machen, wo will ich mich also auch abgrenzen von gruppenfeindlichen Haltungen. Und was heisst das dann für den konkreten Erziehungsalltag: „Kann ich ihr sagen, dass sie diese Thor-Steinar-Jacke nicht anziehen soll?"[5]

Dabei hinterfragen die Eltern ihren erzieherischen Umgang, klären ihre eigene Meinung und Haltung. Es fällt ihnen schwer, mit anderen im Ort über ihre Kindererziehung zu reden – „man kennt sich ja über den Gartenzaun" –, „dann auch noch über so heikle Dinge!" Trotzdem erleben sie den Austausch, die Selbsthilfe untereinander als hilfreich, wie auch unsere Moderation und beratenden Impulse von außen.

Sie finden sich in gemeinsamen Themen wieder und wollen dann auch etwas tun. Sie wollen Einfluss auf den örtlichen Jugendclub nehmen und sich für eine professionelle, von demokratischen Werten getragene Jugendarbeit engagieren und diese mitgestalten.

Dazu laden sie sich mit ihren Kindern in die örtliche Gemeindeversammlung ein, wo die Kinder – unterstützt durch die Anwesenheit ihrer Eltern – erstmals selbst und auch sehr selbstbewusst ihre Wünsche und Bedarfe an die Jugendarbeit im Ort formulieren und so Partizipation im Gemeinwesen praktizieren. Die Eltern erleben ihre Kinder in neuem Licht. Darüber hinaus arbeiten die Eltern mit der Unterstützung des Jugendamtes daran, die lokale und überregionale Jugendarbeit durch eine neu zu schaffende Stelle eines Sozialarbeiters auszubauen.

Sie haben sich miteinander vom anfänglichen Austausch zu Erziehungsfragen hinbewegt zum gestaltenden „Mitmischen" für bessere erzieherische Rahmenbedingungen im Ort.

[5] Kleidung der Marke Thor Steinar wird in Brandenburg hergestellt und vertrieben; sie ist in der rechtsextremen Szene beliebt. Vgl. www.stopp-thor-steinar.de.

Szenario 3:
Störfaktor Eltern? – Eltern wollen Schulklima mitgestalten

Donnerstagabend, 19 Uhr, eine Kleinstadt im engeren Verflechtungsraum Brandenburgs, landläufig auch als Berliner Speckgürtel bezeichnet. Angefragt durch eine Landtagsabgeordnete für eine niedrigschwellige Moderation und Beratung von Eltern von Grundschüler/innen, betreten mein Kollege und ich das griechische Restaurant. Wir fragen uns durch in das Nebenzimmer, wo sieben Frauen und ein Mann offensichtlich sehr intensiv miteinander diskutieren. Wir werden herzlich begrüßt. Nach der kurzen Vorstellung sitzen wir mit einer Gesamtelternvertreterin, fünf Müttern und einem Vater von Zweitklässlern der örtlichen Grundschule und besagter Politikerin am Tisch. Während aus den Lautsprechern Musik dudelt, berichten die Eltern uns und der Abgeordneten, was sie bewegt. Ein wildes Stimmengewirr, zwischendrin wird das Essen gebracht.

Wir versuchen uns ein Bild zu machen – aber es fällt uns nicht leicht. Die Eltern fallen sich ins Wort, sie lassen sich – und auch uns – nicht ausreden. Gedanken werden angerissen, Personen und Ereignisse erwähnt, aber alles durcheinander. Ich bin erschrocken, die Eltern in ihrer starken Emotionalität wirken fast beängstigend auf mich. Ich frage mich, was wohl passiert sein mag und sehe auch meinem Kollegen das Erstaunen an.

Nach und nach setzen sich die Puzzleteile zusammen, eine hoch komplexe und emotional stark aufgeladene Situation wird deutlich: Bei einem Elternabend kamen Eltern ins Gespräch über das nach der Einschulung auffällig gewordene Verhalten und die Erzählungen ihrer Kinder: Die Lehrerin habe sie bloßgestellt, unter Druck gesetzt und körperliche Gewalt an ihnen ausgeübt. Die Eltern kritisieren das Lernklima an der Schule wegen Überforderung und Druck, wegen der hohen Leistungsforderungen der Klassenlehrerin und der geringen Kommunikations- und Kooperationsbereitschaft seitens der Schulleitung. Unterschiede in pädagogischen und gesellschaftlichen Wertvorstellungen jüngerer und älterer Lehrer/innen, alteingesessener Lehrer/innen und zugezogener Elternschaft werden deutlich, zum Teil ist dies auch Ausdruck unterschiedlicher Sozialisationen in Ost und West. Dies alles führte zur Eskalation, die auch die Schulverwaltung, ungeübt in Kommunikation und Konfliktklärung mit Eltern, nicht entschärfen kann. Wir sind gefragt.

Zwei Beratungsrunden später sitzen wir nicht mehr in einem lärmigen Nebenzimmer, sondern in den Räumen der Feuerwehr. Die Atmosphäre ist immer noch angespannt und phasenweise hoch emotional, aber trotzdem verändert. Es ist wieder möglich geworden, sich zuzuhören, miteinander zu reden und gemeinsam zu überlegen. Die Mütter haben durch uns eine externe Beratung, Unterstützung für sich und für die Kinder während der Zeugenvernehmung gefunden.[6] Das gab ihnen spürbar Handlungssicherheit und Ruhe.

Wir geben in den folgenden Beratungen verstärkt Impulse, die Gestaltungsmöglichkeiten des starken Konflikts zu nutzen: Lösungen in den Blick zu nehmen, aktiv auf die Grundschule zuzugehen – gerade weil sie so enttäuscht von ihr waren. Die Idee entstand, das Schulklima als Ganzes in den elterlichen Blick zu nehmen, die gestörte Schulkommunikation zu entknoten, um langfristig einen Dialog von Schule und Elternschaft zu schaffen. Dafür wurden konkrete Schritte geplant, wie zum Beispiel die Moderation der Schulkonferenz und ein Mediationsprozess in der Grundschule. In diesem Zusammenhang begleiteten wir die Eltern zu einer Krisensitzung mit dem Schulamt ins Bildungsministerium. Das gegenseitige Vertrauen sollte wieder aufgebaut und die Elternschaft als Partner im schulischen Veränderungsprozess deutlich werden – und nicht als Feind oder Bedrohung.

Im Nachhinein hat eine Mutter über unsere Beratung gesagt: „Zum ersten Mal nimmt uns jemand ernst." Die besorgten Mütter und Väter konnten sich für den intensiven, systemischen Beratungsprozess erst öffnen, nachdem sie von uns mit ihrem Zorn, ihrer Empörung, den Sorgen und Ängsten gehört und wertgeschätzt wurden. Erst dann konnten sie eine neue schulische Entwicklung anschieben. Unsere Beratung lieferte den nötigen Perspektivwechsel und die externen Impulse für die Förderung einer Konfliktbereitschaft.

Die Eltern haben drei wichtige Erfahrung gemacht: Sie erlebten, wie hilfreich der Austausch über Erziehungsprobleme mit anderen Eltern sein kann, welche Spielräume ein Perspektivwechsel vom Konflikt zur Gestaltungschance bewirkt und wie gut es ist, sich Hilfe zu holen, um sich für neue Situationen zu öffnen.

„... neue (Eltern-)Bilder braucht das Land"?!

Erziehung beginnt im Elternhaus und setzt sich in gesellschaftlichen Bereichen, wie zum Beispiel in der Kindertagesstätte und später in der Schule, fort. Eltern vertrauen ihre Kinder den Profis der Erziehungs- und Bildungseinrichtungen an. Menschen mit unterschiedlichen Lebensstilen, Erfahrungen

---

[6] Die Eltern hatten gegen die Lehrerin einen Klage eingereicht. Die Kinder mussten vor Gericht gegen die Lehrerin aussagen, was Eltern und Kinder sehr verunsicherte.

und Eigenheiten treffen aufeinander. Die einen sind durch Ausbildung und Auftrag Expert/innen für Erziehung, die anderen fühlen sich als Expert/innen aufgrund ihrer emotionalen Bindung oder ihrer Elternschaft. Damit deutet sich bereits ein komplexes Spannungsfeld an: Eltern und pädagogische Profis ringen immer miteinander um entwicklungsförderliche Erziehung und Erziehungsstile. Im besten Fall ziehen alle an einem Strang zum Wohle des Kindes. Aber dies ist nicht immer der Fall.

In unseren Beratungen mit Pädagog/innen aus Kita, Schule und Sozialarbeit sind wir öfter darauf gestoßen, dass Profis den Blick für die Stärken und die Expertisen der Eltern verloren haben. Häufig werden Eltern beschrieben als „abwesend-desinteressiert" oder als in ihrem Engagement „übereifrig-zumutend". Dass Eltern in der Erziehung ihrer Kinder aktiv handeln und familiäre Lebensbedingungen in den Gemeinwesen gestalten, scheint dort fremd zu sein. Im oben beschriebenen Beratungsprozess haben wir erlebt, wie störanfällig dieses Spannungsfeld sein kann, wie schwer es ist, Eltern als Kritisierende, aber letzlich als Mitgestaltende des Systems Schule aufzunehmen. Die emotionale Betroffenheit der Eltern hat auch uns als Externe stark irritiert. Aufgrund unserer Distanz und professionellen Haltung als Berater/innen konnte wir jedoch – im Gegensatz zu Beteiligten – die Emotionen wertschätzend aufgreifen.

Machen starke Emotionen der Beteiligten ein sachlich-konstruktives Gespräch unmöglich und sind die verhandelten Themen konfliktreich, werden häufig andere für die Schwierigkeiten verantwortlich gemacht, werden Feindbilder benutzt:[7] Mühsame Aushandlungen werden nicht als notwendige Schritte eines Gestaltungsprozesses für eine lebendige, partnerschaftliche Streitkultur bewertet und als solche ernst genommen und eingeplant. Es fehlt dann oft eine wertschätzende, von Interesse für das Gegenüber geprägte und auf Kooperation und Dialog zielende Haltung.

In den Augen der PädagogInnen erscheinen Eltern dann als „engstirnige", „bornierte" und „zur Kooperation unfähige" Menschen, während umgekehrt PädagogInnen von den Eltern als „besserwisserisch", „arrogant" und „ausgrenzend" wahrgenommen werden. Es wird aneinander vorbei geredet, man versteht sich nicht. Unklar bleibt den Beteiligten oftmals, welche Bilder und Gesprächskulturen die gemeinsame Kommunikation stören, wo Hebel sind für Veränderung. Ungünstige, hemmende Gesprächskulturen etablieren und verfestigen sich mehr oder weniger unbemerkt, werden oft sogar als üblich und „normal" betrachtet.

---

[7] Haim Omer, Nahi Alon, Arist von Schlippe: „Feindbilder. Psychologie der Dämonisierung." Göttingen 2007.

Im oben geschilderten Extremfall sind Gespräche kaum mehr möglich gewesen, konnte ein Verständigungsprozess nur durch Hilfe und Begleitung von außen in kleinen Schritten wieder auf den Weg gebracht werden: Neue Erfahrungen müssen miteinander gemacht werden; gemeinsame Suchprozesse beginnen, in denen man wieder Vertrauen schaffen kann, um die Angst voreinander zu verlieren. Auf diesem Weg verändern sich die Bilder von den anderen und sich selbst. Das Ziel könnte eine gelebte Erziehungs- und Bildungspartnerschaft sein, zum Wohle der involvierten Kinder und aller Beteiligten.

Szenario 4:
Miteinander voneinander Lernen und gemeinsam im Netzwerk etwas bewegen – ein Dialog

> „Wir bringen etwas Wichtiges ins Leben."
> Mit diesen Worten begrüßte der Bündnissprecher die fast 100 Gäste im Festsaal zur Gründungsveranstaltung des Bündnisses für Familie am gestrigen Freitag. Der Bürgermeister eröffnete daraufhin als Schirmherr die Veranstaltung und bedankte sich bei den Initiatoren für ihr starkes ehrenamtliches Engagement und ihr schnelles Vorantreiben von der Idee bis hin zur Realisierung.

Ende Mai 2009. Ich lese die Pressenotiz, greife spontan zum Handy und rufe meinen ehemaligen Kollegen Mario Feist an.

K.R.: Mario, weißt du noch, wie wir dort unsere Beratungen vor eineinhalb Jahren angefangen haben? Hast du auch die Pressemitteilung gelesen? Diese Gruppe hat mittlerweile ein Bündnis für Familie gegründet und dafür sogar den Bürgermeister als Schirmherren gewonnen?

M.F.: Ja, na klar! Ich weiß noch genau, als wir die ersten beiden Male vor Ort waren. Da saßen wir mit Engagierten aus den Bereichen Erziehung, Bildung und Sozialarbeit zusammen. Alle wollten was für Famlien bewegen. Aber sie wussten noch nicht, was sie voneinander und wofür sie uns als externe Berater/innen nutzen wollten. Und „was die ganze Rederei denn bringen solle", so ein Teilnehmer. Man müsse doch was tun. Die Irritation war groß. Das hat sich im Laufe unserer Beratungen ja schon sehr verändert. Als wir neun Monate später mit großem Vertrauen in die Arbeitsfähigkeit der Gruppe aus dem Beratungsprozess ausstiegen, hatte diese sich gut selbst organisiert. Sie arbeiteten an der Verwirklichung der Elternbroschüre für die Region „konkret, nicht ergebnisoffen", wie sie sagten.

K.R.: Stimmt. Ihre Absicht war es, für Eltern, Familien und Alleinerziehende die gesamte Angebotspalette der Stadt und des ländlichen Umfeldes fürs Eltern-Werden und Eltern-Sein in einer Broschüre zusammenzustellen. Für sie war es offensichtlich sehr hilfreich, dass ein paar sehr Aktive in ihrer Runde immer wieder – quasi als Zugpferde – Initiative und Verantwortung übernommen, zu Treffen eingeladen haben und am Thema dran geblieben sind. Sie konnten so ihre Arbeit ohne Beratung und Begleitung von außen verstetigen und haben nun dieses lokale Bündnis für Familie aus der Taufe gehoben. Wow! Ich bin schwer beeindruckt!

M.F.: Diese Runde hat wirklich das Motto „Voneinander Lernen" aufgegriffen. So hatten wir ja zwei unserer Beratungs- und Werkstattrunden mit ihnen benannt. Sie haben durch Austausch und Vernetzung von ihren jeweiligen Kompetenzen und Erfahrungen ihrer Arbeits- und Einsatzorte, wie Kita, Schule, Sozialarbeit und Verwaltung, profitiert. Und ganz wichtig: Sie haben diese wertgeschätzt, indem sie sich auf Augenhöhe begegnet sind. Weißt du noch, wie sich die erste kollegiale Beratung ergeben hat?

K.R.: Na klar. Eine Verwaltungsangestellte hatte von der Suche eines alleinerziehenden, voll berufstätigen Vaters nach nachmittäglicher Betreuung seiner 12-jährigen Tochter berichtet. Die Anwesenden überlegten, sammelten Bekanntes zusammen und kamen ins Gespräch. Das war zu diesem Zeitpunkt insofern ungewöhnlich, da die Vorsicht in der (großen) Runde noch groß war. Damit wuchs das Vertrauen zueinander und zugleich ein anderes Beratungsverständnis: Es wurde selbstverständlicher, andere für eigene Fragen, den Austausch mit anderen für das eigene Fortkommen zu nutzen.

M.F.: Von ihrer weiteren Professionalisierung ganz zu schweigen. Uns scheint es gelungen zu sein, an Themen, Kommunikation und Kultur vor Ort anzuknüpfen, also anschlussfähig zu sein.

K.R.: Apropos Kultur. Ich erinnere mich an die Fragen, wie neue Elterngruppen angesprochen werden könnten. Also zum Beispiel diejenigen, die in den Elternkontakten von Kita und Schule kaum auftauchen und in die Zusammenarbeit mit Kita oder Schule bisher wenig einbringen. Da gab es spannende Überlegungen, die eigene Kultur, die der Einrichtung und die der Elternhäuser unter dem Kriterium Anschlussfähigkeit zu betrachten und nach angemessenen Anknüpfungspunkten für Gespräche und Kontakt zu suchen.

M.F.: Die Frage nach den Zugängen, die zum Glück in aller Munde ist! Die Beratungsrunden waren wirklich sehr, sehr anregend – auch für mich und unsere Haltung als Berater/innen, nicht wahr? Aber ich muss jetzt aufhören. Solltest du sie anrufen, bitte grüß ganz herzlich von mir!

K.R.: Werd ich beides bestimmt tun. Tschüüß!

Szenario 5:
„Die vergrabenen Familien ausbuddeln" – Oder: Suchend neugierig aufeinander sein

Ein heißer Juliabend im ländlichen Brandenburg, der Dorfverein hatte eingeladen – die Kinder zu einem Fahrradparcour, die Eltern zur „Elternschule", einem locker angedachten Gesprächsangebot für Eltern von künftigen Erstklässlern: „Wie mache ich mein Kind fit für die Einschulung?" Wir sind als Psychologin und Moderator mit der (Mit-)Gestaltung des Abends beauftragt.

14 Mütter und Väter in einem großem Stuhlkreis beginnen, sich und ihre Kinder vorzustellen. Mittendrin steht eine junge Mutter auf, verläßt den Raum, kommt nicht wieder zurück in die Runde. Im Nachgang erklärte sie im Vier-Augen-Gespräch: Sie konnte nicht vor so vielen reden. Obwohl sie sich – wie die anderen Eltern auch – informieren wollte, wie sie ihr Kind „fit machen" könne für die Einschulung, verließ sie die Gesprächsrunde. Sie wollte sich nicht ungebildet fühlen, sich nicht blamieren. Vor fremden Menschen zu reden, noch dazu über sich selbst, war ungewohnt für sie und erschreckte sie.

Eine Aktive des veranstaltenden Dorfvereins prägte in diesem Zusammenhang die treffende Bezeichnung „vergrabene" Familie: Mit „vergraben" bezeichnete sie diejenigen Menschen, die sich aus vielen Bereichen des gesellschaftlichen Lebens zurückgezogen haben und dadurch für ihre Mitbürger schwer zugänglich geworden sind.

Für uns jedenfalls war dies ein Schlüsselerlebnis, wie leicht Ausschlüsse produziert werden: Wer hatte hier wen ausgeschlossen: Die junge Frau sich selbst oder die Veranstalter des Abends und wir als Moderator/innen die junge Frau? Es hat uns angespornt, in den vielen Beratungen landauf landab nach angemessenen und passenden Zugängen und Wegen zu *den* Eltern zu fragen: Welche Eltern sind denn auf welche Weise anzusprechen? Brauchen Väter möglicherweise eine andere Ansprache als Mütter? Wann und wo ist die sogenannte bildungsabgewandte junge Mutter mitteilsam und gesprächig?

Wir sollten ehrlich prüfen, ob unsere Gesprächsangebote und -einladungen wirklich zu den Adressaten passen, die wir erreichen wollen. Dabei sind wir immer gefordert, unsere nicht immer bewussten Bilder von *den* Eltern zu befragen, da diese unser Handeln beeinflussen – auch wenn wir das häufig nicht merken. Auf den Punkt gebracht: Wie können welche Gelegenheiten für Gespräch und Dialog geschaffen werden – wertschätzend und auf gleicher Augenhöhe?[8]

---

[8] Dialoge sind geprägt von Offenheit und Interesse am Gegenüber und vom beiderseitigen Bestreben, sich etwas voneinander mitzuteilen. In Diskussionen dagegen versucht

Nachahmung ausdrücklich erwünscht!

Die beschriebenen Fragen haben wir vielerorts in Brandenburg mit Erziehungsprofis, ehrenamtlich tätigen Bürger/innen und Verwaltungsangestellten aus Dörfern und kleinen Städten bewegt. Aus veränderten Blicken auf Eltern entstanden interessante und vielversprechende neue Ansatzpunkte für Elternarbeit, die wir als Multiplikator/innen durch das Land erzählt haben. In intensivem Austausch und Dialog dazu haben wir mit engagierten Menschen aus Verwaltung, Politik, Jugend- und Sozialarbeit auch auf unserem zweiten Fachtag gearbeitet: *„Zukunft gestalten in ländlichen Räumen. Eltern kümmern sich um lebendige und familienfreundliche Bedingungen"*. Mehr dazu können Sie in der Dokumentation nachlesen.[9] Im Folgenden wird eine kleine Auswahl der Ergebnisse wiedergegeben, die zum Weiterdenken, Weitererzählen und zur Nachahmung anregen kann.

Von der Elternarbeit zum Mit-den-Eltern-Arbeiten

Ein Elternabend in der Kita ist gut besucht, ein Elternabend in der Schule dagegen nicht – oder nicht mehr? Die Kinder sind größer und selbständiger geworden, wird also die Kooperation der Eltern nicht mehr gebraucht? Oder sind die Eltern gar auf dem Erziehungs- und Bildungsweg der Kinder von der Kita bis zur Oberschule „verloren" gegangen?

Anwesend seien überwiegend die engagierten Eltern und die der leistungsstärkeren Kinder, wird vielerorts geklagt. Es würden die Eltern derjenigen Kinder fehlen, die es „nötig hätten", die Zuspruch und Unterstützung bräuchten.

Mal provokant gefragt: Fühle ich mich als Mutter – oder sogar als Vater – in der Schule meiner Tochter willkommen? Ernst genommen mit meiner Sorge, wenn Melanie schon wieder 'ne Fünf geschrieben hat? Spricht der Lehrer in Zeit und Ruhe mit mir, um gemeinsam zu überlegen, wie es mit ihren Noten wieder bergauf gehen kann? Wage ich mich als Mutter ohne Schulabschluss und mit negativen Schulerfahrungen zum Elternabend meines Sohnes in die Schule, wenn ich mich dann in eine Schulbank zwängen

---

man sich gegenseitig von der jeweils eigenen, für richtig erachteten Position zu überzeugen.

[9] Vgl dazu die Dokumentation des Zweiten Fachtags vom 3.Juli 2008 unter: http://www.gemeinwesenberatung-demos.de/ElternwegeBeratungswege/2Fachtagung/tabid/1080/Default.aspx

und mich vielleicht sogar melden muss? Macht mir das Spaß, auch wenn ich einen Schulabschluss habe?

Die Grundidee: Elternarbeit der Erziehungsprofis könnte allen Beteiligten mehr Freude machen. Dafür sind neue Ideen für innovative Formen von Elternabenden gefragt. Sinnvoll könnten Anlässe sein, wo man informell miteinander ins Gespräch kommen und sich kennen lernen kann. Dafür gibt es keine Patentrezepte, Mut ist gefragt und Lust, neugierig zu sein und Verschiedenes auszuprobieren.

Anregungen für den Kontext Kita:
– eine Gesprächsecke für die jungen Eltern einrichten, um die sonst vor der Tür geführten Zwischendurch-Gespräche in Ruhe führen zu können,
– für elternfreundliche Zeiten von gemeinsamen Aktivitäten sorgen,
– eine Kultur von Kooperation einführen, um Eltern von Beginn an positive Erfahrungen mit Erziehungs- und Bildungseinrichtungen zu ermöglichen,
– Kooperationen von Kita und Grundschule als „Übergangsmanagement" Kita/ Schule, um Kind und Familie stärker an die Hand zu nehmen und in den Komplex Schule einzuführen.

Praxisbeispiele aus dem Kontext Schule:
– den Elternabend in lockerem und gemütlichem Ambiente (Café oder Kneipe) anbieten, um ins Reden zu kommen,
– mit den Eltern der Schüler/innen kleine Ausflüge und dabei ein gemütliches Picknick machen, zu dem alle etwas mitbringen,
– zur Abwechslung laden die Kinder ihre Eltern in die Schule ein,
– die Familien der Erstklässler/innen besuchen: der einmalige Hausbesuch als Teil des Einschulungsrituals bietet allen die Chance, sich kennen zu lernen,
– eine Oberschule bindet die Eltern ihrer Schüler/innen über einen verpflichtenden Erziehungskurs in eine engere Kooperation mit der Lehrerschaft ein,
– Kontaktaufnahme zu den „Omas und Opas" und zum weiteren Umfeld der Kinder,
– parallel neben den Angeboten für die Eltern auch etwas für die Kinder anbieten, damit die Kinder versorgt sind und diese die Eltern mitnehmen.

neu gedachte Angebote:
– Väter wollen möglicherweise zu Themenabenden nur für Väter und mit anderen Vätern eingeladen werden oder durch handwerkliche Kompetenzen in Baueinsätzen zur Verfügung stehen.

- „Vergrabene Familien" können sich über das Angebot günstiger Kinderkleidung mit dem Personal einer Einrichtung vertraut machen, bevor sie mit ihm über Probleme reden.
- Eine Hebamme belebt ein Wohnzimmer für werdende Mütter, in dem Tee, Gespräche mit werdenden Mütter und auch Tipps rund um das Kinderkriegen und -erziehen zu bekommen sind.
- Um künftige Eltern zu erreichen, wird an einer Hauptschule Jugendlichen im Rahmen des verpflichtenden Sexualkunde-Unterrichts der Kurs „Vom Liebespaar zum Elternpaar" angeboten; kurze Vorträge und angeleitete Gesprächsrunden machen die Heranwachsenden schon frühzeitig mit dem späteren Rollenwechsel vertraut.

Allem gemeinsam ist: Eine persönliche, milieuspezifische und respektvolle Ansprache, die Eltern wertschätzend bei ihren Stärken abholt, lässt Vertrauen und Beziehung auf Augenhöhe wachsen. Mit etwas Zeit wird mehr möglich als bisher gedacht – auch mit jenen, die man bisher nicht erreicht hatte, weil man möglicherweise an ihnen vorbei gegangen war.

„Es braucht ein ganzes Dorf, um ein Kind zu erziehen"
(Sprichwort aus Afrika)

Die Erfahrungen von *Elternwege-Beratungswege* zeigen einen vielfältigen und deutlichen Beratungsbedarf für die ländlichen Räume Brandenburgs, der quer zu den bestehenden Beratungsangeboten besteht.

Diese Aufgabe konnte ein mobiles, aufsuchendes und niedrigschwelliges Beratungsangebot füllen. Unkompliziert angefragt, konnte es kurzfristig und flexibel auf den jeweils spezifischen Bedarf vor Ort reagieren. Ansprechbarkeit, Beratung, Hilfe bei lokaler Vernetzung, Moderationen und passgenaue Qualifikationen für verschiedenste Systeme im Kontext von Erziehung konnten so flexibel gewährleistet werden. Innovationen im Gemeinwesen wurden auf diese Weise bereits in ersten Ansätzen möglich. Sogar nach Abschluss des Projektes gingen weitere Beratungsanfragen bei mir als Freiberuflerin ein und wurden umgesetzt.

Unbedingt gefragt ist hier aber nun der Mut zum Querdenken, zu Überlegungen, die quer zu landläufig bekannten und regelfinanzierten Strukturen von Schule, Jugendhilfe und Sozialarbeit stehen. Nur wenn auch in Fragen der Finanzierung über Altbekanntes hinaus gedacht wird, können derart ungewohnte Beratungsangebote verwirklicht werden, die für real vorhandene Bedarfe in Gemeinwesen neue Gestaltungswege öffnen:

Verschiedenste Menschen eines dörflichen/städtischen Gemeinwesens (Eltern, pädagogische Profis bis hin zur Freiwilligen Feuerwehr) mischen mit, beteiligen sich füreinander und vernetzen sich. Vor Ort können so spezifische Konzepte entwickelt werden, die die demografischen Bedingungen aufgreifen, deren Auswirkungen abmildern und Alltagsleben und Erziehung in den Familien im ländlichen Raum verbessern. Gezielte Impulse von außen als mobile Beratung beschleunigen dabei Such- und Aushandlungsbewegungen Einzelner, von Gruppen und Institutionen und tragen maßgeblich zur Qualität von Selbstorganisationsprozessen bei. In diesem Sinne gilt auch für Brandenburg:

„Es braucht ein lebendiges Gemeinwesen, um ein Kind in Brandenburg zu erziehen."

Katarina Reichmann, Diplom-Psychologin, ist als freiberufliche Supervisorin (Deutsche Gesellschaft für Supervision) und Beraterin für Eltern und Familienfreundlichkeit in Brandenburg und Berlin tätig. Kontakt: www.viavisionen.de und www.kita-kreativ.de

demos – Brandenburgisches Institut für Gemeinwesenberatung

Geschäftsstelle Potsdam
Benzstr. 11-12
14482 Potsdam
Tel.: 03 31 / 7 40 62 46
Fax: 03 31 / 7 40 62 47

Leiter: Dirk Wilking
Tel.: 01 73 / 6 46 88 63
Email: wilking@big-demos.de
Verwaltung: Angela Kühne
Tel.: 01 73 / 6 48 95 81
Email: geschaeftsstelle@big-demos.de
www.gemeinwesenberatung-demos.de

Wissenschaftliche Beratung
Dr. Michael Kohlstruck
TU Berlin, Zentrum für Antisemitismusforschung
Tel.: 0 30 / 3 14-2 58 38
Fax: 0 30 / 3 14-2 11 36
Email: michael.kohlstruck@tu-berlin.de

Regionalbüros der Mobilen Beratungsteams (MBT)

Regionalbüro *Potsdam*
Stephensonstr. 23
14482 Potsdam
Landkreise Potsdam-Mittelmark, Havelland, kreisfreien Städte Brandenburg und Potsdam
Tel.: 03 31 / 5 05 88 83
Fax: 03 31 / 5 05 88 84
Email: mbt-potsdam@big-demos.de
Frauke Postel, Tel.: 01 73 / 9 77 29 15
Thomas Weidlich, Tel.: 01 72 / 9 23 49 95

Regionalbüro *Frankfurt (Oder)*
Wiekestr. 1a   Post: PF 1344
15230 Frankfurt (Oder)   15203 Frankfurt (Oder)
Landkreise Märkisch-Oderland und Oder-Spree sowie die kreisfreie Stadt Frankfurt (Oder)
Tel.: 03 35 / 5 00 96 64
Fax: 03 35 / 5 00 96 65
Email: mbt-ff@big-demos.de
Robin Kendon, Tel.: 01 77 / 4 11 61 30
Ray Kokoschko, Tel.: 01 72 / 3 26 22 33

Regionalbüro *Neuruppin*
August-Bebel-Str.49
16816 Neuruppin
Landkreise Prignitz, Ostprignitz-Ruppin und Oberhavel
Tel.: 03 391 / 35 91 89
Fax: 03 391 / 65 93 32
Email: mbt-neuruppin@big-demos.de
Gabriele Schlamann, Tel.: 01 73 / 6 32 69 19
Mario Feist/Nicola Scuteri, Tel.: 01 70 / 5 43 50 63

Regionalbüro *Cottbus*
Friedensplatz 6
03058 Cottbus OT Gallinchen
Landkreise Elbe-Elster, Oberspreewald-Lausitz, Spree-Neisse sowie die kreisfreie Stadt Cottbus
Tel.: 03 55 / 4 30 24 41
Fax: 03 55 / 4 99 37 50
Email: mbt-cottbus@big-demos.de
Susanne Kschenka, Tel.: 01 70 / 5 25 59 91
Anett Müller, Tel.: 01 71 / 5 35 66 46

Regionalbüro *Angermünde*
Berliner Str. 77
16278 Angermünde
Landkreise Barnim und Uckermark
Tel.: 03 331 / 29 99 80
Fax: 03 331 / 29 99 81
Email: mbt-angermuende@big-demos.de
Karin Dörre, Tel.: 01 73 / 8 72 33 64
Jürgen Lorenz, Tel.: 01 72 / 3 96 10 36

Regionalbüro *Trebbin*
Kirchplatz 4
14959 Trebbin
Landkreise Teltow-Fläming und Dahme-Spreewald
Tel.: 03 37 31 / 3 29 09
Fax: 03 37 31 / 3 29 08
email: mbt-trebbin@big-demos.de
Andrea Nienhuisen, Tel.: 01 72 / 6 07 69 14
Jan Kasiske, Tel.: 01 72 / 6 07 69 13